Andrea Riccardi

Der Schrei nach Frieden

W0348295

Andrea Riccardi

Der Schrei nach Frieden

Warum wir auf ihn hören müssen

SANT'EGIDIO
BÜCHER

echter

Titel der italienischen Originalausgabe:
Il grido della pace

© 2023 Edizioni San Paolo s.r.l.
Piazza Soncino 5 – 20092 Cinisello Balsamo (Milano) – ITALIA
www.edizionisanpaolo.it

Übersetzt aus dem Italienischen von
Gabriele Stein und Matthias Leineweber.

Der Umwelt zuliebe verzichten wir bei diesem Buch auf die Folienverpackung.

Bibliografische Information der Deutschen Nationalbibliothek

Die Deutsche Nationalbibliothek verzeichnet diese Publikation
in der Deutschen Nationalbibliografie; detaillierte bibliografische Daten sind
im Internet über ‹http://dnb.d-nb.de› abrufbar.

© für die deutsche Ausgabe
Echter Verlag, Würzburg 2024
www.echter.de

Cover: Vogelsang Design, Jens Vogelsang, Aachen
Coverbild: stock.adobe.com, © vvalentine (Generiert mit KI)
Innengestaltung: Crossmediabureau
Druck und Bindung: Rudolph Druck GmbH & Co. KG, Schweinfurt

ISBN 978-3-429-05978-1

Inhalt

Einführung

In vielen Ländern ist der Schrei nach Frieden zu hören. Sie leiden unter Krieg und fordern dessen Ende. Viele wissen nicht, wie dies möglich sein soll, spüren jedoch die dringende Notwendigkeit, ihn zu beenden, weil sie so viel Leid erfahren. Dieser Schrei wird häufig durch die Zerstreuung der internationalen öffentlichen Meinung erstickt und geht in der abgrundtiefen Distanz zwischen denen verloren, die sich in einem Kriegsgebiet aufhalten, und denen, die im Frieden leben. Diese unüberwindbare Distanz ist nicht von geographischer Natur, sie wird durch das menschliche Leben geschaffen. Es ist nicht selbstverständlich, das Leid des Krieges wahrzunehmen, wenn man an einem anderen Ort und unter anderen Bedingungen lebt. Zudem gibt es viele Kriege und zahlreich sind die Völker, die unter ihnen leiden. Das ist zu viel, um unsere Aufmerksamkeit zu wecken.

Auf diesen Seiten möchte ich dem Schrei nach Frieden Gehör schenken, der insbesondere in der Ukraine hörbar wird, wo noch immer keine friedliche Lösung für den durch die russische Invasion ausgelösten Konflikt in Sicht ist. Dass ein möglicher Frieden in der Ferne liegt, verpflichtet umso mehr, auf die Stimmen zu hören und diejenigen ernst zu nehmen, die sich nach dem Ende des Krieges in der Ukraine sehnen und es fordern. Das sind auch die Stimmen derer, die das Land verlassen haben und als Geflüchtete unter uns leben. Die Dramen des Krieges wirken sich auf die Nachbarn und die übrige Welt aus, wenn auch in eingeschränkter Weise. Man denke nur an die epochale Herausforderung der Aufnahme von Geflüchteten. Doch nicht nur das. Sie zeigen sich auch durch die Lebensmittelknappheit und die Wirtschaftskrise infolge des russisch-ukrainischen Krieges, die sich auf viele und sogar geographisch entfernte Länder auswirken. In der globalen Welt hat fast alles eine Auswirkung.

Zu lange wurde dem Schrei derer, die Frieden fordern, kein Gehör geschenkt. Dafür gibt es viele Gründe. Das ist nicht nur die Entfernung vom kriegerischen Geschehen oder die allgemeine Gleichgültigkeit, sondern auch ein Gefühl der Sinnlosigkeit, wenn man sich mit den Fragen des Friedens beschäftigten möchte. Dann wollen wir auch nicht unseren »kleinen Frieden« stören lassen, der sich auf unser Land oder auf ein eingegrenztes Umfeld beschränkt. Häufig drängt sich die eben erwähnte Frage auf: Ist es sinnvoll, über die bestehenden Kriege zu sprechen? Was können wir schon tun? Das Gefühl der Ohnmacht schafft Gleichgültigkeit und rechtfertigt sie – auch das soll auf diesen Seiten dargelegt werden.

Eine faule Gleichgültigkeit prägt die öffentliche Meinung, die immer mehr abstumpft, auch weil sie nicht in der Lage ist, die auf sie einströmende unermessliche Menge von Nachrichten und Bildern über das Leid einzuordnen. Letztendlich kommt der Krieg oder seine Folgen auch bei uns an. Doch man darf nicht bis zu diesem Zeitpunkt abwarten, der durch die Androhung des Einsatzes von Atomwaffen konkret geworden ist. Es ist überhaupt nicht unbedeutend, dem Schrei nach Frieden unverzüglich Gehör zu schenken, ihn aufzugreifen und darüber nachzudenken.

Dieses Buch setzt beim Krieg in der Ukraine an, dessen Ursache der Angriff der Atommacht Russland ist. Es möchte die Schmerzensschreie und die Bitten um Frieden ernst nehmen, die mitten im alten Europa aus einem gepeinigten Land aufsteigen. Dabei sollen die anderen Kriege nicht vergessen werden, beispielsweise in Syrien, wo ein dramatischer Präzedenzfall vorliegt, der nicht ohne Verbindungen zur Ukraine ist. Es ist daher notwendig, die Suche nach Frieden aufzugreifen und ernst zu nehmen. Man muss darüber sprechen und darf sich nicht resigniert zurückziehen, als wären diese Bitten unangemessen wie bei den Flüchtlingen, die an die Türen unserer Länder im Frieden anklopfen.

Wer sich mit diesen Fragen beschäftigt, lernt nicht nur leidvolle Situationen kennen, sondern stärkt zugleich das historische Bewusstsein dafür, welche Bedeutung der Krieg mit seinen schrecklichen Folgen im 20. Jahrhundert hatte: die beiden Weltkriege, die Shoah, die Zerstörungen, der Verlust von Menschenleben. Wenn der Krieg passiv akzeptiert oder wenn er als Werkzeug der Politik rehabilitiert wird, weist dies auf eine Einstellung hin, die sich von den geschichtlichen Lehren des 20. Jahrhunderts entfernt hat. Diese haben sich teilweise sogar in Verfassungstexten einiger Länder niedergeschlagen, die den Krieg ächten, und haben darüber hinaus ein verbreitetes Gespür für den Schrecken kriegerischer Gewalt geweckt. Es handelt sich um einen Wandel, der sich ausgerechnet nach 1989 vollzogen hat, während sich die Welt durch den Prozess der Globalisierung immer mehr vernetzte. Niemals war die Welt so sehr vereint, doch nie zuvor erschien so zugleich so gespalten, zersplittert und chaotisch.

Die nach den Weltkriegen entstandenen »Einheitsbewegungen«, angefangen bei einer gemeinsamen Friedenspolitik bis hin zum Dialog zwischen Kulturen und Religionen, wurden schließlich sogar als Utopien beiseitegelegt. Währenddessen zeigen sich erneut energisch und mit unterschiedlichen Abstufungen Nationalismen mit ihrem Gefolge von herkömmlichem und neuem Hass. Das historische Gedächtnis ist grundlegend, um der Resignation angesichts der sich weiter entwickelnden Welt einen Widerstand entgegenzusetzen. Ansonsten verfällt man dem Pessimismus, der jedes Vorhaben für unangemessen hält, das sich nicht vom Gefühl des Unmöglichen aufhalten lässt.

Dieses Buch will ein notwendiges Hören auf den Schrei nach Frieden sein. Es ist getragen von einem Gespür für die Geschichte, die uns lehrt, dass der Krieg vielmals eine »nutzlose Schlächterei« ist. Ebenso möchte es die Ressourcen des Friedens beschwören und darstellen, die in unserer Welt vorhanden sind, zumindest wie ich sie erlebt und erfahren habe. Und das sind nicht wenige. Sie sind wirklich eine Chance, um die Bitten nach Frieden ernst zu nehmen. Einige weisen Wege für eine erneuerte Zukunftsvision, die frei ist vom finsteren Schatten der Konflikte. Der Dialog als Werkzeug für das Zusammenleben, der Humanismus als stützende Kultur für die Koexistenz von Verschiedenen, das Friedensengagement, die Begegnung der Kulturen und Religionen und unter verschiedenen christlichen Kirchen, solidarische Initiativen … das alles sind keine Erfahrungen aus Archiven, auch wenn sie teilweise infrage gestellt werden. Vielmehr bieten sie ein glaubwürdiges Allgemeingut. Indem diese Ereignisse in einem sehr realistischen Blickwinkel neu bedacht werden, wird das Bewusstsein gestärkt, dass wir nicht ohnmächtig und ohne Friedensenergien dastehen.

Lösungen sind niemals improvisiert oder mechanisch. Zurecht schreibt der ehemalige italienische Vize-Außenminister Mario Giro, dass unsere Zeit voll ist von »Kriegsschauplätzen«, zugleich jedoch auch von »Friedensinseln«, sodass »der Krieg niemals unvermeidlich ist, sondern immer auf Entscheidungen von politischen Führern beruht, die umkehrbar sind«.[1] Denn Frieden ist möglich. Dies gilt auf umfassende und weniger beengte oder eingeschränkte Weise, als wir es erleben.

Schon das Hören auf den Schrei nach Frieden setzt Menschen in Bewegung, regt das Denken an, lässt Ideen, Gefühle und Hoffnungen heranreifen. Wir sind nicht einem unbekannten Schicksal ausgeliefert, auf das man angeblich keinen Einfluss nehmen könnte. Man kann zuhören, verstehen, sich austauschen: so werden Prozesse angeregt, die teilweise Widerstände beseitigen und etwas in Bewegung setzen, das weit über die einzelnen Personen hinausgeht. Auch die Angemessenheit des Friedens besitzt eine Stärke und gibt Antworten auf die Suche vieler und häufig wird diese Energie unterschätzt. Außerdem liegt das Ergebnis der Geschichte noch nicht vor, sie ist voller Überraschungen. Und die größte Überraschung ist der Frieden. Das 21. Jahrhundert darf auf keinen Fall zum Krieg bestimmt sein.

---

1 M. Giro, *Trame di guerra, intrecci di pace*, Verlag SEB27, Turin 2022, S. 29.

Kapitel I
Der Schrei nach Frieden

Ein weiterer Krieg

Edgar Morin hat trotz seiner einhunderteins Jahre, in denen er viele Konflikte erlebt hat, mit unverminderter Leidenschaft das Büchlein »Von Krieg zu Krieg« geschrieben,[2] in dem er die grundlegende Bedeutung des Friedens verdeutlicht, vor allem wenn dieser abhanden kommt wie die Luft zum Atmen. Morin beschäftigt sich mit der Komplexität und weist auf eine unanfechtbare Wahrheit hin: »Je mehr der Krieg sich verschärft, desto schwieriger wird der Frieden, aber desto dringender ist er. Vermeiden wir einen Weltkrieg. Er wäre schlimmer als der letzte.«[3]

Während sich der Konflikt in der Ukraine in die Länge zieht, gerät der Friede in immer weitere Ferne. Es droht die Beteiligung anderer Länder und die atomare Gefahr bleibt bestehen. Angesichts dieser Fortdauer des Krieges könnten Betrachtungen über den Frieden anachronistisch erscheinen. Doch sie müssen angestellt werden, denn es wäre absurd, wenn man eine Zukunft in Frieden als anachronistisch ansähe. Der Frieden gerät allerdings immer mehr an den Rand unseres Horizonts, als wäre er eine utopische Zuflucht. Es scheint unglaublich, dass sich die Offensichtlichkeit des Friedens und seine Notwendigkeit für die menschliche Gesellschaft und die Beziehungen unter den Völkern im Verlauf der Jahre in Luft aufgelöst hat.

Zu viele bezahlen den Preis für den verlorenen Frieden. Ich denke vor allem an das große Land der Ukraine mit seinen 45 Millionen Einwohnern, dessen Geschichte im 20. Jahrhundert von sehr großem Leid geprägt ist. Ich kenne und liebe dieses Land schon seit den Jahren der Sowjetherrschaft. Damals konnte ich in der westlichen Region von Galizien Gruppen kennenlernen, die nach Unabhängig-

2 Vgl. E. Morin, *Von Krieg zu Krieg. Von 1940 bis zur Invasion der Ukraine*, Turia + Kant, Wien-Berlin 2023.

3 Ebd., S. 112.

keit strebten. Ich erinnere mich noch an eine Unabhängigkeitskundgebung in der sowjetischen Zeit in Kiew mit einer großen ukrainischen Fahne, die uns heute so vertraut ist. Nach der Unabhängigkeit von 1991 mit dem Ende der UdSSR hat die Ukraine diese kurze Geschichte als freier Staat im komplizierten Umfeld zwischen der benachbarten Russischen Föderation und der Anziehungskraft Europas und des Westens verbracht, während es im Land nicht nur eine russischsprachige, sondern auch eine philo-russische Bevölkerung gibt. Heute hat die Aggression Putins einen gegenteiligen Effekt, als es von ihm erhofft wurde; der überraschende Widerstand hat den Großteil des Landes vereint.

Über ein Jahrhundert lang hat die Ukraine eine leidvolle Geschichte erlebt. Man muss die Geschichte eines Volkes kennen, denn jedes Volk ist Erbe der eigenen Geschichte. Wenn ich die Massen der ukrainischen Flüchtlinge anschaue, die vor dem Krieg fliehen, und wenn ich über die Geschichte dieser Nation nachdenke, muss ich an die Worte des Propheten Jesaja denken: »ein Mann voller Schmerzen, mit Krankheit vertraut« (53,3). Die Ukrainer sind ein Volk, das sehr viele Schmerzen ertragen hat. Schon ein Blick auf das 20. Jahrhundert genügt, um sich das bewusst zu machen: der Bürgerkrieg nach der bolschewistischen Revolution, dann von 1918 bis 1921 zwischen Sowjets und unabhängigen Ukrainern, die 20er Jahre mit antisemitischen Pogromen, die Gewalt der sowjetischen Geheimdienste gegen die Vertreter der Unabhängigkeit, gegen Christen und das Bürgertum mit Tausenden Toten. Schließlich wurde die Ukraine 1932 infolge der neuen Wirtschaftspolitik von einer Hungersnot heimgesucht, bei der bis zu vier Millionen Menschen ums Leben kamen. Reisende berichten von entsetzlichen Szenen, sogar von Kannibalismus unter der hungernden und entkräfteten Bevölkerung. Stalin weigerte sich, Hilfe zu leisten und ließ sie sterben. Es war der Holodomor, ein aus den beiden ukrainischen Worten für Hunger und Tötung zusammengesetzter Begriff; für den ukrainischen Staat und für die anderen Staaten, die das anerkannt haben, war es ein Genozid.

Mitten im Zweiten Weltkrieg überfiel Hitler 1941 die sowjetische Ukraine und kam bis nach Kiew. Neben den unvorstellbaren Zerstörungen wie beispielsweise der Kathedrale und somit einem symbolischen Gebäude des Landes und auch des Höhlenklosters von

Kiew wurden zwischen drei und fünf Millionen Opfer gezählt. In den Schluchten von Babj Yar wurden in der Nähe Kiews am 29. und 30. September über 30.000 Juden vernichtet; insgesamt liegt die Zahl der ermordeten ukrainischen Juden bei 1.600.000. Viele, die sich in die Wälder geflüchtet hatten, wurden durch polnische oder ukrainische Widerstandskämpfer getötet. Die ukrainische Beteiligung an den Judenmassakern war weitreichend und unterstützte das nationalsozialistische Vorgehen.

Die Juden des Ostens, die einst zum russischen Reich gehört hatten, erlitten ein äußerst hartes Schicksal in der ersten Hälfte des 20. Jahrhunderts. Sie allein bilden ein Drittel der im Wahnsinn der Shoah ermordeten Juden. Und schon zuvor war ihre Geschichte dramatisch gewesen. In seinem Buch über den Holocaust vor Hitler dokumentiert Jeffrey Veidlinger die Pogrome gegen die Juden in der Ukraine und in Polen und spricht über die Hintergründe des Genozids an den orientalischen Juden.[4] Der amerikanische Historiker schreibt: »Als mit der Invasion vom 22. Juni 1941 der nächste Krieg kam, nutzten die Deutschen bewusst und planvoll bestehende antijüdische Gefühle aus und bedienten sich einheimischer Muster, um eine neue Welle des Mordens zu starten und erneut einem Drehbuch zu folgen, das eine Generation zuvor geschrieben worden war.«[5]

Im Zweiten Weltkrieg haben die Ukrainer großes Leid erduldet. Frauen und Männer wurden durch die Nazis zur Zwangsarbeit geknechtet. Bei der sowjetischen Rückeroberung ergab sich eine schreckliche Bilanz für die damalige Sowjetrepublik: zwischen drei und fünf Millionen Todesopfer, 770 Städte und 18.000 Dörfer waren zerstört. Dann kehrte nach dem Krieg die eiserne Kontrolle der Sowjets zurück. Schlimme Repressionen wurden nicht nur gegen Vertreter der Unabhängigkeit, sondern auch gegen christliche Kirchen durchgeführt. Die griechisch-katholische, mit Rom unierte Kirche hatte ihr Kerngebiet seit Jahrhunderten in Galizien und wurde gewaltsam gezwungen, sich in die russisch-orthodoxe Kirche einzugliedern, während all ihre Bischöfe in Gulags deportiert und ein Teil des Klerus und der Gläubigen verhaftet wurden.

---

4 Vgl. J. Veidlinger, *Mitten im zivilisierten Europa. Die Pogrome von 1918–1921 und die Vorgeschichte des Holocaust*, C. H. Beck, München 2023.

5 Ebd., S. 373.

In historischer Hinsicht ist die Ukraine ein multiethnisches Land mit einer slawisch und ukrainisch sprechenden Mehrheit, die sich heute der eigenen Identität immer mehr bewusst wird. Die ukrainische Demokratie hat sich in den dreißig Jahren der Unabhängigkeit inmitten von ökonomischen und politischen Problemen herausgebildet und ist zwischen Russland und dem Westen hin- und hergerissen. Das Wort Ukraine bedeutet zudem Grenzgebiet. Jürgen Habermas merkt an: »Die Ukraine ist unter den verspäteten europäischen Nationen die allerspäteste. Sie ist wohl immer noch eine Nation im Werden.«[6] Der zerstörerische russische Überfall hat als Reaktion eine gefestigte nationale Identität hervorgerufen und dabei sogar russisch sprechende Bereiche in den Widerstand einbezogen.

Wir sind in den europäischen Städten schon vor dem Krieg Ukrainern und insbesondere Ukrainerinnen begegnet. Viele haben als Pflegekräfte vor allem für Senioren gearbeitet. Diese starken Frauen arbeiten im Ausland, um die eigenen Familien zu unterstützen. Durch diese Erfahrung wird deutlich, dass wir uns für die Aufnahme von Migranten öffnen müssen, wenn wir unsere Zukunft menschlich gestalten wollen.[7]

Als der Krieg ausbrach, bin ich an der Grenze zwischen der Ukraine und der Slowakei vielen ukrainischen Frauen auf der Flucht aus ihrem Land begegnet, die Kinder und alte Menschen bei sich hatten, weil die Männer aus militärischen Gründen das Land nicht verlassen konnten. Es sind mutige Frauen mit einer Würde, die ein Gesicht ihres Landes zum Vorschein bringen.

Die Begegnung mit anderen – wie jetzt mit den Ukrainerinnen – schafft Beziehung zu einer unbekannten Welt, wenn wir die Geduld zum Dialog und zum Zuhören aufbringen. In unserer zu egozentrischen Welt vermittelt uns erst der Dialog mit den ukrainischen Immigrantinnen trotz der Bombardierung mit Millionen von Nachrichten den Zugang zu einem Universum von Geschich-

---

6 J. Habermas, *Ein Plädoyer für Verhandlungen*, in: »Süddeutsche Zeitung«, 15. Februar 2023.

7 Vgl. zur Lage in Italien: A. Riccardi/L. Caracciolo, *Accogliere*, Piemme, Mailand 2023.

ten, Anstrengungen und Leiden. Israels Weisheitslehrer sagen: »Wer ist weise? Der von jedem Menschen etwas lernt.« Auch von diesen Frauen kann man etwas lernen und mögen sie auch nur einfache Arbeiten ausführen, denn sie erklären uns etwas über vergangene und aktuelle Leidenserfahrungen. Auf sehr persönliche Art weisen sie uns auf den Schmerz ihres Landes hin, den sie in ihren eigenen Familien erfahren haben. Sie berichten über den Schmerz des Verlustes ihrer Wohnung oder von Familienangehörigen durch den Krieg. Einige Frauen, die aus dem Donbass stammen, haben mir in Kiew berichtet: »Wir mussten fliehen. Wir sind in einen Bus gestiegen, ohne zu wissen, wohin die Reise geht!« Viele Ukrainerinnen verfolgen im Ausland voll Anteilnahme die Nachrichten über den Krieg, die durch die globale Information in Fülle zugänglich sind.

Die Begegnung mit Geflüchteten und Migranten ist eine Tür zu Dimensionen der Welt, die uns unbekannt sind. Mich hat die Aufnahmebereitschaft gegenüber den Ukrainern in vielen Bereichen der Bevölkerung beeindruckt, als die Invasion des Landes begann. Viele europäische Städte werden im Grunde genommen zu »Welt-Städten« durch die Anwesenheit von Migranten, auch wenn es sich um Kleinstädte handelt. Jene bringen eine Geschichte mit, auch wenn wir sie nicht danach fragen und sie als bloße »Arbeitskräfte« unbedeutend erscheinen. Scharfsinnig hat der sowjetische Dichter Jewgeni Jewtuschenko, der eine ukrainische Mutter und einen russischen Vater hatte, geschrieben:

> »Nicht interessant ist keiner auf der Welt […]
> Und lebte einer unscheinbar dahin
> und fand in solchem Dasein seinen Sinn,
> so ist bedeutsam er sogar allein
> schon unter Menschen durch Unscheinbarsein.«[8]

Die Begegnung mit Menschen anderer Völker weitet das Denken und das Herz und setzt dem aufdringlichen und egozentrischen Ich Grenzen. In der Enzyklika *Fratelli tutti* lehrt Papst Franziskus: »Sich

8 J. Jewschenko, *Die Menschen*, in: ders., *Ausgewählte Gedichte*, Diogenes, Zürich 1972, S. 72.

hinsetzen, um einem anderen zuzuhören, ist charakteristisch für eine menschliche Begegnung und stellt ein Paradigma einer aufnahmebereiten Haltung dar. Damit überwindet ein Mensch den Narzissmus; er heißt den anderen willkommen, schenkt ihm Aufmerksamkeit und nimmt ihn in der eigenen Gruppe auf.«[9] Während der russischen Aggression gegen die Ukraine sind ca. 8 bis 10 Millionen Ukrainer nach Westeuropa gekommen. Nicht alle sind geblieben, einige sind nach ein paar Monaten wieder in die Heimat zurückgekehrt. Angefangen bei Polen, das die größte Zahl aufgenommen hat, erlebte ein Großteil Westeuropas eine »Invasion« von Ukrainerinnen und Ukrainern. Das ist auch ein Drama in diesem Krieg, denn das Land wird entvölkert und viele sind zum Exodus ins Ausland gezwungen.

Wenn über Frieden gesprochen wird, so geschieht es insbesondere für die Ukraine, die zerstört wird und deren Kinder über ganz Europa zerstreut werden. Die Infrastruktur des Landes wurde zerstört: 5.000.000 Personen haben ihre Wohnung verloren und bei 2.400.000 Bewohnern wurde die Wohnung beschädigt. 1.206 Gesundheitseinrichtungen und 2.300 Schulen wurden getroffen, von den letzteren wurden 438 dem Erdboden gleichgemacht. Der Krieg ist nicht nur von Zerstörungen geprägt, sondern von viel Grausamkeit und verbreiteter Gewalt, wie die Deportation von Kindern und das Verschwinden von Personen beweisen. Mindestens 6.000.000 Menschen sind Binnenflüchtlinge.

Die Ukraine ist das ärmste Land Europas. Die Wirtschaft ist auf 30 % des Niveaus von 2022 geschrumpft, 20.000.000 Ukrainer haben ihr Einkommen verloren und 16.000.000 sind arbeitslos. Die Weltgesundheitsorganisation spricht von ca. 9.000.000 Menschen, die von psychischen Krankheiten bedroht sind. Über 17.500.000 Menschen sind 2023 auf humanitäre Hilfe angewiesen. Nach der anfänglichen Hilfsbereitschaft ist jedoch ein Rückgang festzustellen. Dies ist nicht nur dadurch erklärbar, dass der solidarische Einsatz nach einem Jahr teilweise nachgelassen hat. Aufgrund der Sanktionen gegen Russland sind nämlich die Gas- und Ölpreise gestiegen und andere Energiequellen müssen gesucht werden. Seit dem Winter 2023 ist es dem-

9 Papst Franziskus, *Enzyklika »Fratelli tutti«*, Nr. 48.

zufolge zu einer regelrechten humanitären Notlage in der Ukraine gekommen.

Auch wenn der russische Angriff zurückgedrängt und ein Großteil des ukrainischen Territoriums vor der Invasion bewahrt wurde, bezahlt das ukrainische Volk einen furchtbaren Preis. Die Zahl der Gefallenen kann kaum berechnet werden, weil beide Seiten die Informationen geheim halten wollen. Insgesamt geht man von 200.000 im Kampf getöteten Russen und Ukrainern aus. Ich habe die Kriegsgräber auf ukrainischen Friedhöfen gesehen mit vielen Fahnen und Blumen, die den tiefen Schmerz nicht verbergen. Ihnen allen und vor allem den Jugendlichen gilt das Gedenken, denn diese Generation erlebt im Gegensatz zu den europäischen Altersgenossen die kriegerische Gewalt am eigenen Leib und muss hinnehmen, dass die eigenen Zukunftsträume vom Winde verweht wurden. Waren die ukrainischen Jugendlichen bestrebt, das eigene Land zu verteidigen, so sind die russischen Soldaten dem Anschein nach eher demotiviert. Diese Jugendlichen werden für eine ungerechte Sache in den Kampf geschickt, auch wenn Moskaus Propaganda etwas Anderes einhämmert. Der Tod all dieser jungen Menschen stellt eine unausweichliche Frage: Warum haben die europäischen Jugendlichen ein so anderes Schicksal? Die Antwort lautet: »weil der Frieden verloren gegangen ist« – ist sie zu einfach?

Der verlorene Frieden: eine neue internationale Ordnung ist nie entstanden

Eine Antwort ist nicht leicht, auch wenn wir in einer Zeit »schrecklicher Vereinfachungen« leben, wie es Jacob Burckhardt, ein Historiker aus dem 19. Jahrhundert, eindrucksvoll gesagt hat. Der Hinweis auf diese Entwicklung wird mittlerweile durch die sozialen Medien bestätigt. Durch die Militarisierung des Denkens zwingt der Krieg dazu, sich auf die eine oder andere Seite zu stellen, und das drängt oder nötigt sogar zu Vereinfachungen. Dagegen machen die Komplexität der globalen Welt und die polyzentrischen Geschichten einen Widerstand gegen diese Vereinfachungen erforderlich. Denn sie liefern keine Erklärungen, sondern wollen unbedingt beruhigen und vor allen Dingen vermeiden, dass Fragen gestellt werden.

Um Frieden zu schaffen, muss man die Völker und ihre Verantwortungsträger verstehen. Das ist nicht einfach. Polarisierungen sind typisch für die Medien und die Politik, doch sie fördern Vereinfachungen, die fast immer Gegensätze und Streit hervorrufen. Moíses Naím betont: »Die unaufhörliche Dämonisierung des Gegners« ist die Dynamik der Fangemeinde.[10] Vereinfachungen, Polarisierungen, Fanverhalten sind miteinander verbunden. Dies ist wirklich unangemessen, um das Leben unserer Zeit zu verstehen. Dazu muss man kein gebildeter Geopolitiker oder gelehrter Historiker sein, sondern ein Gespür für die komplexe Welt entwickeln, um die Geschichte vor allem in unseren Tagen zu begreifen. Komplexität ist für diejenigen notwendig, die einen bedachten Zugang zur Realität pflegen und sich nicht durch eine Militarisierung des Denkens gefangen nehmen lassen. Die Komplexität ist eine wichtige Lehre, die zu Forschung und Freiheit erzieht. Wie Naím schreibt, ist die Dynamik einer »Fanmentalität«, die Diskussionen und abwägendes Denken ablehnt, typisch für autoritäre oder populistische Regime. Und das führt zum Zusammenbruch von Demokratien.

Warum ist der Frieden verloren gegangen? Das Phänomen begann vor langer Zeit, schon vor dem 21. Jahrhundert. Nach 1989 breitete sich die Globalisierung in der Welt aus, starke nationale Subjekte traten gemeinsam mit transnationalen Mächten und Netzwerken auf die Bühne. Somit ist die Welt heute von einem derartigen Grad an Komplexität geprägt, dass es wie erwähnt nicht leicht ist, sich zurechtzufinden. Man könnte sagen, dass der Kalte Krieg die Welt grob betrachtet in zwei Reiche, zwei Ideologien und zwei Märkte aufgeteilt hat … In Wirklichkeit war es nicht so eindeutig, doch es war einfach, sich zu orientieren, indem man sich für eine Seite entschied. Heute hingegen benötigt man Informationen, Bildung, umfassendes Denken und Kritikfähigkeit, um sich zu orientieren. In dieser Hinsicht kommt es häufig dazu, sich in einer eigenen Blase oder im eigenen provinziellen Stammesdenken abzuschotten und dabei auch noch diejenigen zu verachten, die nicht dazugehören. Außer-

---

10 M. Naím, *Il tempo die tiranni*, Feltrinelli, Mailand 2022, S. 19.

dem verlässt man sich schneller auf vereinfachte Auffassungen, die kulturell unangemessen sind, aber persönlich beruhigend wirken.

Seit 1989 wurde viel über die Globalisierung diskutiert, wobei ihre großen Chancen und Grenzen aufgezeigt wurden. Im Grunde genommen hat man sich im Allgemeinen jedoch auf eine Art globale Vorsehung gestützt, wonach die Vereinheitlichung der Märkte und der Finanzströme, die Konnektivität und Kommunikation, die Transportwege und der Abbau von Grenzen schrittweise eine wohlhabende Welt schaffen würden, in der Demokratie und friedliche globale Koexistenz voranschreiten. Es war das »Ende der Geschichte«, das Francis Fukuyama vorhersah. Doch schließlich wurde diese Idee keine Wirklichkeit.[11] Die internationalen Beziehungen haben in den letzten dreißig Jahren nicht den Weg zu Frieden und Demokratie eingeschlagen, wie man es sich gemäß einer angeblichen Vorsehung fast als natürliche Frucht der globalen Öffnung erwartet hatte.

Der 11. September 2001 führte zu sogenannten Konflikten der Kulturen und Religionen, die der Globalisierung der Märkte entgegenstehen. Es ist die bekannte These vom »Kampf der Kulturen«, mit der Samuel Huntington versuchte, die ethnischen und religiösen Reaktionen auf die als invasiv empfundene westliche Globalisierung zu erklären. Gleichzeitig haben sich in der globalen Welt starke nationale Identitäten herausgebildet, wie in der ehemaligen Sowjetunion, was sich in der Ukraine zeigt und wovon der Westen keine große Kenntnis nahm. Ähnliches zeigte sich auf dem Balkan mit dem Krieg im ehemaligen Jugoslawien. Der Widerstand gegen das Entstehen einiger Nationen hat blutige Konflikte ausgelöst, die noch immer nicht vollständig gelöst sind. Die Welt hat die große Chance von 1989 nicht ergriffen, neue und stabile internationale Beziehungen aufzubauen. Man denke nur an die russische Offenheit für eine neue Ordnung in Europa und auf der Welt nach dem Trauma des Endes der UdSSR. Denn das Ende von Imperien ruft immer widersprüchliche Reaktionen hervor, wenn man an die Türkei von

11 Vgl. F. Fukuyama, *Das Ende der Geschichte*, Kindler Verlag, München 1992; ders., *Der große Aufbruch. Wie unsere Gesellschaft eine neue Ordnung erfindet*, DTV, München 2002; und ders., *Identität. Wie der Verlust der Würde unsere Demokratie gefährdet*, Hoffmann und Campe, Hamburg 2019.

Atatürk nach dem Ende des Osmanischen Reiches denkt. Und nun ist China als entscheidender internationaler Akteur neben den Vereinigten Staaten aufgetreten.

Der 11. Dezember 2001 ist ein wichtiges Datum: China wird Mitglied der *World Trade Organization* und der Westen ist davon überzeugt, dass die Öffnung des Weltmarktes dazu führt, die Werte von Freiheit und Recht zu übertragen und anzuwenden. Dazu ist es nicht gekommen. In zwanzig Jahren sind die chinesischen Einfuhren nach Europa von 80 auf 383 Milliarden Euro gestiegen, aber die Gesellschaftsordnung in China basiert nach wie vor auf dem Einparteiensystem. Entgegen der Vorhersagen des Westens ist es zu keiner demokratischen Ansteckung gekommen. Ganz im Gegenteil, das chinesische Modell wird heute auch für andere außerhalb der Grenzen des Landes als gangbarer Weg angesehen. Außerdem scheinen Demokratien keine Erfolgsmodelle zu sein. Es treten häufig Schwierigkeiten auf, während sich neue populistische oder »bonapartistische« Vorstellungen ausbreiten oder »Demokraturen« entstehen, wie Eduardo Galeano Regierungen mit autokratischen Zügen unter demokratischem Deckmantel definiert. Einiges oder besser vieles vom optimistischen Vorsehungsdenken des siegreichen Westens nach dem Fall der Berliner Mauer hat nicht funktioniert.

Die Rehabilitierung des Krieges

Im Jahr 2003 kam es in vielen Ländern zu einer großen Mobilisierung für den Frieden mit Millionen von Menschen gegen den Golfkrieg. Trotz der schrecklichen Anschläge vom 11. September 2001, für die der islamistische Terrorismus von Al-Qaida verantwortlich war, und der Verbreitung der Theorie des Kampfes der Kulturen und Religionen gab es noch ein starkes Bewusstsein für die Schrecken des Krieges, das im Verlaufe von Generationen herangereift war mit einem tiefen Bewusstsein für den Wert des Friedens.

Der 1920 geborene Johannes Paul II., der aufgrund seines Engagements für die Befreiung Osteuropas vom Kommunismus als heilig verehrt wurde, wandte sich entschieden gegen ein militärisches Eingreifen am Golf. Im März 2003 sagte er: »Ich gehöre der Generation an, die den Zweiten Weltkrieg erlebt und überlebt hat, und habe daher die Pflicht, allen jungen Menschen, all jenen, die jünger sind als ich und diese Erfahrung nicht gemacht haben, zu sagen: »Nie wieder Krieg!«.«[12] Und der italienische Dichter David Maria Turoldo, der 1916 geboren wurde, betonte während des Zweiten Weltkrieges im Alter von nicht einmal dreißig Jahren mit provokanter Kraft und an die Jugend gewandt: »Schlagt nicht die Wege ein, die wir gegangen sind. Ich schäme mich dauernd, im Krieg gewesen zu sein, auch wenn ich nur im Widerstand gekämpft habe und zwar für das Menschliche und gegen das Unmenschliche.«[13] Die Generation des Zweiten Weltkrieges hat sich trotz der Befreiung von Nationalsozialismus und Faschismus eine mit den Schrecken des Krieges erfüllte Erinnerung bewahrt. Es ist das wichtige Zeugnis derer, die den Krieg erlebt und teilweise auch mitgekämpft haben und deshalb wissen, was das bedeutet. Alte Menschen lehnen den Krieg ab, weil sie wissen, was dabei geschieht.

Auch Militärs zeigen häufig ein Gespür für den Frieden und wissen, dass man für ihn kämpfen muss. Der berühmte Politiker Yitzhak Rabin war auch Militärangehöriger in Israel, er hatte für sein Land gekämpft und dessen Sicherheit verteidigt. Schließlich brachte er den politischen Mut auf, das Osloer Abkommen auszuhandeln, das die Grundlage für eine friedliche Koexistenz zwischen Israelis und Palästinensern legte. Mit seinem Außenminister Shimon Peres, einem früheren politischen Rivalen, und dem Palästinenserführer Jassir Arafat bekam er den Friedensnobelpreis, doch dann wurde er 1995 von einem israelischen Extremisten getötet. Rabin kannte die Kämpfe des Krieges und wusste, dass es eine Zeit gibt, in der man sich entscheiden muss, den Frieden auszuhandeln.

Im 21. Jahrhundert sind neue Generationen herangewachsen, die die Barbarei des Zweiten Weltkriegs nicht erlebt haben. Das Verschwinden der Kriegsgeneration geht einher mit dem noch gravierenderen Verschwinden der Zeugen für die Shoah, denn sie haben eine grundlegende Rolle für die Reifung des westlichen Bewusst-

---

12 Diese Worte fügte der Papst beim Angelus am 16. März 2003 frei in den Redetext ein.

13 D. M. Turoldo, *La guerra sconfitta di Dio*, Colibri, Dosson di Casaier (TV) 1993, S. 35.

seins hinsichtlich seiner Verantwortung gegenüber der Geschichte gespielt. Für ihren Einsatz müssen wir dankbar sein und uns nicht nur an ihr Leid, sondern auch an ihr großzügiges und kommunikatives Zeugnis über die Shoah erinnern. Ihre Worte und Schriften sind besonders aussagekräftig, da sie mit der Vernichtung von 6.000.000 Juden den verheerendsten Aspekt des Zweiten Weltkriegs erlebt haben.

Es darf dabei nicht vergessen werden, dass das Massaker an den europäischen Juden durch die Nazis und europäische Kollaborateure mit ebenfalls antisemitischer Einstellung in systematischer und industrieller Weise mitten in einem totalen Krieg durchgeführt wurde. Der Weltkrieg und der Krieg im Allgemeinen begünstigt die Verübung von Gräueln und Völkermorden. Dies war auch während des Ersten Weltkriegs der Fall, als es zum Völkermord an den Armeniern und anderen Christen in den Gebieten des Osmanischen Reiches kam, um die ethnische Säuberung von einer Minderheit umzusetzen, die als gefährlich für die türkisch-muslimische Identität angesehen wurde.[14]

Die Erinnerung an die Shoah hat den jüngeren Generationen das Grauen des Krieges, die Schrecken von Antisemitismus, Nationalsozialismus und Faschismus, sowie die Grausamkeit der kroatischen Ustascha, der Pfeilkreuzler in Ungarn, der rumänischen Legionäre, der slowakischen Populisten und anderer Kollaborateure, wie beispielsweise Ukrainer oder Balten, bei den Massakern verdeutlicht. Die Shoah ist eine nationalsozialistische, aber auch eine europäische Tatsache. Ich erinnere mich noch gut an die Auswirkungen des Eichmann-Prozesses, der der Öffentlichkeit das Gesicht der Shoah vor Augen geführt hat. Ich war elf Jahre alt und kam zum ersten Mal mit dem wahren Schrecken des Krieges und den Massakern an den Juden in Berührung, und zwar nicht nur durch Erinnerungen aus meiner Familie. Die Erinnerung an die Shoah hat entscheidend dazu beigetragen, dass die Ablehnung des Krieges gefestigt und dessen Abscheulichkeit sichtbar wurde. Während des Kalten Krieges war es trotz der Gefahr einer Konfrontation und

---

14 Vgl. A. Riccardi, *La strage dei cristiani. Mardin, gli armeni e la fine di un mondo*, Laterza, Rom-Bari 2015.

der atomaren Bedrohung für die meisten unzweifelhaft, dass die Erhaltung des Friedens ein vorrangiges Ziel ist, wenn die Menschheit überleben will.

Diese Überzeugung ist allmählich verflacht. Während die Generationen verschwinden und die Zeitzeugen nicht mehr leben, ist der Krieg als Instrument zur Konfliktlösung und zur Durchsetzung eigener Interessen rehabilitiert worden. In Afghanistan, im Irak, in Libyen hat man trotz der negativen Auswirkungen militärischer Interventionen erlebt, dass der Krieg als Werkzeug internationaler Politik eingesetzt wurde. Eine technische, fast »saubere« Vorstellung – wie ein Spiel – herrschte vor, ganz anders als der »schmutzige Krieg« in den Schützengräben des Ersten Weltkriegs oder in Vietnam. Der englische Prinz Harry erinnert sich in seinen Bestseller-Memoiren daran, dass er in Afghanistan 25 Menschen aus einem Apache-Hubschrauber heraus wie »Schachfiguren« getötet hat. Für uns Europäer war der Krieg nach 1945 zudem zu einem Geschehen der anderen geworden, außer im Fall des Balkankonflikts im Zusammenhang mit dem Zerfall des ehemaligen Jugoslawiens. Wir genossen einen umfassenden Frieden, haben aber allmählich die Bedeutung einer Friedenspolitik nicht mehr verstanden.

Das Erbe des Krieges

Es lohnt sich, auf die Lehren aus dem Zweiten Weltkrieg zurückzukommen, denn sie sind das Ergebnis einer Auseinandersetzung mit den Schrecken des Krieges. Sie bleiben auch nach dem Tod der Generationen, die ihn erlebt haben, entscheidende Wegweisungen. Diese Errungenschaften haben das Denken und das Recht geprägt und einen Bewusstseinswandel herbeigeführt. Die Charta der Vereinten Nationen von 1945 formuliert in ihrer Präambel einen Auftrag: »Wir, die Völker der Vereinten Nationen – fest entschlossen, künftige Geschlechter vor der Geißel des Krieges zu bewahren, die zweimal zu unseren Lebzeiten unsagbares Leid über die Menschheit gebracht hat«; weiter heißt es: »und für diese Zwecke … Grundsätze anzunehmen und Verfahren einzuführen, die gewährleisten, dass Waffengewalt nur noch im gemeinsamen Interesse angewendet wird«. Die

Krise der Vereinten Nationen und ihre geringere Bedeutung auf internationaler Ebene sind auch das Ergebnis einer Vernachlässigung der in der Charta von 1945 verkündeten Ideale.

Die UN-Charta bis hin zur Gründung des Internationalen Gerichtshofs in Den Haag im Jahr 1998 haben – so Habermas – »das Völkerrecht revolutioniert [...]. Es war die Erschütterung über die Gewaltexzesse des Krieges, aus der diese Revolution geboren wurde«.[15] Er ist aus dem Römischen Statut hervorgegangen, das mitten in der sich ausbreitenden Globalisierung unterzeichnet wurde, als man wie erwähnt optimistisch davon überzeugt war, dass die Vereinheitlichung der Märkte zu einem weit verbreiteten Wachstum von Demokratie und Frieden führen würde.

Das Erbe des Krieges veranlasste dazu, sich vor einer Kriegsgefahr in Acht zu nehmen. Es wurde als notwendig erachtet, in den Verfassungen der Nachkriegszeit diese Erinnerung festzuschreiben und das *Ius ad bellum* zu definieren. Im deutschen Grundgesetz heißt es in der Präambel: »Im Bewusstsein seiner Verantwortung vor Gott und den Menschen, von dem Willen beseelt, als gleichberechtigtes Glied in einem vereinten Europa dem Frieden der Welt zu dienen«; aufgrund der entsetzlichen Verletzungen der Menschenwürde im Dritten Reich wurde als erster Artikel festgelegt: »Die Würde des Menschen ist unantastbar. Sie zu achten und zu schützen ist Verpflichtung aller staatlichen Gewalt.«

In der Präambel der Verfassung der Vierten Französischen Republik, die von der Fünften beibehalten wurde, wird festgelegt: Frankreich »wird keinen Krieg mit dem Ziel der Eroberung führen und niemals etwas gegen die Freiheit eines Volkes zu unternehmen«. Der französische Text hat die Verfassung Italiens beeinflusst. Togliatti, Mitglied der Kommunistischen Partei Italiens und der Verfassungsgebenden Versammlung, sprach von »Widerstand gegen den Krieg, der die Nation zugrunde gerichtet hat«. Es wird das Verb »ablehnen« verwendet, das sowohl die Verurteilung als auch den Verzicht auf den Krieg beinhaltet. Im wichtigen Artikel 11 heißt es:

---

15 Vgl. J. Habermas, *Ein Plädoyer für Verhandlungen*, in: »Süddeutsche Zeitung«, 15. Februar 2023.

»Italien lehnt den Krieg als Mittel zum Angriff auf die Freiheit anderer Völker und als Mittel zur Beilegung internationaler Konflikte ab; gleichberechtigt mit anderen Staaten stimmt es den Beschränkungen der Souveränität zu, die für eine Ordnung notwendig sind, die den Frieden und die Gerechtigkeit unter den Völkern gewährleistet …«.

Nach 1989 tat sich dieses Erbe in der Auseinandersetzung mit einer komplexen globalen Welt und einem vereinfachenden Optimismus schwer, weiter aufgegriffen zu werden. Nun lebte man sozusagen in einer anderen geschichtlichen Epoche, in der Zeit des neuen Jahrhunderts. Die Botschaft verblasste bei den jüngeren Generationen, während die Flut von Kriegsbildern aus der ganzen Welt eine von den Medien und sozialen Kommunikationsmitteln begünstigte Gewöhnung förderte, ohne vom Leid der Opfer und Kriegsführenden betroffen zu sein. Ist der Krieg wieder zu einem natürlichen Begleiter der Geschichte und der Zukunft geworden?

Der Krieg bringt machtvolle Kräfte des Bösen zum Vorschein, wie man an den zahlreichen gewalttätigen Begleiterscheinungen erkennen kann. Der Mensch der Bibel betrachtet das stürmische Meer als das unkontrollierte und aufbegehrende Chaos. Krieg ist Chaos, in dem die schlimmsten Kräfte entfesselt werden und die grausamsten Menschen auf den Plan treten. Während der Judenverfolgungen in Amsterdam schrieb Anne Frank im Versteck in ihr Tagebuch: »Im Menschen ist nun einmal ein Drang zur Vernichtung, ein Drang zum Todschlagen, zum Morden und Wüten, und solange die ganze Menschheit, ohne Ausnahme, keine Metamorphose durchläuft, wird Krieg wüten …«.[16]

Wir dürfen uns nicht mit einem Krieg abfinden, der ein Volk überfällt und kein Ende zu nehmen droht. Oft sind die Kriege unserer Tage davon gekennzeichnet, dass sie weder mit einem Sieg noch mit einer Niederlage enden. Ein bekannter westlicher Führer, der kein Pazifist ist, sagte mir einmal, dass damit auch viel Geld verdient wird. Der wiederholte Hinweis von Papst Franziskus auf die wirt-

---

16 O.H. Frank/M. Pressler, *Anne-Frank-Tagebuch*, Fischer, Frankfurt [3]2004, S. 266.

schaftlichen Interessen, die den Waffenhandel beherrschen, darf nicht unterschätzt werden. Je länger ein Krieg andauert, desto schwieriger wird es, Frieden zu finden, man gerät gewissermaßen in einen Tunnel, dessen Ende nicht absehbar ist. Wenn man von Frieden spricht, bedeutet dies nicht, dem Aggressor nachzugeben. Vielmehr bedenkt man eindringlich den Preis eines jeden Krieges und strebt immer wieder neu den Frieden an.

Der verlorene Frieden in Syrien

Der Krieg in der Ukraine ist Teil einer Anzahl von Konflikten, die den Beginn des 21. Jahrhunderts mit Blut befleckt haben. Einer dieser Kriege ist ganz besonders mit dem ukrainischen Konflikt verbunden, nämlich der lange und noch nicht beendete Krieg in Syrien. Seit über zwölf Jahren ist dieses Land ein Schlachtfeld zwischen der nationalen Armee von Präsident Assad, Rebellen unterschiedlicher Herkunft, der türkischen Armee, kurdischen Kräften, Iranern, der libanesischen Hisbollah und von militanten extremistischen Gruppen, darunter der Islamische Staat. Der syrische Bürgerkrieg ist von verschiedenen ausländischen Interventionen beeinflusst, unter anderem durch die Türkei, durch Russland, Saudi-Arabien, die Vereinigten Staaten und Frankreich. Diese Beteiligung sieht natürlich unterschiedlich aus.

Die syrische Gesellschaft wurde niedergemetzelt. Zunächst wurden die Proteste des Arabischen Frühlings unterdrückt und durch Inhaftierungen Tausender der Bürgerkrieg ausgelöst. Syrische Gefängnisse wurden als Orte des Grauens, der Demütigung und Folter angeprangert. Das Gefängnis von Sednaya, in der Nähe des alten christlichen Ortes Maaloula, in dem noch Aramäisch, die Sprache Jesu, verbreitet ist, ist nachweislich ein Ort des Grauens, der Folter und von Hinrichtungen ohne Gerichtsverfahren. Ein Gefangener, der glücklicherweise freigelassen wurde, sagte: »Die ganze Zeit, die ich dort verbracht habe, habe ich nur Stille gespürt.«[17] In Bezug auf Sednaya herrscht ein tödliches Schweigen, das Amnesty Interna-

17 E. Dacrema/M. Serafini/F. Thoman, *Dentro l'inferno delle prigioni di Assad*, in: https://reportage.corriere.it/esteri/2016/dentro-linferno-delle-prigioni-di-assad (zuletzt abgerufen am 21.7.2023).

tional durchbrechen konnte. Ein inhaftierter Universitätsprofessor sagte: »Ich war kurz davor, verrückt zu werden.« Allein von 2011 bis 2015 wurden über 13.000 Gefangene umgebracht, überwiegend durch Erhängen. In illegalen Haftanstalten der syrischen Regierung werden mindestens 90.000 Personen vermisst, während ihre Familien jahrelang im Ungewissen über das Schicksal ihrer Angehörigen gelassen werden.

Hier zeigt sich das wahre Gesicht des syrischen Regimes, das das eigene Volk mit kriminellen Methoden terrorisiert unter der Kontrolle der alawitischen Minderheit, zu der das Staatsoberhaupt gehört. Die syrische Künstlerin Najah Alnukai, die vom Regime inhaftiert wurde, hat das Grauen des Gefängnisses in Bildern festgehalten: nackte und gedemütigte Körper, Folter und Folterinstrumente verschiedenster Art, ausgehöhlte Augen voller Schrecken. Das Regime verteidigt sich mit allen Mitteln und hat weiterhin einen Großteil Syriens unter Kontrolle. Das Volk ist eine Geisel des Regimes und zugleich in einer Spirale des Elends gefangen, die durch die sich verschlechternde Wirtschaft und die internationalen Sanktionen gegen die Regierung in Damaskus ausgelöst wurde. 90% der Syrer leben unterhalb der Armutsgrenze.

Es ist die Rede von fast einer halben Million Toten. Syrien wird seit über zwölf Jahren von einem Konflikt zerrissen, der ein Land mit 22.000.000 Einwohnern zerstört hat, von denen etwa 6.500.000 ins Ausland geflohen sind. Aleppo, eine Jahrtausende alte Stadt mit einem traditionellen Zusammenleben von Christen und Muslimen, hat sehr unter einer langen Belagerung gelitten, die als »Mutter aller Schlachten« bezeichnet wird. Es gab mehr als 31.000 Tote, ganze Stadtviertel sind zerstört, Jahrtausende alte Denkmäler dem Erdboden gleichgemacht. Wer heute im Land unterwegs ist, sieht überall nur Ruinen; dieser Zustand wurde durch das Erdbeben von 2023 noch verschärft.

Die Aufnahme syrischer Flüchtlinge im Jahr 2015 hat Europa gespalten. Die östlichen Länder waren gegen die Aufnahme der Flüchtlinge. Millionen mussten in Lagern im Libanon, in der Türkei und in Jordanien zurückbleiben. Bundeskanzlerin Angela Merkel setzte sich für die Aufnahme mit dem berühmten Satz »Wir schaffen das« ein. Es war eine mutige Geste.

Deutschland verstand, dass dies eine notwendige Entscheidung war, die sich zudem für die deutsche Wirtschaft als nützlich erweisen sollte. In Osteuropa hingegen verfestigte sich allmählich eine ablehnende Haltung gegenüber Flüchtlingen insbesondere, wenn sie aus der arabischen oder muslimischen Welt stammen. Diese Politik wurde mit dem Wort von der Islamisierung Europas begründet, die durch die Migranten im Prozess eines »ethnischen oder religiösen Austausches« vonstattengehen würde.

Im Falle Ungarns ging diese Politik mit einem finanziellen Einsatz für einige christliche Gemeinschaften des Orients einher. Dabei handelt es sich bei den Problemen des Lebens der Christen in der arabischen Welt jedoch keineswegs um ökonomische Fragen. Es ist zu bedenken, dass vor der Intervention von 2003 gegen Saddam Hussein noch 1.400.000 Christen im Irak lebten, das waren 6% der Bevölkerung. Heute sind es weniger als 300.000 und somit weniger als 1% der Bevölkerung. Das ist vor allem auf die Unsicherheit, auf Auseinandersetzungen im Inneren und den Terrorismus des IS zurückzuführen. Letztlich hat die westliche Politik zu einem Rückgang der christlichen Anwesenheit im Irak geführt. In Syrien lag der Anteil der Christen an der Bevölkerung früher bei etwa 10% und hat sich mit 3% inzwischen mehr als halbiert.

Das schreckliche Erdbeben im Februar 2023, das Nordsyrien und die Osttürkei erschütterte, hat internationale Aufmerksamkeit erregt und aufgrund der Notlage zur Aussetzung der Sanktionen geführt. Das Erdbeben traf die syrischen Flüchtlinge im Norden und Bereiche der Bevölkerung, die wie in Aleppo schon unter dem Krieg oder unter Belagerung und Terrorismus gelitten hatten. Es wird von insgesamt 24.000.000 Betroffenen in Syrien und der Türkei gesprochen und davon sind ein Viertel Kinder. In der Türkei wurden 50.000 Tote gemeldet.

Die Lage in Syrien ist seit Jahren politisch festgefahren, ohne dass eine Lösung des Konflikts in Sicht ist. Der Krieg in Syrien hat nicht zum Frieden geführt und sei es auch nur ein ungerechter Frieden, nicht einmal zu einem Ende des Konflikts. Vielmehr hat sich der Krieg in Syrien verewigt, sodass die Türkei in die Lage versetzt wurde, ihren Einflussbereich auszuweiten. Gleichzeitig können die Machthaber in Damaskus den Bereich nach Gutdünken beherrschen, der vom syrischen Staat übriggeblieben ist. Es gibt Kinder, die mit dem Krieg aufgewachsen sind und nie einen Tag in Frieden erlebt haben. Es ist in der Tat ein verlorener Frieden und das vielleicht sogar noch für eine lange Zeit.

Der Syrien-Konflikt ging dem Konflikt in der Ukraine voraus und hat ihn auch in Bezug auf die Art und Weise vorbereitet, wie die Russen ihn nach ihrem Eintritt in das Kriegsgeschehen führten. Es handelt sich um einen brutalen und totalen Krieg, der weder die Zivilbevölkerung noch die Infrastruktur verschont und den russischen Willen zum Ausdruck bringt, keinen Einfluss zu verlieren und eigene imperiale Positionen durchzusetzen. Der russische Befehlshaber Alexander Dwornikow, der als »Schlächter von Syrien« bezeichnet wurde, kam danach Anfang 2022 in der Ukraine zum Einsatz, um später jedoch von diesem Posten abgelöst zu werden. Die gleiche russische Methode der Kriegsführung wurde auf die Ukraine übertragen. Man hätte diese beispiellose Grausamkeit schon vor längerer Zeit bemerken können. Damals stieß diese Entwicklung scheinbar kaum auf Interesse, weil es sich um Syrer handelte. Dieser Krieg hatte nichts mit uns zu tun oder erhielt zumindest nur geringe Aufmerksamkeit im Westen. Doch kein Krieg darf als entlegen angesehen werden, denn in der globalen Welt ist heutzutage kein Volk eine Insel und alles wirkt sich aus.

Nachdem Moskau durch den Sturz Gaddafis Libyen (vorläufig) verloren hatte, kamen die Russen zur Überzeugung, dass sie nun nicht auch noch Syrien, ihre letzte Bastion am Mittelmeer, verlieren durften. Es bestand die Gefahr, in dieser Region ihren Einfluss zu verlieren. Daher der hartnäckige Wille, in Syrien an der Seite des Assad-Regimes zu kämpfen, dem historischen Verbündeten Moskaus seit den Tagen von Präsident Hafez al Assad in der Sowjetzeit. Der Krieg in Syrien hat auch gezeigt, dass Europa in diesem heiklen Winkel der Welt, aus dem sich die Vereinigten Staaten allmählich zurückziehen, keinen Einfluss ausüben kann. Angesichts des dramatischen Syrienkonflikts zeigte sich ein offensichtliches Desinteresse der europäischen Öffentlichkeit. Zehn Jahre zuvor hatte sie gegen den Irak-Krieg und insbesondere gegen die amerikanische Intervention demonstriert, aber in Bezug auf Syrien erwies sie sich als desinteressiert und träge, wenn auch mit unterschiedlichen Akzenten. Aber ein Krieg bereitet den nächsten vor.

Angesichts des Krieges in der Ukraine, aber auch in Syrien, spricht man vom Wiederaufbau und sagt vielleicht, dass die Ressourcen bereitstehen. Das mag sein, aber es gibt keinen Frieden. Und selbst wenn es den erhofften Frieden und damit die Möglichkeit zum Wiederaufbau gibt, sollte man in einer Hinsicht sehr vorsichtig sein, der Wiederaufbau eines Landes nach einem so umfassenden Krieg ist nicht mit einer Auferstehung gleichzusetzen. In einem Land, in dem so viel gekämpft wurde, ist ein Teil und vielleicht vieles für immer verloren gegangen. Die Menschen, die dieses Land verlassen haben, werden wahrscheinlich nicht zurückkehren. Familien wurden getrennt, die Kinder sind im Ausland aufgewachsen.

Der Wiederaufbau heilt nicht die Wunden des Krieges. Manche Aspekte des Lebens sind für immer verloren gegangen, zahlreiche Amputationen werden bleiben. Der Wiederaufbau kann die Zementierung von Städten mit sich bringen und mit Korruptionsmechanismen bei der Verwaltung großer Kapitalmengen einhergehen. Ein städtebaulich zerstörtes Land, das auch aufgrund von Bevölkerungsverschiebungen seine historischen Wurzeln verloren hat, verliert seine Identität und kann zum Terrain für vielfältige Formen von Kolonisierung werden.

Wir haben eine Vorstellung vom Wiederaufbau, die zu eng mit dem Zweiten Weltkrieg und den Erfahrungen Italiens und Deutschlands verbunden ist. Zunächst einmal wurde Italien nicht so stark zerstört wie Deutschland. In Italien war der Wiederaufbau eine ernsthafte, aber relative Angelegenheit. Hier gab es politische Gesprächspartner, die seit langem vorbereitet waren und sich in der Résistance bewährt hatten. Das politische und wirtschaftliche Engagement der Alliierten war in diesem Fall sehr stark, zudem gab es als Gesprächspartner eine nationale politische Klasse, die in der Lage war, den Wiederaufbau zu bewältigen.

Im Irak sind beispielsweise durch den Konflikt ganze Bereiche des gesellschaftlichen Lebens wie das Zusammenleben von Christen und Muslimen verschwunden. Religiöse Minderheiten, die für die tausendjährige Geschichte Mesopotamiens charakteristisch sind, haben schwer gelitten. Die politische Situation ist vom Konflikt zwischen der schiitischen Mehrheit und den Sunniten geprägt und vor allem durch den Einfluss Irans polarisiert. Wird es in Syrien möglich sein, Aleppo, die zweitgrößte Stadt des Landes, als Ort des Zusammenlebens von Christen und Muslimen wiederaufzubauen?

In einem kleinen Buch mit dem Titel »Die gewaltlose Kraft des Friedens«[18] habe ich mich mit Aleppo beschäftigt, weil diese Stadt für mich ein Symbol für die Koexistenz von Islam und Minderheiten in der arabischen Welt darstellt. Allein in dieser Stadt lebten 300.000 Christen bei einer Bevölkerung von weniger als 2.000.000. Im Jahr 2014 habe ich den Appell »Save Aleppo« verbreitet, um eine »offene Stadt« einzurichten und damit ihre Bevölkerung und ihre Denkmäler zu retten. In diesem zerstörerischen Krieg mussten Räume eines Waffenstillstandes geschaffen werden. Doch die radikalen Muslime haben Aleppo nicht geliebt, weil es zu sanft und liberal war. Mit seiner Geschichte und der Pluralität seiner ethnischen und religiösen Komponenten war es die Stadt des Zusammenlebens. Als Kreuzungspunkt der Seidenstraße verband die Stadt Asien mit dem Mittelmeer. Alte archäologische Funde belegen, dass diese Stadt seit mehr als 10.000 Jahren besiedelt ist. Die Überlieferung berichtet, dass Abraham auf seiner Pilgerreise in dieser Gegend Rast hielt.

Das Mosaik der Bevölkerung spiegelt sich in der Stadtplanung und Architektur wider. Das Minarett der Umayyaden-Moschee, das 1090 errichtet wurde, erinnerte an die islamische Geschichte der Stadt. Fast tausend Jahre lang lud es die Bewohner zum Gebet ein, doch im Krieg wurde es zerstört. Es war Zeuge für das Leben von arabischen Muslimen, Christen, darunter Armeniern, von denen einige während des Ersten Weltkriegs vor der osmanischen Verfolgung in der Stadt Zuflucht gefunden hatten, von Kurden und Tscherkessen, Türken und Juden … Selbst unter den Verfolgungen des Regimes von Assad lebten Muslime und Christen im Rahmen einer aleppinischen Kultur in Harmonie miteinander, die das Ergebnis von gegenseitigen Begegnungen gewesen ist. 2015 haben israelische Geheimdienste die letzte jüdische Familie evakuiert. Sie war ein Überbleibsel einer alten Gemeinde, die vor dem Jahr 1000 den masoretischen Bibeltext,

18 A. Riccardi, *Die gewaltlose Kraft des Friedens*, Echter-Verlag, Würzburg 2018, S. 57–63.

den sogenannten *Aleppo Codex*, aufbewahrt hatte, den Maimonides gelesen und kommentiert hat und der heute in Jerusalem aufbewahrt wird, wie ich gesehen habe.

Zum einen kehren zerstörte Denkmäler nicht zurück, zum anderen wird eine Kultur des Zusammenlebens nicht wiederaufgebaut. Die verschiedenen religiösen und ethnischen Gruppen haben unterschiedliche Strategien angewandt. Angst und Misstrauen herrschen vor. Die Schwächeren denken über Flucht nach. Die Welt von gestern kann nicht wiederhergestellt werden. Der Irak und Bagdad sind ein Beispiel für einen nutzlosen und zerstörerischen Krieg, ein »dummer Krieg«, wie es Barack Obama ausgedrückt hat. »Irak zwanzig Jahre danach: Nostalgie, Bestechungsgelder und Boote auf dem Tigris«, so lautet der Titel des Berichts eines Journalisten des *Corriere della Sera*.[19] Er hat das Land besucht und die Korruption beobachtet, die den Wiederaufbau des Landes nach dem amerikanischen Angriff bestimmt. Der chaldäische Patriarch Louis Raphaël I. Sako spricht in einem Interview von der Errichtung eines »sektiererischen Systems« auf religiöser Grundlage: »Das System ist die Ursache für die Korruption, die uns verschlingt. Alles, was dem Staat gehört, wird gestohlen.«[20]

In Mesopotamien, der einstigen Wiege der Zivilisation, verschwinden die alten Denkmäler der Antike hinter einem Wiederaufbau mit überwiegend aus Zement bestehenden Gebäuden ohne jegliche Stadtplanung und aufgrund der Korruption. Allein das irakische Nationalmuseum bleibt bestehen, das 1926 von der britischen Orientalistin Gertrude Bell gegründet und 2003 geplündert wurde. Dort kann man die historischen Wurzeln des Irak verstehen. Ein Blick auf Bagdad genügt, um festzustellen, dass die Vergangenheit ausgelöscht wurde und von einem ungeregelten Verkehr erstickt wird. Heute wird alles zementiert und man vergisst, dass die Stadt in der zweiten Hälfte des 8. Jahrhunderts gegründet wurde und jahrhundertelang ein architektonisches Juwel gewesen ist. Das neue Bagdad steht in seiner Stadtplanung auch für das Leben der neuen, wiederaufgebauten Gesellschaft. Es gibt eine Minderheit von 3% Superreichen, die

19 A. Nicastro, *Iraq vent'anni dopo: nostalgia, mazzette e barche sul Tigri*, 19.3.2023, in: www.corriere.it.

20 N. Magnano, *Il cardinale Sako a 20 anni dall'invasione Usa in Iraq: »la corruzione divora tutti«*, in: www.ilsussidiario.net.

mit der Politik verbunden sind, 12% sind Staatsbedienstete und dann lebt dort die große Masse der armen Arbeiter.

In allen Maßnahmen des Wiederaufbaus zeigt sich, dass die Geschichte ausgelöscht wird. Sie führen weder zur Auferstehung des Landes, wie es einmal gewesen ist, noch zu einer Kontinuität bei der zukünftigen Entwicklung. Darüber hinaus werden in vielen Teilen der Welt, selbst in historischen Städten, durch Überbebauung und Spekulation neue urbane Lebensräume ohne Wurzeln und ohne Seele geschaffen. Der Krieg beschleunigt diesen Prozess durch seine Zerstörungen. Giovanna Locatelli hat in »Das Gold der Türkei«[21] aufgezeigt, wie die von Erdoğan und der mit ihm verbundenen Gesellschaftsgruppen vorangetriebene hemmungslose Urbanisierung das soziale Gefüge ganzer Stadtviertel in Istanbul und vielen anatolischen Städten zerstört hat. In den vom Erdbeben betroffenen Gebieten Anatoliens hat sich die schlechte Qualität der Gebäude gezeigt, die in Betonbauweise errichtet wurden. Doch an diesem Punkt verlässt der Diskurs die Überlegungen zum Krieg und berührt das Thema des Aufbaus einer neuen globalen Stadt, vor allem in der außereuropäischen Welt. Es sind Räume ohne Zentrum mit riesigen Vorstädten und mit »Gated cities«, wo die Kluft zwischen Arm und Reich unüberwindbar ist. Der Vergleich regt an, trotz der Probleme und der politischen Spekulation über die Andersartigkeit der europäischen Stadt nachzudenken.

In diesem Krieg leidet auch die Ukraine unter einer beachtlichen Entwurzelung im Bereich seiner Geschichte. In den Nationalmuseen der besetzten Gebiete ist von Diebstahl durch Russen die Rede, während Kunstwerke, Kirchen und historische Gebäude in Mitleidenschaft gezogen werden. Hinzu kommt ein anderer Aspekt und zwar die menschliche Entwurzelung von Millionen von Menschen, insbesondere von Kindern und Jugendlichen. Je länger der Krieg andauert, desto größer werden diese Wunden. Wie bereits erwähnt war die ukrainische Geschichte im 20. Jahrhundert zudem von Massakern und Entwurzelung geprägt. Man denke an die Neubesiedelung von Städten durch Ukrainer, die bis 1945 hauptsächlich von Juden

21 Vgl. G. Locatelli, *L'oro della Turchia. Il business dell'edilizia che ha stravolto l'aspetto del paese e il suo tessuto sociale*, Rosenberg&Sellier, Turin 2020.

und Polen bewohnt waren. Dort sind die Juden verschwunden, die einen bedeutenden Bestandteil vieler ukrainischer Städte und Ortschaften gebildet hatten.

Das ukrainische Drama

Diese Überlegungen führen zurück zum ukrainischen Drama, zur aktuell großen Bewährungsprobe für die Verantwortlichen auf internationaler Ebene. Der Blickwinkel ist die doppelte Perspektive der Freiheit eines unabhängigen Landes, aber auch des Leids und des verlorenen Lebens. Unter den Kriegen der letzten Zeit zeichnet sich der Konflikt durch eine kompakte Beteiligung des Westens aus, der die Regierung in Kiew militärisch und politisch unterstützt, aber auch durch eine weitgehende Pattsituation vor Ort, die das Risiko einer unvorhersehbaren Fortsetzung mit sich bringt. Der Westen wird Russland nicht siegen lassen, doch die Ukrainer werden Moskau nicht besiegen können.

In dieser Pattsituation ist die wahrscheinliche Folge die Verewigung des Krieges. Domenico Quirico, Journalist und Zeitzeuge von Konflikten, stellte fest: »Nach 2003 ist es nicht mehr möglich, Kriege zeitlich zu begrenzen, ihren Anfang mit ihrer Ausrufung und ihr Ende mit ihrem Sieg festzulegen und den Besiegten zu unterwerfen.«[22] Endloser Krieg oder Kriege, die sich verändern und wie im Irak endemisch werden? Der Krieg hat sich verändert und ist zu einem anderen Phänomen geworden als in der Vergangenheit. So kommt Quirico zu dem Schluss: »Bestand die Absicht des Krieges einst darin, Frieden herzustellen, so ist der Krieg jetzt zum Zweck des Friedens geworden.«

Die Verewigung des Krieges findet jetzt auf ukrainischem Territorium statt und zwar auf Kosten der Bevölkerung, die einen sehr hohen Preis dafür zahlt. Sicherlich ist eine Ausweitung zu befürchten. Manche Interpretationen besagen, dass sich die russischen Expansionsbestrebungen nicht auf die Ukraine beschränken, sondern

---

22 D. Quirico, *Iraq. 20 anni senza un perché*, in: www.lastampa.it/esteri/2023/03/20.

auch das Baltikum, Moldawien oder andere Länder betreffen. In der Tat ist die Strategie des Kremls eine Mischung aus Undurchsichtigkeit und brutal offenen Erklärungen, wie etwa Putins Rede auf der Münchner Sicherheitskonferenz 2007, als er die Welt beschuldigte, dem amerikanischen Imperium unterworfen zu sein. Er betonte die Bereitschaft Russlands, seinen Einfluss geltend zu machen. Leider hat der Westen, der vielleicht immer noch von seiner eigenen Machtfülle berauscht ist, diese Botschaft nicht verstanden. Der Ukrainekonflikt könnte sich auch in eine andere Richtung ausweiten. Manche sehen im Ukrainekrieg ein Instrument, um Putins Regime zu stürzen, dem unabdingbare expansionistische Bestrebungen zugeschrieben werden. Es wäre ein Schritt, der sich schon oft wiederholt hat, beispielsweise im Irak und in Libyen. Ein Diktator wird gestürzt, ohne einen Plan für einen Regime- und Führungswechsel zu haben. Jedoch scheint der Sturz Putins für die Mehrheit im Westen noch nicht im Bereich des Möglichen zu liegen und auch nicht den ukrainischen Möglichkeiten zu entsprechen.

Morin stellt fest: »Die Lage ist ungewiss, aber es ist unwahrscheinlich, dass Russland die gesamte Ukraine besetzen oder die Ukraine in Russland einmarschieren könnte.«[23] Dies ist nicht nur die Auffassung eines bekannten älteren Mannes, der sich um den Frieden sorgt. Mark Milley, der Generalstabschef der Vereinigten Staaten und somit des Landes, das der Ukraine die meiste Unterstützung bietet, ist davon überzeugt, dass die Russen nicht in der Lage sind, die Ukrainer zu überwältigen, zugleich wird es sehr schwierig für sie, die verlorenen Gebiete im Jahr 2023 zurückzugewinnen.[24] Eine Pattsituation scheint vorprogrammiert. Während Kiew auf die Unterstützung des Westens zählen kann, hat Russland trotz der Sanktionen und der Möglichkeit, diese zu umgehen, auch im wirtschaftlichen Bereich erhebliche Widerstandsfähigkeit bewiesen, was das Gesellschaftssystem betrifft. Bleibt noch die chinesische Unbekannte, deren Initiativen in ihren Auswirkungen noch nicht absehbar sind. Alles deutet darauf hin, dass der Krieg ohne Gewinner oder Verlie-

---

23 E. Morin, *Von Krieg zu Krieg*, op. cit., S. 101.

24 G. Sarcina, *Ucraina, il generale Usa Mark Milley: »Nessuno può vincere la guerra«*, in: Il Corriere della Sera, 16.2.2023.

rer fortgesetzt wird. Es sei wiederholt, dass die Ukrainer den Preis dafür bezahlen werden.

Im Oktober 2022 hat Präsident Emmanuel Macron beim von der Gemeinschaft Sant'Egidio in Rom organisierten interreligiösen Treffen »Der Schrei nach Frieden« gesagt: »Es ist ein seltsamer Zeitpunkt, um über Frieden zu sprechen.« Wenn nicht jetzt, wann dann? Der richtige Zeitpunkt dafür, der immer wieder aufgeschoben wird, scheint nie zu kommen. Das Wort Frieden ist aus dem Vokabular verschwunden oder gleichbedeutend mit Komplizenschaft mit den Invasoren. Wäre es da nicht hinterhältig, von Frieden zu sprechen, angesichts der Brutalität der Armee und der Söldner? Es gibt keinen Dialog mehr, er wird öffentlichen Erklärungen oder der Propaganda überlassen. Nur noch wenige Gesprächsfäden verbinden Russen und Amerikaner miteinander. Und das ist sehr gefährlich.

Durch die Brutalität des Krieges geht der Bezug zur Realität verloren. Aktuell geht es darum, die Freiheit der Ukraine zu schützen und zugleich einen hohen Preis für die Menschen zu vermeiden. Diese beiden Bedürfnisse sind in dieser Lage scheinbar unvereinbar. Die einzige Möglichkeit, in diesem komplizierten Geflecht tätig zu werden, ist die Diplomatie mit ihrer Flexibilität und Fähigkeit, die Akteure zum Sprechen zu bringen. Es wurde viel auf militärischem Gebiet investiert, sehr viel wurde für Waffen ausgegeben, aber fast nichts für die Diplomatie und für die Entwicklung von alternativen Zukunftsvisionen. Eine komplexe, widersprüchliche und konfliktreiche Welt, die zudem auf allen Ebenen miteinander vernetzt ist, kann nicht ohne Dialog und eine Vision für das allgemeine Interesse zusammengehalten werden.

Das ukrainische Volk hat das Recht auf eine gesicherte Unabhängigkeit. Allerdings »kann die Landkarte nicht verändert werden. Russland ist ein Teil Europas. Und der Frieden in Europa ist ohne eine Lösung der russischen Frage nicht möglich«, hat Macron angemerkt. Russland hat eine Vorstellung von der eigenen Sicherheit, die mit der Garantie eines territorialen Gürtels zur eigenen Verteidigung verbunden ist. Diese Vorstellung ist nicht mehr hinnehmbar. Nachdem sich Osteuropa vor wenigen Jahren mit einem anderen Bewusstsein als der Westen von der UdSSR emanzipiert hat, lebt es in Furcht vor Russland. Dies zeigt sich an der Vorgehensweise, mit der Polen aufgerüstet hat. Um diese und andere Aspekte miteinander in Einklang zu bringen, ist der Krieg, der manichäisch, starr und grausam ist, überhaupt nicht hilfreich.

Jeder Krieg hinterlässt ein vergiftetes Erbe. Der Erste Weltkrieg hat den Boden für den nächsten bereitet. Durch den Zweiten Weltkrieg ist ein Großteil Europas ohne Freiheit in den sowjetischen Einflussbereich geraten. Ursächlich für die antirussische Haltung verschiedener Länder des Ostens ist insbesondere diese Leidensgeschichte, die über dreißig Jahre andauerte. Heutzutage haben die »ewigen Kriege« lähmende und langandauernde Folgen.

Aufstand gegen die Irrelevanz

Und was können wir nun tun? Was kann der normale Bürger angesichts der Entscheidungen für den Krieg und internationaler Dynamiken tun? Unser Leben wird oft von einem Gefühl der Ohnmacht beherrscht. Wir sind irrelevant! Es ist sinnlos, wenn wir diese Tatsache verdrängen. Wir werden daher gezwungen, Entscheidungen zu unterstützen, die von anderen im Kontext einer Logik und Dynamik gefällt werden, die wir nicht überblicken.

Der solidarische Einsatz vieler Menschen zu Beginn des Krieges, um den Ukrainern zu helfen, war überraschend. Vielleicht wurde damit die Auflehnung gegen eine Art von Diktatur des Narzissmus zum Ausdruck gebracht, die scheinbar das anthropologische Grundgerüst unserer Gesellschaft bildet. Auf ähnliche Weise hatte sich auch schon eine Offenheit während der Pandemie gezeigt. Trotzdem haben die ichbezogene Lebensweise und der weit verbreitete Kult des Ichs viele Formen des Zusammenlebens verdrängt. Der italienische Schriftsteller Sebastiano Vassalli beschreibt die heutige Welt folgendermaßen: »Die Gegenwart ist lautes Geschrei: Milliarden über Milliarden Stimmen schreien alle zusammen und in allen Sprachen das Wort ›Ich‹ und versuchen, sich gegenseitig zu übertönen: ›Ich, ich, ich‹...«.[25]

---

25 S. Vassalli, *La chimera, Rizzoli*, Mailand 1990, S. 3.

Wir leben in einer »Ich-Welt«, die aus Egozentrik, aber auch aus Einsamkeit und Traurigkeit gemacht ist. Das »Ich« zersetzt das »Wir«, die Familie, die Gemeinschaft, die Kirche. Dieses »Ich« führt zu viel Einsamkeit, aber auch zu Aggressivität. Es gibt auch eine große Belanglosigkeit der einsamen Menschen, sie erdulden die Geschichte, ohne sie infrage zu stellen und mitzugestalten. Allein fällt es schwer, sich eine andere Ausrichtung für die Geschichte vorzustellen. Wenn das Ich überheblich ist oder sich absondert, entstehen soziale und dann auch nationale Konflikte. Oder man nimmt sie hin. Ist der Nationalismus im Grunde genommen nicht ein kollektiver Egoismus?

Die Geschichte hat uns durch den Konflikt überrollt. Der Krieg ist der Dieb in der Nacht, über den das Evangelium spricht, er bricht plötzlich ein. Die Ukraine wurde bedroht, dann wachte sie auf und ist überfallen worden. Der Krieg hatte begonnen. Der jüdische Schriftsteller Stefan Zweig, dessen Bücher von Hitler verbrannt wurden und der sich 1940 aus Verzweiflung umbrachte, beschreibt das Gefühl der Ohnmacht, das ihn überkam, als sein Land in den Krieg zog: »Ich stand wie alle anderen in meinem Zimmer, hilflos wie eine Fliege, machtlos wie eine Schnecke, während es für mich um Leben und Tod ging… um meine Zukunft.« Wenn ein Konflikt beginnt, liegt das Schicksal in den Händen der wenigen Kriegsherren.

Die der Ukraine zugefügten Wunden haben eine Solidarität geweckt. Jede solidarische Tat birgt ein Handeln für den Frieden in sich. Die Solidarität stellt sich der wirtschaftlichen Gewalt und einer ungerechten Gesellschaft entgegen, die die Zahl der armen Menschen ständig vergrößern. Die Solidarität hat die Fähigkeit, ein zerrissenes menschliches Gefüge wiederherzustellen, sie befreit aus der Einsamkeit und stärkt den Frieden. Die Integration von Ausländern ist ein Akt des Friedens, denn sie beugt Konflikten vor und baut eine Gesellschaft des Zusammenlebens auf, die eine Erscheinungsform des Friedens ist. Dies ist durch die Aufnahme der ukrainischen Flüchtlinge geschehen. Internationale Solidarität ist ein Akt der Geschwisterlichkeit, sie beseitigt Distanzen und Gleichgültigkeit gegenüber fernen Ländern, überwindet Grenzen und schafft Verbindungen. Sie ist ein politischer Akt und stärkt das Bewusstsein, dass wir alle eine Familie von Völkern bilden und letztlich ein gemeinsames Schicksal teilen. Ohnmacht erzeugt Gleichgültigkeit, die zu Trägheit und Angst, aber auch zu Aggressivität führt. Das geschieht, wenn über die Köpfe der Völker hinweg Entscheidungen getroffen werden.

Die Ankunft von Ukrainern auf der Flucht aus ihrem von den Russen überfallenen Land stellt die Verschlossenheit gegenüber nichteuropäischen Flüchtlingen infrage. In den vergangenen Jahren hat Sant'Egidio als Alternative humanitäre Korridore für mehr als 6.000 Menschen eingerichtet. Durch die Aufnahme und Integration von Flüchtlingen ist deutlich geworden, dass dieser Prozess eine Bereicherung für den europäischen Kontinent ist, der sich in einer demografischen Krise befindet und neue Arbeitskräfte braucht. Jede Integrationsmaßnahme stärkt den Frieden.

Wer sich auskennt, sich informiert und das Geschehen verfolgt, nimmt aufmerksam Anteil und schaut nicht weg. Unwissenheit führt zu Desinteresse. Die Zerstreuung begünstigt schlecht durchdachte Entscheidungen, wenn nicht gar das Handeln der Kriegsherren. Eine lebendige und informierte Öffentlichkeit beeinflusst das politische Geschehen und die Entscheidungen. Der Frieden muss wieder in den Mittelpunkt gerückt werden, die Politik und sogar der Krieg selbst müssen ihn anstreben. Wir dürfen uns nicht mit dem Krieg abfinden, der der Vater aller Armut ist. Das gilt nicht nur für die Ukraine, sondern auch für Syrien, das nicht im Frieden lebt. Das gilt für die schwelenden Konflikte, beispielsweise in Äthiopien, dem ältesten unabhängigen Land Afrikas, mit 800.000 Toten in Tigray; das gilt ebenso für die Kriege, die der islamistische Terrorismus in Afrika entfesselt hat, und viele andere. Wir haben die furchtbaren Schrecken der heutigen Kriege nicht vollkommen erfasst. Wiederholt sei betont, dass die Friedensarbeit nicht Nachgiebigkeit gegenüber dem Aggressor bedeutet. Sie ist sich vielmehr der schlimmen Auswirkungen eines jeden Krieges bewusst und bemüht sich fortlaufend um die Verwirklichung des Friedens. Daher muss eine Kultur des Friedens mit neuem Leben erfüllt werden. Es wird eine Bewegung benötigt, die dieses Bemühen in die politischen Aktivitäten einbringt.

Auch das Gebet ist ein Widerstand gegen den Krieg. Davon sind viele Gläubige überzeugt. Der amerikanische Bibelwissenschaftler Walter Brüggemann schreibt: »Die Kirche nimmt einen Platz in der Ratsversammlung des Herrn ein, dem Ort, in dem die Entscheidungen getroffen werden …«; »Jesus hat uns Gottes Geheimnisse mitgeteilt«. Die Gläubigen können Gott um ein Ende des Krieges und um Frieden für die Welt bitten. Wir wissen, dass Gott den Frieden will und dass der Friede ein Gut für alle Völker darstellt. Der bekannte reformierte Theologe Karl Barth schreibt: Gott »ist nicht taub, er hört; mehr als das, er handelt. Er handelt nicht auf dieselbe Weise, ob wir beten oder ob wir nicht beten. Es gibt einen Einfluß des Gebets auf das Handeln, auf die Existenz Gottes … Unsere Gebete sind schwach und arm. Indessen das was zählt, ist nicht, daß unsere Gebete stark sind, sondern, daß Gott sie versteht.«[26]

Giorgio La Pira, der Bürgermeister von Florenz, machte seine Stadt in den Jahren des Kalten Krieges zum Zentrum des Dialogs und sagte: »Ich glaube an die historische Kraft des Gebets.« Er forderte auch die Armen, um die er sich sorgte, auf, für den Frieden zu beten. La Pira ist der Prototyp eines Christen, der für den Frieden kämpft. Die Bibel war seine Begleiterin, aus ihr schöpfte er Gedanken über den Frieden und mit ihr betrachtete er die Geografie der Völker und ihre Nöte.

Solidarität, Gebet und verantwortungsvolle Anteilnahme machen den Kampf der unbewaffneten und friedliebenden Menschen gegen den Krieg aus, sie bilden das Herzstück der Friedensarbeit. Wer Frieden schafft, kittet den Bruch zwischen den Völkern und den Menschen und heilt damit die krebsartige Zersetzung des Krieges. Der Krieg beginnt vor den ersten feindseligen Auseinandersetzungen, wenn es noch eine Chance zum Handeln gibt, um die Brüche zu begrenzen. Hier setzt der »Präventivfrieden« an, der Konflikten vorbeugt. Hass und fehlender Dialog sind die Wurzel tiefgehender Spaltungen. Der erste Brief des Johannes lehrt: »Jeder, der seinen Bruder hasst, ist ein Menschenmörder« (1 Joh 3,15).

Eine Vision für den Frieden

Es ist notwendig, eine Kultur des Friedens wiederzubeleben und diese in Bezug zur Lebenswirklichkeit zu bringen. Macron führte

26 K. Barth, *Das Vaterunser nach den Katechismen der Reformation*, EVZ-Verlag, Zürich 1965, S. 28–29.

in seiner oben erwähnten Rede aus: »Der Friede ist auf ontologischer Ebene grundsätzlich unrein, weil er eine Reihe von Unsicherheiten und Unannehmlichkeiten in Kauf nimmt, die jedoch die Koexistenz zwischen mir und dem anderen möglich machen.« Das entspricht der Realität. Frieden benötigt eine Vision. In unserer Zeit fehlt sie. Im Nebel des kriegerischen Horizonts gelingt es uns nicht, darüber hinauszugehen und einen Blick auf den Frieden zu werfen. Scheinbar ist die Gegenwart allein vom Krieg beherrscht und nicht einmal ein Sieg würde Frieden sichern können. Was ist Krieg? Papst Franziskus hat in seiner Enzyklika *Fratelli tutti* die Weisheit der Kirche zum Ausdruck gebracht, die Paul VI. in seiner Rede vor der UNO 1965 als »Expertin für Menschlichkeit« bezeichnete: »Jeder Krieg hinterlässt die Welt schlechter, als er sie vorgefunden hat. Krieg ist ein Versagen der Politik und der Menschheit, eine beschämende Kapitulation, eine Niederlage gegenüber den Mächten des Bösen. Halten wir uns nicht mit theoretischen Diskussionen auf, sondern treten wir in Kontakt mit den Wunden, berühren wir das Fleisch der Verletzten.«[27]

Diese wenigen Zeilen enthalten die Weisheit, die die Kirche als bedeutende, mit der Bevölkerung verbundene und übernationale Einrichtung in den Kriegen des 20. Jahrhunderts und insbesondere durch die beiden Weltkriege entwickelt hat. Die Kirche ist überzeugt, dass Konflikte die Menschheit nicht verbessern, ganz im Gegenteil führen sie oftmals in den Untergang. In einem entschieden anti-heroischen Ton preist Papst Franziskus den Krieg nicht als Weg zum Sieg, vielmehr bezeichnet er ihn als »beschämende Kapitulation« vor den Mächten des Bösen. Außerdem ist der Krieg ein »Versagen der Politik«. Das erleben wir gerade in der Krise der Diplomatie und der politischen Initiativen. Dies ist ein sehr beunruhigender Aspekt in dieser Krise. In dieser Enzyklika, die sich auch mit dem Frieden beschäftigt, fordert der Papst dazu auf, die Bedeutung des Krieges durch direkte Begegnungen mit den Leidenden neu zu erfassen. Nur auf diesem Weg kann sein wahres Gesicht erkannt werden. Die Vermeidung einer direkten Begegnung mit den vielen Flüchtlingen, ja ihre Ablehnung, hat uns blind gemacht für das Drama des Krieges.

---

27 Papst Franziskus, *Enzyklika »Fratelli tutti«*, Nr. 261.

Der Krieg entmenschlicht jeden, auch wenn er aufgrund berechtigter Anliegen geführt wird. Simone Weil, eine Kritikerin einiger Aspekte des Pazifismus, hat ausgehend vom Bürgerkrieg in Spanien angemerkt, dass jeder Konflikt diejenigen entmenschlicht, die ihn austragen: »Man meldet sich freiwillig, mit Ideen von Opfergeist, und gerät in einen Krieg, der einem Krieg von Söldnern gleicht, mit noch viel mehr Grausamkeit…«.[28] Der Krieg verändert unweigerlich die Menschlichkeit derer, die ihn führen. Ist es eine bloße Utopie, sich etwas anderes als den Krieg vorzustellen?

In seiner Einführung zur italienischen Ausgabe von Immanuel Kants »Zum ewigem Frieden«, einer kleinen Abhandlung aus dem Jahr 1795, schreibt Norberto Bobbio 1992, dass diese Schrift trotz der zwei Jahrhunderte, die seither vergangen sind, »eine Diskussions- und Orientierungsgrundlage für jeden ist, der das Problem der Abschaffung des Krieges als entscheidend für unsere Zeit ansieht«.[29] Die Abschaffung des Krieges ist von entscheidender Bedeutung in einer Zeit, in der dieser neu bewertet wird. Dies erscheint notwendig, weil die Regierungen gelähmt sind. Wir sind beschränkt, die Regierungen sind es allerdings noch mehr, als sie behaupten. Diese Beschränkung führt dazu, dass man von der aufdringlichen Logik der Kämpfenden mitgerissen wird und auf eine politische Ausrichtung und eine alternative Zukunftsvision verzichtet.

1932 kam es zwischen Einstein und Freud zu einem Briefwechsel, dessen Verbreitung in Deutschland von den Nazis verboten wurde, in dem es um die Frage des Physikers ging: »Gibt es einen Weg, die Menschen von dem Verhängnis des Krieges zu befreien?«[30] »Im Menschen«, schrieb Einstein, »lebt ein Bedürfnis zu hassen und zu vernichten«, das häufig durch Gruppen der Macht manipuliert wird: »Hier scheint das tiefste Problem des ganzen verhängnisvollen Wirkungskomplexes zu stecken. Hier ist die Stelle, die nur der große Kenner der menschlichen Triebe beleuchten kann.« Zu diesem

---

28 S. Weil, *Krieg und Gewalt. Essays und Aufzeichnungen*, Diaphanes, Zürich [3]2021, S. 63f.

29 Siehe: I. Kant, *Zum ewigen Frieden*, Engelhorn Verlag, Berlin 1987. Zitat bei I. Kant, *Per la pace perpetua*, Editori Riuniti, Rom 1992, S. XXIX.

30 S. Freud/A. Einstein, *Warum Krieg?*, Diogenes Verlag, Zürich 1992, S. 4 und 10.

Zweck wandte er sich an den Vater der Psychoanalyse. Freud stellte sich der Anfrage und erkannte, dass der Trieb zu Hass und Zerstörung bereit ist, zum Kampf »anzustiften«. Was ist der Krieg für den Vater der Psychoanalyse?

> »… weil der Krieg hoffnungsvolle Menschenleben vernichtet, den einzelnen Menschen in Lagen bringt, die ihn entwürdigen, ihn zwingt, andere zu morden, was er nicht will, kostbare materielle Werte, Ergebnis von Menschenarbeit, zerstört…«.

Der Krieg ist unmenschlich und barbarisch. Für Freud kann der »Prozess der Kulturentwicklung« die Kriege beenden. Was bedeutet das und wann wird das Ende dieser ewig andauernden Geschichte kommen? Vielleicht ist es eine Frage von langsam mahlenden Mühlen und »dass man verhungern könnte, ehe man das Mehl bekommt«, stellte er fest. Er fügte hinzu, dass »der berechtigten Angst vor den Wirkungen eines Zukunftskrieges« eine beschleunigte Abschaffung folgen wird. Die Notwendigkeit ist klar. Es ist keine Feigheit, den Krieg zu fürchten! Im Gegenteil, die Angst vor dem Krieg kann zu einer klügeren Politik führen. 1933 blieb Einstein nach der Machtergreifung Hitlers für immer in den Vereinigten Staaten. In jenem Jahr wurden die Werke Freuds in Deutschland verboten, der 1938 das nationalsozialistische Österreich verlassen und nach London ausreisen konnte, wo er starb.

Die Abschaffung des Krieges ist die Zukunftsvision, doch wie ist das möglich, wenn der Krieg im Gange ist? Der Vater der Psychoanalyse und der berühmte Physiker fragten und suchten. Diese Suche dauert mindestens seit dem Ende des Ersten Weltkriegs an. Es mutet seltsam an, dass der Krieg ausgerechnet im dritten Jahrtausend theoretisch rehabilitiert wurde und nun zu einer verbreiteten Praxis geworden ist. Im Grunde genommen ist die Abschaffung des Krieges ein Bestandteil der Utopien des besonderen 20. Jahrhunderts, das einerseits schrecklich war, aber auch viele unerfüllte Träume kannte.

Im Jahr 1946 stellte Luigi Sturzo[31] fest, als er noch nicht aus dem amerikanischen Exil zurückgekehrt war: »Heute hat der Krieg je-

---

31 Er war ein italienischer Priester (1871–1959) und hat die italienische Volks-

doch solch technische und politische Ausmaße erreicht, dass er zu einem unverhältnismäßigen Instrument der Verteidigung jeglicher angemessener Rechte geworden ist…«. Anschließend stellte er Betrachtungen über einige bis dahin für unmöglich gehaltene Veränderungen an: »Wir müssen daran glauben, dass aus dem heutigen Chaos eine neue internationale Ordnung entstehen wird, in der der Krieg als rechtliches Mittel zum Schutz des Rechts abgeschafft werden muss, ähnlich wie die Polygamie, Sklaverei, Leibeigenschaft und Familienrache rechtlich abgeschafft wurden.«[32] Es scheint unmöglich, doch alles kann sich ändern!

Einen Monat nach dem Einmarsch in der Ukraine und nach zwei Jahrzehnten, in denen der Krieg rehabilitiert wurde, hat Papst Franziskus in diesem Sinne Stellung bezogen, indem er den Traum vom Ende des Krieges in der Geschichte der Menschheit erneut vorschlug: »Man muss den Krieg ablehnen, einen Ort des Todes, an dem die Väter und die Mütter ihre Kinder begraben, an dem die Menschen ihre Geschwister töten, ohne sie auch nur gesehen zu haben, wo die Mächtigen entscheiden und die Armen sterben… Der Krieg darf nichts Unvermeidliches sein: wir dürfen uns nicht an den Krieg gewöhnen! … Angesichts der Gefahr der Selbstzerstörung möge die Menschheit begreifen, dass die Zeit gekommen ist, den Krieg abzuschaffen, ihn aus der Geschichte der Menschheit zu tilgen, bevor er den Menschen aus der Geschichte tilgt.«[33]

Der Frieden ist in der Ukraine und anderen Ländern verloren gegangen. Der Krieg ist die Gegenwart. Aber der Frieden, an dem wir uns in einem Bereich der Welt noch erfreuen, erlaubt uns die Solidarität mit denen, die angegriffen werden. Und ich bin davon überzeugt, dass er uns verpflichtet, wieder über den Frieden nachzudenken, damit der Krieg nicht diese zersplitterte globale Welt oder die Zukunft der nächsten Generationen zerstört. Über den Frieden nachzudenken, bedeutet, ein Bewusstsein für den Frieden zu entwi-

partei (Partito Popolare Italiano) mitgegründet, aus der später die Democrazia Cristiana hervorgegangen ist.

32 L. Sturzo, *Nazionalismo e internazionalismo: 1946*, Zanichelli, Bologna 1971, S. 183.

33 Papst Franziskus, Angelus am 27.3.2022, in: https://www.vatican.va/content/francesco/de/angelus/2022/documents/20220327-angelus.html (zuletzt abgerufen am 21.7.2023).

ckeln, damit die öffentliche Meinung frei und aufmerksam reagiert und nicht durch Vereinfachungen befangen ist und damit der Krieg uns nicht mit seiner rücksichtslosen Logik beherrscht, die scheinbar nicht beseitigt werden kann. Denn der Frieden darf nicht zu lange verloren gehen. Das ist die Verantwortung gegenüber denen, die durch den Krieg niedergebeugt sind. Zudem sollten wir nicht vergessen, dass in dieser globalen und vernetzten Welt alles aufeinander einwirkt. Das gilt für den Krieg wie für den Frieden. Das Nachdenken, die Auseinandersetzung mit unterschiedlichen Meinungen – all das ist keine Zeitverschwendung, sondern die Vorbereitung besserer Zeiten.

Kapitel II
Erinnerung an den Krieg, Hoffnung auf Frieden

Erinnerung an den Krieg

Das Gedenken an den Ersten Weltkrieg ist mehr als hundert Jahre nach seinem Ende von entscheidender Bedeutung für Europa und für unsere Länder. Dieser Krieg war nicht nur der Vater anderer Konflikte, sondern auch der Ursprung für viele Entwicklungen und Probleme der heutigen Welt. Wenn man sich an ihn erinnert, ruft man sich zunächst seine leidvollen Auswirkungen ins Gedächtnis: ca. 9.000.000 Gefallene, zwischen 6 und 9 Millionen getötete Zivilisten, wobei diese Zahl im Zweiten Weltkrieg noch weiter gestiegen ist. Im Anschluss an den Krieg kam es dann zu Bevölkerungsverschiebungen, Epidemien, einschließlich der schrecklichen Spanischen Grippe, wie auch zu psychischen Erkrankungen, die so genannte »Kriegsneurose« oder den »Shell Shock«. Insgesamt wird die Zahl der Toten auf 37.000.000 geschätzt, aber es gibt auch höhere Schätzungen. Diese Zahl macht den Ersten Weltkrieg zu einem der blutigsten Konflikte der Geschichte.

Mitten in diesem Krieg fand der erste Völkermord des 20. Jahrhunderts statt. Die türkische Regierung in Istanbul verfolgte systematisch die Ausrottung der armenischen Bevölkerung, die auch andere Christen betroffen hat. Mit diesem ersten Völkermord sind weitere Völkermorde des 20. Jahrhunderts verbunden, wie zum Beispiel die Shoah. Dies wird durch einen ziemlich bezeichnenden Satz Hitlers verdeutlicht, auch wenn nicht jeder von seiner Echtheit überzeugt ist. Er sprach zu seinen Generälen, die Zweifel an den Vernichtungsplänen des Führers erkennen ließen: »Wer redet heute noch von der Vernichtung der Armenier?«[34]

---

34 Siehe: N. Ermagan, Wer redet heute noch von der Vernichtung der Armenier?, in: https://www.cicero.de/innenpolitik/jahrestags-des-genozids-wer-redet-heute-noch-von-der-vernichtung-der-armenier- (zuletzt abgerufen am 17.7.2023).

Wer erinnert sich an die Armenier? Wer erinnert sich an den Ersten Weltkrieg, abgesehen von einem Kreis von Interessierten? Wahrlich, wie wenig Aufmerksamkeit wird den Kriegen gewidmet ... Die Generation, die den Zweiten Weltkrieg noch erlebt hat und sich daran erinnert, dass die Wurzeln des Konflikts in einem falschen Frieden nach dem Sieg von 1918 liegen, verschwindet immer mehr. Johannes Paul II. wurde kurz nach dem Ersten Weltkrieg und der Wiedergeburt Polens als der Sohn eines im Krieg Kämpfenden geboren und erlebte das Grauen des Zweiten Weltkriegs aus nächster Nähe, auch die Massaker an Juden und Polen. Er hielt es für seine Pflicht, Zeugnis von der Torheit des Krieges abzulegen:

> »Die Generation, der ich angehöre, hat den Schrecken des Krieges, die Konzentrationslager und die Verfolgung kennengelernt ... Ich selbst bin in meiner Jugendzeit Zeuge für großen Schmerz und viele Prüfungen geworden. Von Anfang an war mein Priestertum› einbezogen in das große Opfer so vieler Männer und Frauen meiner Generation‹.«[35]

Viele von uns haben Menschen gekannt, die den Zweiten Weltkrieg erlebt haben, einige auch noch den Ersten. Von ihnen haben wir sehr oft Zeugnisse über die Schrecken des Krieges erhalten. Unter den Briefen von italienischen Infanteristen an ihre Familien, die überwiegend einfache Bauern, Proletarier und teilweise Analphabeten waren und sich eines Schreibers bedienen mussten, gibt es einen Brief von 1918, der die tragischste und einfachste Definition des Krieges enthält: »Man nennt es Krieg, denn am Ende liegt man unter der Erde.« Überlebende von Kriegen, Millionen von Veteranen, aber auch Hinterbliebene von Völkermorden haben bezeugt, dass der Krieg ein Massensterben ist. Die römische Jüdin, Settimina Spizzichino, war eine einfache Frau, die ich gut kannte; sie hat die Shoah überlebt und stellte am Ende ihres Lebens eine ängstliche Frage:

35 Johannes Paul II., Gedächtnisfeier für die Zeugen des Glaubens im 20. Jahrhundert, 7. Mai 2000, in: https://www.vatican.va/content/john-paul-ii/de/homilies/2000/documents/hf_jp-ii_hom_20000507_test-fede.html (zuletzt abgerufen am 17.7.2023).

»Was wird geschehen, wenn wir nicht mehr sind? Wird die Erinnerung an diese Boshaftigkeit verloren gehen? Auch heute noch geschehen schreckliche Dinge: Kriege, Massaker, ethnische Säuberungen … Jedes dieser Ereignisse lässt mich meine eigene persönliche Tragödie wiedererleben, erinnert mich an das, was ich durchgemacht habe. Das ist auch der Grund, warum ich mich immer wieder erinnere und berichte, um zu verhindern, dass sich ähnliche Dinge wiederholen. Ich tue es deshalb und für die Erinnerung an diejenigen, die nicht zurückkehrten. Für meine Mutter, meine Schwestern, meinen Bruder, meine Nichte. Für meine ermordeten Kameraden und für alle, die in Auschwitz, Bergen-Belsen und den anderen Lagern starben … Für all die Jahre, die sie uns gestohlen wurden, den Millionen von Männern, Frauen und Kindern.«[36]

Die Frage der Erinnerung ist in unseren Tagen von grundlegender Bedeutung. Deshalb ist es wichtig, über den 1918 beendeten Konflikt und den Frieden von 1919 nachzudenken, denn es war der Ausgangspunkt für die Prozesse im Zusammenhang mit dem Zweiten Weltkrieg.

Eine mit dem Krieg vertraute Zeit

Wir leben in einer Zeit, die allzu sehr mit dem Krieg vertraut ist. Das ist beunruhigend, als ob ein tief verwurzelter Widerstand verflogen wäre, der über viele Jahrzehnte herangereift ist und auf der Erinnerung an zwei Konflikte gegründet war.

Der Krieg in Syrien dauert seit 2011 an und hat Millionen zu Flüchtlingen gemacht. Wahrscheinlich sind eine halbe Million Menschen getötet worden und viele werden vermisst oder befinden sich in den Händen der Regierung oder der verschiedenen bewaffneten Gruppen. Unter den Verschollenen gibt es Personen, die meine engen Freunde waren. Beispielsweise der syrische Erzbischof von

36 S. Spizzichino, *Gli anni rubati. Le memorie di Settimia Spizzichino reduce dai lager di Auschwitz e Bergen-Belsen*, Cava de‹ Tirreni, 1996, S. 75.

Aleppo, Mons. Ibrahim, den ich seit 1986 kannte, oder den Jesuiten Paolo Dall'Oglio, ein Römer wie ich. Gleichgültig lassen wir zu, dass der Krieg Syrien zugrunde richtet und zur Geisel der widerstreitenden internationalen Interessen macht. Die europäische Haltung ist teilnahmslos geblieben. Man war unfähig, Druck auf die Machthaber auszuüben oder Demonstrationen für dieses unglückselige Land zu organisieren. Die UNO und die großen westlichen und arabischen Länder haben in diesem Land mit 22.000.000 Einwohnern versagt, das weiterhin vom Krieg heimgesucht wird. Ich kenne das Leid der Flüchtlinge, denn die Gemeinschaft Sant'Egidio hat – gemeinsam mit italienischen Protestanten und anderen Organisationen – humanitäre Korridore eingerichtet, damit Tausende von ihnen und vor allem vulnerable Personen nach Europa einreisen konnten. Es handelt sich um eine einzigartige Erfahrung, die auch ein Vorschlag für unseren Kontinent sein möchte.

Die Belagerung von Aleppo, die von Juli 2012 bis Dezember 2016 dauerte, ist ein dramatisches Beispiel. Durch sie wurde ein berühmtes Weltkulturerbe vernichtet und eine Stadt zerstört, die in all ihren Facetten Zeugnis von der Schönheit des Zusammenlebens zwischen Christen und Muslimen in einem historischen und kulturellen Rahmen ablegte. Wie schön und liebenswürdig war Aleppo! Der syrische Dichter Adonis beschreibt sie als eine Stadt des Zusammenlebens: »Die Kirche ist ein Zeichen | die Moschee eine Stimme | wie in einem Garten zirkuliert zwischen den beiden das Leben in Aleppo.« Viele Kirchen wurden zerstört, viele Christen haben das Land verlassen, vielleicht sind heute gerade noch 30% dortgeblieben. Viele Moscheen wurden getroffen, ebenso wie der historische Souk. Das schreckliche Schauspiel des Krieges hat in Syrien die Kultur des Zusammenlebens hinweggefegt, die sich in Jahrhunderten der Geschichte und Zivilisation entwickelt hatte.

Wo ist die Friedensbewegung, die sich 2003 kraftvoll gegen die Intervention im Irak richtete, Millionen von Menschen mobilisierte und, wie die amerikanische Presse schrieb, eine dritte Weltmacht vertrat? Für den Frieden in Syrien gab es keine Demonstrationen. Inzwischen zwingen Regierungen oder gewalttätige Organisationen ihre Kriege einer ohnmächtigen, gefühllosen und vor allem gefügigen Öffentlichkeit auf, die im Grunde genommen egoistisch geworden ist. Die Krise der Friedensbewegung und der Friedenskultur zeigt eine zunehmende Vertrautheit mit dem Krieg, den mangelnden Widerstand gegen die Anwendung von Gewalt und ihre Befürwortung als Mittel zur Konfliktlösung. Dies ist ein ernstes Problem, dem besondere Aufmerksamkeit gebührt. Warum ist unser Bewusstsein für den Wert des Friedens schwächer geworden?

Es gibt die Vorstellung, dass der Krieg der anderen uns nicht betrifft und dass ein lang anhaltender Konflikt keine gefährlichen Prozesse auslöst. Doch das ist nicht wahr. Ein Blick auf die Entwicklung in Syrien genügt. Die syrischen Flüchtlinge haben in Osteuropa eine negative Reaktion ausgelöst und die Solidarität in der EU beseitigt, obwohl es sich nur um eine begrenzte Aufnahme handelte. Im Zeitalter der Globalisierung ist es eine Illusion, wenn man meint, dass die Kriege der anderen nicht alle betreffen. Man denke an den Terrorismus. Wenn man die Fortdauer von Kriegen duldet, infiziert dies ganze Regionen, wenn nicht gar die Welt, wie die tragischen Folgen des Konflikts zwischen Israelis und Palästinensern beweisen.

Die Vertrautheit mit dem Krieg ist für eine stark von Emotionen geleitete öffentliche Meinung gefährlich. Dominique Moïsi spricht von einem »Kampf der Emotionen«.[37] Emotionen fordern Reaktionen heraus. Die Emotionen, die durch den Einsatz von Gas in Ghouta in der Nähe von Damaskus ausgelöst wurden, haben eine starke Reaktion der Vereinigten Staaten und zweier ihrer Verbündeten hervorgerufen. Doch die Lage in Syrien bleibt unverändert, das Land ist immer noch im Krieg gefangen. Die Art der Kommunikation über das Internet, die momenthafte Kultur der Unmittelbarkeit im Hier und Jetzt, die Vervielfältigung von Informationen und die Vielzahl von Beteiligten und Akteuren zwingen dazu, die Realität auf emotionale Weise zu betrachten und Reaktionen auf den Augenblick zu beschränken, anstatt einen Prozess zu entwickeln.

Die öffentliche Meinung gerät in die Fänge der Emotionen, dann der Medien und der Manipulation, die jene hervorrufen können. Wer die Schrecken der beiden Weltkriege und die Erinnerung an

---

37 Vgl. D. Moïsi, *Kampf der Emotionen. Wie Kulturen der Angst, Demütigung und Hoffnung die Weltpolitik bestimmen*, DVA, München 2009.

die Shoah vergisst, bewegt sich verantwortungslos am Abgrund des Krieges und bewertet die Anwendung von Gewalt in neuer Weise. Heute besteht ein Bedarf an Geschichte und Erinnerung. Es ist nicht möglich, in der Komplexität der globalen Welt ohne historisches Bewusstsein zu leben.

Warum die Geschichte gebraucht wird

Das historische Gedächtnis wird zu einer grundlegenden Aufgabe. Die Geschichte befreit die menschlichen Ereignisse und den Krieg von der Vergesslichkeit, in die die Menschen oft zwanghaft verfallen, wenn sie unaufhörlich mit der Gegenwart und mit sich selbst beschäftigt sind. Die Geschichte befreit die Erinnerung an den Krieg von der typischen Selbstverherrlichung des Sieges und des Heldentums, die heutzutage kaum Bedeutung haben. Die Geschichte erfährt in dieser Zeit eine Abkopplung von der politischen Kultur und von der Politik und verbündet sich stattdessen mit den Medien, die entscheidende Instrumente darstellen, um Zustimmung zu bekommen und zu vermehren und um Emotionen zu mobilisieren. Die Geschichte tut sich mittlerweile schwer als akademische Disziplin. In einem geschichtsträchtigen Kontinent wie Europa ist es schwierig, ohne Geschichte zu leben und zu regieren, denn dann ist man ein Analphabet in Bezug auf die Realität und blind für die Zukunft.

Der Krieg muss in die Geschichte eingefügt werden und benötigt Erinnerung. Sonst bleibt er ein Gespenst, das über den Gesellschaften schwebt. Ich möchte an die bekannte Gestalt von Marc Bloch erinnern, der mit Lucien Febvre ein Gründer der »Annales-Schule« für Historiker war. Er wurde 1886 geboren, war ein nicht praktizierender Jude und kämpfte im Ersten Weltkrieg als Unteroffizier. Als Hauptmann beendete er den Krieg, um dann 1939 im Zweiten Weltkrieg erneut zu kämpfen. Dieser Historiker verspürte das Bedürfnis, intensiv über die Kriege nachzudenken, und hinterließ einige Manuskripte, die später veröffentlicht wurden. Er beschreibt das Leben in den Schützengräben: »Mir kam in den Sinn, dass die Gesichter von Männern, die auf den Tod warten und ihn fürchten, nicht schön anzusehen sind.«[38] Seine Aufzeichnungen waren als Material für eine zukünftige Geschichte des Krieges gedacht. Im Buch »Die seltsame Niederlage« aus den Jahren 1939–40 beschäftigt sich Bloch mit dem Zusammenbruch hochrangiger französischer Armeeführer angesichts des deutschen Vormarsches:

> »Das Schlimme daran war, daß diese Verwirrung auch auf Kreise übergriff, die größere Verantwortung zu tragen hatten. Etliche von uns mußten mit Entsetzen feststellen, in welch erschreckendem Maße sie sich fast von Tag zu Tag bei manchen Offizieren ausbreitete, die innerhalb des Stabes die entscheidenden Funktionen ausübten … Die ersten Symptome des Übels manifestierten sich noch in bloßen Äußerlichkeiten: flackernde Augen, schlecht rasierte Gesichter, Nervosität, die von fieberhafter Erregung über Kleinigkeiten jäh umschlug in gespielte Gelassenheit.«[39]

Diese Details werden durch den Blick des Historikers bekannt gemacht und nicht durch die Sichtweise eines Pazifisten. Bloch hatte ein Interesse an der Verteidigung Frankreichs. Er meldete sich im Zweiten Weltkrieg freiwillig, um gegen die Nazis zu kämpfen, und schloss sich nach der Niederlage der Résistance an. Er wurde verhaftet, gefoltert und 1944 von der Gestapo erschossen. Bloch hinterlässt eine bedeutende Lektion für die Gesellschaft, denn er erinnert die Kultur und die Politik an die Pflicht der historischen Erinnerung, insbesondere an die des Krieges.

Selbst in extremen Situationen wie in Konzentrationslagern oder in den jüdischen Ghettos während des Krieges, wo so viel Lebenswillen ausgelöscht wurde, zeigte sich das Bedürfnis, eine Erinnerung an die Ereignisse zu hinterlassen. Bei den Ausgrabungen in der Umgebung der Krematorien wurden Aufzeichnungen und Berichte über die Hölle von Auschwitz gefunden, die sich in Flaschen oder Feldflaschen befanden. Sie wurden von den Juden verfasst, die in den Sonderkommandos mit den Vernichtungsaktionen beauftragt

---

38 M. Bloch, *Ecrits de guerre (1914–1918)*, herausgegeben von Etienne Bloch, Armand Colin, Paris 1999, S. 16.

39 M. Bloch, *Die seltsame Niederlage: Frankreich 1940. Der Historiker als Zeuge*, Fischer, Frankfurt am Main 1992. S. 156f.

waren und dann selbst von den Nazis umgebracht wurden, damit sie keine Zeugen für die Vernichtung sind. Das Schreiben war ein Akt des Widerstands gegen das Böse und ein Ausdruck des Vertrauens in die Menschlichkeit, damit die Stimmen über das Leid eines Tages von jemandem gehört werden. In einer Notiz von Salmen Gradowski vom 6. September 1944 heißt es: »Ich wollte diese Notizen – wie viele andere Notizen auch – der künftigen friedlichen Welt als Erinnerung hinterlassen, damit sie weiß, was hier geschah. Ich habe das in einer Aschegrube vergraben, weil es der zuverlässigste Ort ist, an dem höchstwahrscheinlich Ausgrabungen stattfinden werden, um die Spuren von Millionen Ermordeter zu finden ... möge die Welt in ihnen einen Tropfen, ein Minimum jener schrecklichen, tragischen Todeswelt erkennen, in der wir lebten.«[40]

Die Erinnerung will stärker sein als der Tod. Unter den vielen Äußerungen dieses Willens, sich trotz aller Hindernisse zu erinnern, möchte ich die Schriften des Jugendlichen Abram Cytryn erwähnen. Er war ein Jude aus dem schrecklichen Ghetto von Lodz und starb in Auschwitz. Als begabter Dichter erklärt er, warum er anfing, die Geschichte dieses Ortes der Qualen festzuhalten: »Als ich in der Hölle des Ghettos lebte und sah, wie das Blut meiner Brüder vergossen wurde, beschloss ich, mein Zeugnis zu Papier zu bringen ... Ich möchte, dass das Blut auf das Papier spritzt, um für künftige Generationen die Erinnerung an diese erbarmungslosen Jahre zu erhalten.«[41]

Die globale Welt

Die Geschichte führt uns zu den Wurzeln dessen, was Eric Hobsbawm das »kurze Jahrhundert«[42] nennt. Der britische Historiker betrachtet das 20. Jahrhundert als Epoche der großen Katastrophen zwischen zwei Jahreszahlen: 1914 mit dem Beginn des Ersten Welt-

---

40 P. Polian, *Briefe aus der Hölle. Die Aufzeichnungen des jüdischen Sonderkommandos Auschwitz*, wbg Theiss, Darmstadt 2019, S. 365–367.

41 A. Cytryn, *Racconti dal ghetto di Lodz. Gli scritti ritrovati di un adolescente morto ad Auschwitz*, Marsilio, Venedig 2016, S. 27.

42 Vgl. E. Hobsbawm, *Das Zeitalter der Extreme. Weltgeschichte des 20. Jahrhunderts*, Hanser, München 1995.

kriegs und 1991 mit dem Ende der Sowjetunion, die durch die Revolution von 1917 entstanden war. 1991 ging die Zeit des Kalten Krieges zu Ende. Das »kurze Jahrhundert« hat eine »Globalisierung« des Krieges mit weltweiten Dimensionen erlebt – wenn ich das so bezeichnen darf – zunächst 1914 und dann 1939. Zweimal im 20. Jahrhundert hat ein Krieg zwischen Europäern die Welt in Brand gesteckt. Und heute droht jeder Krieg, die Welt in Brand zu setzen.

Die Europäer bekämpften sich gegenseitig, wobei auch viele außereuropäische Völker beteiligt waren. Papst Benedikt XV. erklärte, dass der Krieg Europa zermürben würde. Die Sieger waren sich dessen nicht bewusst, wie ihre Arroganz im Jahr 1919 zeigte, als sie davon überzeugt waren, ihre Ordnung der ganzen Welt aufzwingen zu können. Man denke nur an den Nahen Osten, der mit dem Ende des Osmanischen Reiches unter die Kontrolle Großbritanniens und Frankreichs geriet. Die Herrschaft der beiden Mächte im Nahen Osten währte kaum zwanzig Jahre. Die Königreiche der Kreuzfahrer hielten sich viel länger.

Nach 1945 kam es zum Zerfall der Macht Europas. Angefangen mit Britisch-Indien, der größten Kolonie und der Perle der Krone, verschwinden die Kolonialreiche, die die Weltkarte in der Farbe des Mutterlandes eingefärbt hatten. Europa verblasst in der großen Welt, seine Bedeutung schwindet sogar. Das kurze Jahrhundert markiert den Übergang einer von Europa dominierten Erde zu einer globalen und polyzentrischen Welt, in der die Rolle unseres Kontinents nicht mehr im Mittelpunkt steht, auch wenn er weiterhin eine wichtige Rolle spielt und in den Bereichen Ökonomie und Kultur ein wichtiger Akteur bleibt.

Nach dem kurzen Jahrhundert befinden wir uns nun in einer langen Phase hin zu einer Zukunft ohne bedeutende Visionen und Vorhaben. Anders als im 20. Jahrhundert ist die Welt heute großräumig geworden und von vielen Akteuren bevölkert, besitzt aber keine wahren Machthaber. Diese Welt der Globalisierung begann mit der Öffnung der Märkte und dem Fall der Mauern und Grenzen. Dann gab es eine Reaktion darauf, die zur Rückkehr von nationalen Identitäten und religiöser Abgrenzung und die daraus resultierende Neubewertung von Grenzen und Mauern führte. Die globale Welt bringt auch die Prozesse der Antiglobalisierung oder

Postglobalisierung mit sich. Und es ist wichtig, erneut zu betonen, dass sie eine gefährliche Vertrautheit mit Krieg und Gewalt erlebt. Als diese Entwicklung 1989 ansetzte und sie als Überwindung des Kalten Krieges und als Banner des Friedens angesehen wurde, war dieser Wandel nicht zu erwarten.

Die globale Welt ist auch durch eine diffuse Gewalt von Mafiaorganisationen und Kriminalität geprägt, bei denen es sich um bewaffnete Gruppen mit Herrschaftsansprüchen handelt. Daneben kam es zu wiederkehrenden Formen von Terrorismus, die Ängste bei unseren Mitbürgern schüren. Die Zahl der Akteure ist unendlich: Schulbildung, Medien, Information und soziale Netzwerke machen viele und vielleicht sogar alle zu Subjekten. Das Internet vermittelt die Illusion, als Subjekte an einer Debatte ohne Grenzen beteiligt zu sein. Oft wird das Universum der Millionen Individuen von einem »Zorn« beherrscht, wie es Pankaj Mishra bezeichnet,[43] weil man nicht genug Raum oder Zukunft findet. Zorn ist ein Nährboden für Radikalisierung. Es handelt sich um ein Ressentiment, »das die Zivilgesellschaft und die politische Freiheit untergräbt und das gegenwärtig weltweit eine Wende hin zu Autoritarismus und gefährlichen Formen von Chauvinismus herbeiführt«, schreibt Misha.[44]

Niemals hätten wir uns 1989 vorstellen können, dass die Demokratien in Schwierigkeiten geraten. Ebenso war es undenkbar, dass der Krieg wieder aufgewertet wird. Stattdessen sind wir Zeugen einer Krise der Demokratie. Angesichts der Komplexität üben vereinfachende Lösungen eine Anziehung aus. Die ungarische Philosophin Ágnes Heller bezeichnet das als »Bonapartismus«.[45] Das gilt auch für Europa. Es ist die gefährliche Attraktion einer als Gewalt verstandenen Ordnung, sowie die Verachtung demokratischer Mechanismen und einer Pluralität von Ideen. In vielen Ländern Asiens, Lateinamerikas und Afrikas ist die Herausforderung durch weit verbreitete Gewalt und Kriminalität enorm. Die Demokratie erscheint als Schwäche, was jedoch nicht der Fall ist. Wenn sich traditionelle Parteien

---

43 Vgl. P. Mishra, *Das Zeitalter des Zorns. Eine Geschichte der Gegenwart*, Fischer, Frankfurt [4]2017.

44 Ebd., S. 25.

45 D. Taino, »Il bonapartismo è ancora qui. Intervista con Ágnes Heller«, in: *Corriere della sera*, Inserto La lettura, 2016, S. 26–27.

in einer Krise befinden, dann muss eine politische Kultur auf der Ebene der Bevölkerung gefördert werden, die in der Lage ist, viele Bürgerinnen und Bürger einzubeziehen. Denn das ist die Grundlage für den Zusammenhalt der Zivilgesellschaft. Dazu muss man in Bildung, Kultur und Geschichte investieren. Die Demokratie ist der einzige Weg für ein Zusammenleben unterschiedlicher Menschen.

Die Kirche als Ressource für Menschlichkeit und Frieden

In dieser globalen Welt, in der Demokratie und Frieden nicht immer unumstrittene Werte darstellen, gibt es zwei wichtige Ressourcen unterschiedlicher Natur angesichts einer nicht einfachen und von zahlreichen Variablen bestimmten Zukunft. Es handelt sich um zwei sichere Garanten für eine menschlichere Zukunft: Europa und die Kirche.

Im Grauen des Konzentrationslagers Dachau predigte 1945 der italienische Dominikaner Giuseppe Girotti, der deportiert worden war, weil er Juden versteckt hatte. Kurz vor seinem Tod betont er: »Die Kirche war und ist und wird auch in Zukunft immer das einzige Refugium bleiben für das Empfinden von Menschlichkeit, Liebe und Barmherzigkeit; ein Refugium der Wahrheit, der Prinzipien der rechten Vernunft, der Zivilisation und der Kultur«.[46] Diese Worte bringen den Humanismus der Märtyrer zum Ausdruck, der ein bedeutender Bestandteil des christlichen Lebens im 20. Jahrhundert ist. In diesen Jahren ist das Christentum wie in den ersten Jahrhunderten wieder von großem Leid heimgesucht worden. Der Humanismus der Märtyrer ist eine lebendige und großartige Vision von der Wirklichkeit.

Vor allem angesichts des Krieges hat die Kirche im 20. Jahrhundert das Bewusstsein entwickelt, der Welt eine prophetische Sicht des Friedens zu schulden. Daher fühlte sie sich untrennbar mit der Sehnsucht nach Frieden verbunden. Es hat auch nicht an kirchlicher Identifikation mit den Nationen und mancher Verteidigungs- oder

46 Siehe A. Riccardi, *Salz der Erde. Licht der Welt. Glaubenszeugnis und Christenverfolgung im 20. Jahrhundert*, Herder, Freiburg 2000, S. 91.

Angriffspolitik gefehlt. Im Jahr 1917 polemisierte der französische Dominikaner Pater Antonin Sertillanges von der Kanzel von Notre Dame aus vor den Vertretern aus Gesellschaft und Religion gegen Papst Benedikt XV.: »Heiliger Vater, wir können Ihre Worte über den Frieden derzeit nicht akzeptieren … Unser Friede wird kein versöhnlicher Friede sein … Es wird auch kein von väterlichen Gefühlen geprägter Friede sein, der sich auf beide Lager erstreckt – auch wenn uns das sehr leid tut. Es wird ein Friede sein, der durch einen Krieg kommt …«.[47] Solche Worte könnten auch heute noch einigen Religionsvertretern über die Lippen kommen.

Mitten im Ersten Weltkrieg gelangt vor allem durch das Bemühen von Benedikt XV. der kirchliche Einsatz für den Frieden zur Reife, auch wenn er kein Gehör fand und sogar verlacht wurde. An der Spitze der internationalen Völkerfamilie empfand der Papst den Weltkrieg als eine innere Zerrissenheit, während er frei von einer nationalistischen Logik und von der Manipulation der Propaganda die immensen Zerstörungen des Krieges erkannte. In der Note vom 1. August 1917 spricht Benedikt XV. den berühmten Satz über den Krieg aus, der von allen seinen Nachfolgern grundsätzlich wieder aufgegriffen wird: »Dieser ungeheure Kampf erscheint jeden Tag mehr und mehr als sinnlose Schlächterei.« Der Krieg ist eine »sinnlose Schlächterei«. Die Kirche spürt aufgrund ihrer menschlichen Erfahrungen, dass der Krieg die Welt schlechter zurücklässt, als er sie vorgefunden hat. Im Brief vom August 1917 ist eine weitsichtige Bemerkung in Bezug auf Europa zu lesen: »Soll die zivilisierte Welt auf ein Schlachtfeld des Todes reduziert werden und soll das so glorreiche und blühende Europa wie von einem universellen Wahnsinn überwältigt in den Abgrund, in einen wahren Selbstmord laufen?«[48]

Der Papst legt Zeugnis ab von der gemeinsamen Menschlichkeit, die alle Völker vereint, und vom Schrecken des Krieges, der sie zer-

---

47 G. Cavagnini/G. Grossi (Hg.), *Benedetto XV. Papa Giacomo Della Chiesa nel mondo dell«inutile strage«*, il Mulino, Bologna 2017, S. 353.

48 Siehe: Benedikt XV., *Brief an die Oberhäupter der kriegführenden Parteien vom 1. 8. 1917*, https://www.vatican.va/content/benedict-xv/fr/apost_exhortations/documents/hf_ben-xv_exh_19170801_des-le-debut.html (zuletzt abgerufen am 17.7.2023).

stört. Benedikt XV. sagte im Vertrauen und mit offenem Herzen zu Achille Ratti, dem späteren Pius XI.:

»Sie wollen mich zum Schweigen verdammen. Der Vikar Christi soll nicht für den Frieden eintreten. Sie werden meine Lippen nicht versiegeln können. Wehe, wenn der Vikar des Friedensfürsten in der Stunde des Sturms stumm bliebe! Die geistliche und universale Vaterschaft, mit der ich ausgestattet bin, macht es zu meiner besonderen Pflicht, die Kinder, die sich aus gegenüberliegenden Barrikaden gegenseitig abschlachten, zum Frieden aufzurufen. Ich bin und fühle mich als geistlicher Vater der Kämpfenden in beiden Lagern. Niemand kann den Papst daran hindern, seinen Kindern zuzurufen: Frieden, Frieden, Frieden!«

Die Kirche ist angesichts des Krieges ein Zufluchtsort für das Gefühl der Menschlichkeit. Sie ist es auch heute angesichts der schwerwiegenden Probleme der Völker, der Flüchtlinge und Migranten. In den Schwierigkeiten dieser von Emotionen geprägten und flüchtigen Zeit bietet ihr Wort eine wichtige Richtschnur für die Bewahrung der Menschlichkeit. Die Erfahrung des durch den Krieg verursachten Leids stärkt die Überzeugung, dass nur der Friede heilig ist, wie Papst Franziskus und auch andere gesagt haben. Ich möchte an die bedeutsamen Worte des orthodoxen Patriarchen von Konstantinopel Athenagoras erinnern. Er war eine bedeutende Gestalt des Christentums, wurde 1886 geboren und war ein Zeitgenosse von Marc Bloch. Mit seinen Erfahrungen im Ersten Weltkrieg auf dem Balkan in Mazedonien schreibt er:

»In Monastir [heute Bitola, in Mazedonien] lernte ich die Slawen gut kennen. Ich habe auch die Deutschen und die Österreicher beobachtet. Mit den Franzosen habe ich zwei Jahre zusammengelebt. Alle Völker sind gut. Jeder verdient Respekt und Bewunderung. Ich habe Menschen leiden sehen. Alle brauchen Liebe. Wenn sie schlecht sind, dann vielleicht deshalb, weil sie der wahren Liebe nicht begegnet sind, der Liebe, die keine Worte verschwendet, sondern Licht und Leben ausstrahlt. Ich weiß auch, dass es dunkle, dämonische Kräfte gibt, die manchmal von den Menschen und den Völkern Besitz ergreifen, aber die Liebe Christi ist stärker als die Hölle. In seiner Liebe finden wir den Mut, die Menschen zu lieben, und wir entdecken, dass wir alle Menschen und alle Völker brauchen, um zu existieren.«[49]

In diesem Sinne ist und bleibt das Christentum eine große Ressource für den Frieden.

Europa

Erneut sei darauf hingewiesen, dass die europäischen Länder die historische Verantwortung für zwei untereinander ausgetragene Kriege haben, die sich zu Weltkriegen entwickelt haben. Sie tragen die Verantwortung dafür, dass sie durch die Art des Friedens von 1919 den Boden für den nachfolgenden Weltkrieg bereitet haben. Denn nach dem Ende hinterlassen die Kriege ein bitteres Erbe, das die Geschichte vergiftet. 1918 verschwanden die beiden großen Reiche der Habsburger und der Osmanen und mit ihnen das jahrhundertealte Zusammenleben zwischen Völkern und Religionen. Nur Russland blieb auf eigene Weise ein Großreich, das auf tragische Weise durch das Sowjetsystem und den Ehrgeiz, gewaltsam eine neue Welt aufzubauen, umgewandelt wurde.

Es hatte den Anschein, dass der Krieg die Nation und den Nationalismus verherrlicht und für die Welt des zwanzigsten Jahrhunderts die am besten geeignete politische Handlungsoption darstellt. Auf der Pariser Konferenz wurde versucht, die Grundlage für ethnisch homogene Staaten zu schaffen und das Selbstbestimmungsrecht zu fördern. Das Ziel wurde nicht zuletzt deshalb nur teilweise erreicht, weil so viele Territorien seit Jahrhunderten von verschiedenen Völkern bewohnt wurden. Doch die Betonung der Nation und der Nationalismus waren in 1920er und 1930er Jahren vorrangig. Das kurze Jahrhundert war das der Nationen, in dem Minderheiten im nationalen Kontext wenig Platz fanden. In diesem Zusammen-

---

49 O. Clement, *Atenagora, Umanesimo spirituale. Dialoghi tra Oriente e Occidente*, Edizione San Paolo, Cinisello Balsamo (MI) 2013, S. 82.

hang wuchsen Antisemitismus und nationalistischer Totalitarismus, die im Nationalsozialismus ihren tragischsten Höhepunkt fanden. Zwischen den beiden Kriegen wurden die Demokratien auf wenige Fälle zurückgedrängt, während sich autoritäre und nationalistische Systeme durchsetzten, allen voran der Faschismus. In Italien führte der Faschismus die Rassengesetze ein, diskriminierte die Juden und bekräftigte die Existenz einer angeblichen arischen Rasse. Niemand hat dagegen Einwände erhoben.

In unseren Städten zeigt sich heutzutage ein Zusammenleben verschiedener Ethnien und Religionen. Es gibt keine ethnisch-religiöse und nationale Homogenität mehr. In von Emotionen beherrschten Gesellschaften wächst allerdings die Angst vor dem Anderen. Die globale Welt scheint das eigene Leben aufgrund von Migrationsströmen und fremden Lebensweisen zu erdrücken. Muss man sich gegenüber anderen da nicht vermehrt abschotten? Das eigentliche Problem ist, dass zu viel Zorn geschürt und benutzt wird, anstatt an möglichen Modellen des Zusammenlebens zu arbeiten. Ein Prozess der Integration ist jedoch in zweierlei Hinsicht der Garant für die Zukunft: in den nationalen Gesellschaften und in der Europäischen Union.

Die europäische Integration ist seit der Anfangsvision der Gründerväter eine Garantie für den Frieden, die alle von einer christlichen Inspiration geprägt waren, und das sei nicht aus apologetischen Gründen betont. Die europäische Integration ist meines Erachtens aus der Ablehnung von Auschwitz als dem furchtbarsten Übel des Zweiten Weltkriegs hervorgegangen. Der Integrationsprozess ist die eigentliche Friedensgarantie für Europa und wäre eine Friedensgarantie für die Welt, wenn er stärker mit diplomatischen und militärischen Mitteln ausgestattet wäre.

Die Männer und Frauen sind als Kinder der globalen Welt autonome Subjekte in einem Umfeld, in dem sie sich oft ausgegrenzt fühlen. Das betrifft nicht nur die Migranten in Europa, sondern auch die Europäer selbst. Sie sind oft allein, weil die globale Gesellschaft so viele soziale und politische Netzwerke zerstört hat. Die Verstädterung hat Lebenswelten geschaffen, in denen die Menschen in Einsamkeit leben. Die europäischen Städte stehen heute vor der großen Herausforderung, ein friedliches Zusammenleben, soziale Integration, Dialog, den Aufbau von lebendigen Gemeinschaften und Netzwerken und eine Kultur auf der Ebene der Bevölkerung zu ermöglichen. Das ist eine Hilfe, um die teilweise gefährliche Entwurzelung der Einzelnen zu überwinden.

Der Friede ist auch eine Aufgabe der internationalen politischen Führer, wie auch der Gesellschaft als ganzer. Bedrohungen für den Frieden kommen auch aus dem sozialen Gefüge. Eine weit verzweigte und partizipative Friedenskultur muss aufgebaut werden. Papst Franziskus sagte in Bezug auf Europa: »Der Frieden wird in dem Maß dauerhaft sein, wie wir unsere Kinder mit den Werkzeugen des Dialogs ausrüsten und sie den ›guten Kampf‹ der Begegnung und der Verhandlung lehren. Auf diese Weise werden wir ihnen eine Kultur als Erbe überlassen können, die Strategien zu umreißen weiß, die nicht zum Tod, sondern zum Leben, nicht zur Ausschließung, sondern zur Integration führen.«[50]

Der Friede wird von Dauer sein, wenn wir die historische Erinnerung an die Kriege nicht verlieren und die Kirche prophetisch für den Frieden eintritt, wenn die Integration Europas gefestigt wird, wenn das Zusammenleben und eine Friedenskultur das gesellschaftliche Leben erneuert und wir in der Lage sind, uns mit den Waffen des Dialogs auszustatten, um alle im Kleinen wie im Großen einzubeziehen. Es handelt sich um ein komplexes Vorhaben mit vielen Akteuren und Energien, das denen, die Vereinfachungen verbreiten, nicht gefällt, da sie so genannte schnelle Lösungen autoritären Handelns oder des Krieges lieben, die dann nie enden und bittere Ergebnisse zur Folge haben.

50 Papst Franziskus, *Ansprache bei der Verleihung des Karlspreises, 6. Mai 2016*, in: https://www.vatican.va/content/francesco/de/speeches/2016/may/documents/papa-francesco_20160506_premio-carlo-magno.html (zuletzt abgerufen am 17.7.2023).

Kapitel III
Kultur des Hasses und Nationalismus

Der Hass ist uralt, aber auch sehr aktuell

Die Geschichte des Hasses ist wie die der Liebe die älteste Geschichte der Menschheit. In der biblischen Erzählung ist die Geschichte von Kain und Abel zu lesen: »Als sie auf dem Feld waren, erhob sich Kain gegen Abel, seinen Bruder, und tötete ihn« (Gen 4,8). Der Hass als Kultur, als Gefühl, als Triebfeder des Handelns spiegelt sich in einer unendlichen Vielzahl von Ereignissen, Erfahrungen und Geschichten der Menschheit. Oft kommt er zum Ausdruck, wenn man sich näherkommt, wie im Fall von Kain und Abel, die Brüder waren, der eine jedoch ein Ackerbauer, der andere ein Schafhirte. Ohne Begegnung und in einem Leben aus der Ferne gibt es nämlich keine Geschichten von Hass oder Liebe. Es herrschen gegenseitige Gleichgültigkeit oder Ignoranz.

In der heutigen Welt ist eine gleichgültige Distanz jedoch meistens unmöglich. Liliana Segre, eine italienische Überlebende der Shoah, warnte vor den tragischen Folgen der Gleichgültigkeit in Bezug auf die Deportation der Juden. Segre spürte das am eigenen Leib am Mailänder Bahnhof unter deutscher Kontrolle.[51] Das Denkmal für die Shoah am Mailänder Bahnhof, von dem sie selbst 1944 mit so vielen Juden zu ihrem endgültigen Bestimmungsort aufbrechen musste, weist darauf hin. Gleichgültigkeit wird fast immer zu einer Entscheidung, sich der Verantwortung zu entziehen, weil man weiß, wer der andere ist und was mit ihm geschieht. Denn man ist davon überzeugt, dass es dem eigenen »Heil« dienlich ist, sich vom anderen abzugrenzen oder zu distanzieren.

Die Entwicklungen in der globalen Welt, die Bevölkerungsbewegungen und Umwälzungen im sozialen Leben bringen Menschen

---

51 Vgl. L.E. Zuccalà, *Sopravissuta ad Auschwitz. Liliana Segre fra le ultime testimoni della Shoah*, Paoline, Mailand 2005.

miteinander in Kontakt, die sich einander jahrhundertelang aus Gleichgültigkeit oder in Distanz voneinander nicht beachtet haben. Die Alternative, die zunehmend vorgeschlagen wird, lautet: zusammenleben oder sich hassen und bekämpfen. Amy Chua hat vor einigen Jahren in einem Buch aufgezeigt, wie der globale Kapitalismus das fördert, was sie als das Zeitalter des Hasses bezeichnet.[52] Für sie hat die kapitalistische Globalisierung eine Vervielfachung der Gewalt und ein wahres Zeitalter des Hasses eingeläutet. Diese Seiten regen zum Nachdenken an.

Es gibt jedoch eine besondere Art des Hasses, dessen Wurzeln in die Zeit vor der Globalisierung reichen. Allerdings bestehen sie fort und gedeihen sogar. Es ist die Kultur des Hasses, die mit der Entstehung und der Verbreitung der Idee der Nation verbunden ist. Die Nation ihrerseits ist das Ergebnis einer neueren Entwicklung in der langen Geschichte der Menschheit, vor allem ein Aspekt der Gegenwart. Um sich selbst zu legitimieren, weist sie jedoch darauf hin, dass sie schon immer existiert hat, oder zumindest vor den anderen Nationen, die auf demselben Territorium bestehen oder daran grenzen. Die Selbstrechtfertigung gehört zum Narrativ der Nation. Die Nation erscheint in den Darstellungen immer mehr als homogenes Haus eines Volkes, auch wenn Geographie und Demographie andere Daten aufzeigen.[53]

Vielleicht hat der Nationalismus neben den Religionen als einziger den Hass organisiert und kanalisiert, aber ohne jenes innere Prinzip des Widerspruchs, das die Religionen verändert und geläutert und zu weitaus komplexeren und gefestigteren Kulturen gemacht hat. Ein Blick auf das 20. Jahrhundert genügt. Die polnische Dichterin und Literaturnobelpreisträgerin Wisława Szymborska, die das 20. Jahrhundert auch aus der schmerzhaften Perspektive des zerstückelten, wiedererstandenen und besetzten Polens erlebt hat, schrieb:

---

52 Vgl. A. Chua, *Die Welt in Flammen: Wie Demokratie zu Rassismus und Unterdrückung führen kann*, Redline Verlag, München 2011.

53 Vgl. J. Plumyène, *Les nationes romantiques. Histoire du nationalisme. Le XIX siècle*, Fayard, Paris 1979; E. Hobsbawm, *Nationen und Nationalismus, Bundeszentrale für politische Bildung*, Bonn 2005 ; E. Gellner, *Nationalismus, Kultur und Macht*, Büchergilde Guttenberg Verlag, Frankfurt 1997; F. Meinecke, *Weltbürgertum und Nationalstaat. Studien zur Genesis des deutschen Nationalstaates*, Oldenbourg, München [7]2019.

»Seht her, wie unbewegt leistungsfähig er ist,
wie gut er sich hält
in unserem Jahrhundert, der Haß.«[54]

Die nationale Kultur war wie ein großes Gefäß, das dem Hass Wirksamkeit verliehen hat, das ihn über Jahre hinweg eingefroren und bewahrt und ihn als Identitätsbildung verbreitet hat. Geschichte, Sprache, Geographie, literarische Epen haben zur Schlagkraft und Verbreitung des Hasses beigetragen. Es sei jedoch angemerkt, dass die nationale Kultur (Geschichte, Sprache, Geographie, Epos) auch eine ganz andere und sehr konstruktive Funktion ausgeübt hat. Doch der Hass lauerte verborgen in den Winkeln als etwas Stummes, das zuweilen explosiv geworden ist.

Nation und Nationalismus

Nichts scheint natürlicher zu sein als die Nation, sie ist wie eine physische Struktur, die dem Individuum zugrunde liegt und es bestimmt. Doch die Erfindung der Nation ist ein Teil der modernen Geschichte.[55] Wenn man dem Wort Erfindung die vorherrschende Bedeutung einer Neuschöpfung verleiht, geht die Entstehung der Nationen in unterschiedlicher Weise auf das 19. Jahrhundert zurück und entwickelt sich bis zur Entstehung des Nationalismus. Von wenigen Ausnahmen abgesehen prägt sie das Selbstbewusstsein der Völker und ihre Beziehungen zu den anderen. Die Nationalgeschichte Frankreichs ist lang und different. In Spanien ist sie älter, aber immer noch ungelöst, wie es an der katalanischen Frage erkennbar ist. Es handelt sich um eine typische unterdrückte Nationalität, die das Problem der Autonomie gestellt hat und ihre Unabhängigkeit fordert.

Oftmals müssen sich erfundene oder angemessener gesagt »wiederentdeckte« Nationen von der Herrschaft der Staaten befreien, die ihre Identität unterdrücken und auf die Auslöschung der nationa-

54 W. Szymborska, *Auf Wiedersehn. Bis morgen. Gedichte*, Suhrkamp, Frankfurt [5]1997, S. 14; das Gedicht ist mit »Haß« überschrieben.

55 Vgl. E.J. Hobsbawm/T. Ranger, *The Invention of Tradition*, University Press, Cambridge 1984.

len Charaktere hinarbeiten. So »fand« der Philologe der Romantik Vaclav Hanka 1817 in der Krypta einer Kirche in einem böhmischen Dorf die Überreste eines Manuskripts, das angeblich ein literarisches Werk von großartiger nationaler Bedeutung darstellte.[56] Es war der Beginn der Rekonstruktion einer (gefälschten) nationalen Erzählung, die auf ein reines und gerechtes vorgermanisches Zeitalter verweist, das im tschechischen Volk wiedererstehen sollte. Dies geschah zunächst teilweise in der Tschechoslowakei und endgültig nach dem Ende des Kommunismus und der Abspaltung von den Slowaken. Dies sind literarische Ursprünge des Nationalismus.

Seit dem 19. Jahrhundert haben die Intellektuellen die nationale Idee verbreitet und eine neue Identität vorgeschlagen. Im Kampf der Völker gegen traditionelle imperiale Herrschaftsformen wie in den multireligiösen und multiethnischen Imperien der Habsburger oder Osmanen wurde seit der Mitte des neunzehnten Jahrhunderts und wird bis heute denen eine Identität gegenübergestellt, die man als unterschiedlich definierte und zwar aufgrund der Religion oder auch aufgrund der Region. Bis vor hundert Jahren war für die eigene Identität in verschiedenen Teilen der Welt nicht unbedingt die Nation kennzeichnend.[57]

Noch im ersten Jahrzehnt des zwanzigsten Jahrhunderts hätte ein anatolischer Bauer als Untertan des Osmanischen Reiches und vielleicht türkischsprachig, ein Vorfahre der heutigen Türken, seine Identität so umschrieben: »Durch Gottes Gnaden bin ich Muslim.« Einige Jahrzehnte später hätte er aufgrund der Nationalisierung durch Atatürk betont: »Ich bin stolz, Türke zu sein.« Schließlich ist auf anatolischen Berge immer wieder folgende Aufschrift zu lesen: »Stolz, Türke zu sein.« So hat sich seit den venezianischen Jahren ein türkisches Nationalbewusstsein in der Überzeugung ausgebreitet, die Kurden assimilieren zu können. Diese wehren sich jedoch da-

56 Vgl. J. Plumyène, *Les nationes romantiques*, op. cit., S. 149.

57 Vgl. T. Judt, *Nachdenken über das 20. Jahrhundert*, Fischer, Frankfurt 2015; A. Sked, *Der Fall des Hauses Habsburg: Der unzeitige Tod eines Kaiserreichs*, Komet, Köln 1993; S. McMeekin, *The Ottoman Endgame: War, Revolution and the Making of the Modern Middle East, 1908–1923*, Penguin, München 2016; G. Del Zanna, *La fine dell'impero ottomano*, il Mulino, Bologna 2012.

gegen, indem sie eine andere Identität proklamieren und kultivieren.[58]

Die Entwicklung der Nation ist von den Intellektuellen und den politischen Eliten nach und nach durch Prozesse auf das Volk übergegangen, die George Mosse als »Nationalisierung der Massen« bezeichnet hat.[59] Es handelt sich um unterschiedliche Prozesse in verschiedenen Zeitabschnitten, die immer vom Aufbau eines »Wir« in Opposition zu »Anderen« geprägt sind und in besonderer Weise und häufig am Hass gegen einen »Anderen« erkennbar sind. Ein Kurde aus dem frühen neunzehnten Jahrhundert, der zusammen mit den Türken gegen die christlichen Armenier hetzte, hatte nicht das nationale Bewusstsein, Kurde zu sein, wie es heute der Fall ist, wenn Kurden in der Osttürkei ihre Autonomie beanspruchen.[60]

Die Nationalisierung der Massen wird vor allem im 20. Jahrhundert von Propaganda und Stärkung des identitären Bewusstseins begleitet, so dass von einer Religion des Vaterlandes gesprochen werden kann. Die Einberufung der männlichen Bürger führt dazu, im Krieg für die Nation zu kämpfen und zu sterben. Um das zu bewerkstelligen, wird viel Überzeugungsarbeit benötigt. Man denke an die Propaganda, die die beiden Weltkriege begleitete und die sich auf den Hass der Franzosen gegen die Deutschen und umgekehrt gründete. Ähnlich war es mit dem Hass gegen die Österreicher, die während des Ersten Weltkriegs italienische Gebiete wie Trient und Triest besetzt hielten.

Worte und Sprache spielen eine entscheidende Rolle. Bilder von den Verbrechen des Feindes werden in Umlauf gebracht, die Fotografie zeigte so sehr die Schrecken des Krieges, dass 1863 das Rote Kreuz gegründet wurde, nachdem die erschreckenden Bilder von

---

58 Vgl. A. Solato, *Nazionalismo e Islam nostalgie imperiali ad Ankara*, in: ARES (1995) III, Nr. 6–7; Ch More, *Les kurdes d'aujoud'hui*, L'Harmattan, Paris 1984.

59 Vgl. G.L. Mosse, *Die Nationalisierung der Massen. Von der Industrialisierung bis zum Dritten Reich*, Ullstein, Frankfurt 1976; vgl. auch ders., *Massen und Menschen: Nationalistische und faschistische Wahrnehmungen der Realität*, Frankfurt 1980.

60 Vgl. A. Riccardi, *La strage*, op. cit.

Soldaten im Unabhängigkeitskrieg in Umlauf gebracht worden waren.[61]

Nationalismus und Nationalisierung sind vielgestaltige Entwicklungen, die sich gegenseitig aufstacheln und bekämpfen. Seit Federico Chabod, dem großen Historiker des 20. Jahrhunderts, haben viele in Europa festgestellt, dass die Prozesse der Nationalisierung in zwei Richtungen verlaufen.[62] Eine Richtung ist französischen Ursprungs und besagt, dass »die Nation die Volksabstimmung eines jeden Tages ist«; dies wird von Ernest Renan vertreten.[63] So wird ein kulturelles, voluntaristisches, politisches und assimilatorisches Modell vertreten, sodass ein Korse wie Napoleon Kaiser der Franzosen werden konnte. Es ist auch das italienische Modell, bei dem sich Bewohner Dalmatiens trotz ihrer slawischen Nachnamen als Italiener fühlten und Italienisch sprachen, beispielsweise in Triest oder Rijeka. Die andere Richtung ist das deutsche Modell, das auf »Land und Blut« gründet und die Abstammung hervorhebt. Die Nation ist eine Lebenswelt, in die man hineingeboren wird, der man nicht beitreten und die man auch nur schwer wieder verlassen kann. Dieses Modell hat sich auch bei slawischen Völkern durchgesetzt.[64]

Jede Nation hat ihren Feind. Das liberale Europa begeisterte zu Beginn des 19. Jahrhunderts die Griechen, sodass junge Freiwillige wie der englische Dichter Byron in den Befreiungskrieg gegen die Türken zogen, um den »verhassten Halbmond« zu bekämpfen. Man singt: »Finstere Scharen, säbelrasselnde Masse.« Es ist ein Ausdruck von Türkenphobie.[65] Im unabhängigen Griechenland wird das Stadtbild von türkischen Spuren befreit: Moscheen und Minarette verschwinden, auch wenn sie Jahrhunderte alt sind. Es entsteht eine Landschaft ohne Zeichen der türkisch-muslimischen Anwesenheit, wie sie heute bei uns sichtbar sind. Griechisch und Türkisch bilden einen Gegensatz, der den Ersten Weltkrieg, das Ende des Osmani-

---

61 Vgl. F. Bugnion, *Le Comité International de la Croix-Rouge et la protection des victimes de la guerre*, Genf 1984; S. Picciaredda, *Diplomazia umanitaria. La Croce Rossa nella Seconda guerra mondiale*, il Mulino, Bologna 2003.

62 Vgl. F. Chabod, *L'idea di nazione*, Laterza, Bari 1972.

63 Vgl. E. Renan, *Was ist eine Nation?*, Calambac Verlag, Saarbrücken 2022.

64 Vgl. N. Merker, *Il sangue e la terra. Due secoli di idee sulla nazione*, Editori Riuniti, Rom 2001.

65 Vgl. J. Plumyène, *Les naziones*, op. cit., S. 193ff.

schen Reiches, den Brand von Smyrna, die Pogrome gegen die Griechen in Istanbul 1955 und die griechisch-türkischen Auseinandersetzungen um Zypern überdauert, wo Nikosia die letzte europäische Stadt bleibt, die durch eine ethnische und religiöse Mauer getrennt ist: hier griechische Zyprioten und dort türkische Zyprioten.[66]

Die Städte nationalisieren

Es gibt Städte, die zutiefst vom nationalen Hass heimgesucht wurden, sodass sich ihr Gesicht radikal verändert hat. Beispielhaft für den griechisch-türkischen Hass ist Thessaloniki, die zweitgrößte Stadt der griechischen Republik in unseren Tagen.[67] Zu Beginn des 20. Jahrhunderts gehörte die Stadt zum Osmanischen Reich. Atatürk, der Vater der modernen Türkei, wurde hier geboren. Sein Geburtshaus ist noch erhalten und wird von der Regierung in Ankara betreut. Jahrhundertelang war die Stadt ein Ort des Zusammenlebens zwischen türkischen und balkanischen Muslimen, griechisch-orthodoxen Christen und Juden. Ab 1912 wurde die Stadt von Griechenland in nationaler Hinsicht umgestaltet und veränderte ihr städtisches und ethnisches Aussehen. Im Jahr 1925 war sie bereits vollständig griechisch. 1917 hatte ein großes Feuer die osmanischen Viertel niedergebrannt. Die mehrheitlich muslimische Bevölkerung floh in die Türkei. Die Zahl der Juden nahm ab, auch wenn ihre endgültige Vernichtung erst durch die Deportationen der Nazis während des Zweiten Weltkriegs erfolgte. Es sei erwähnt, dass unter osmanischer Herrschaft der Schabbat der wöchentliche Ruhetag war. Nach dem Krieg war die Stadt nicht mehr dieselbe. Der Nationalismus des 20. Jahrhunderts hat die kulturellen und städtischen Prägungen

---

66 Vgl. V. Greco, *Greci e turchi tra convivenza e scontro. Le relazioni greco-turche e la questione cipriota*, Franco Angeli, Mailand 2007; S. Akgonul, *Les Grecs de Turqie. Processus d'extinction d'une minorité de l'âge de l'Etat-nation à l'âge de la mondialisation (1923–2001)*, Louvain-la-Neuve 2004 ; S. Vaner (Hg.), *Le différend gréco-turc*, L'Hamattan, Paris 1988 ; Services Hellenistiques d'Information, *La minorité grecque en Turqie et la minorité musulmane en Grèce*, Athen 1965.

67 Vgl. M. Mazower, *Salonica. City of Ghosts: Christians, Muslims and Jews 1430–1950*, Harper Perenial, New York 2005; N.K. Mousopoulos, *Thessaloniki 1900–1917*, Athen 1980; E. Petropoulos, *Old Salonica*, Athen 1980.

des alten türkisch-griechisch-jüdischen Thessaloniki weitgehend beseitigt und es zur zweitgrößten Stadt Griechenlands gemacht.[68] Zurecht hat der Historiker Mark Mazower sein Werk über die Stadt mit »Thessaloniki, Stadt der Geister« überschrieben.[69]

In vielen europäischen Städten hat sich vor allem bei gemischter Bevölkerung ein großer Wandel vollzogen, bei dem nationalistischer Hass die Ursache für eine tiefgreifende Umgestaltung der städtischen Identität geworden ist, obwohl sie seit Jahrhunderten zusammenlebten. Ich erinnere mich im Zusammenhang mit den Studien von Raoul Pupo an Fiume/Rijeka, eine italienische und italienischsprachige Stadt. Diese Sprache wurde aus kulturellen Gründen auch von Familien mit slawischem Familiennamen gesprochen. Sie war von einem slawischen Randgebiet umgeben, das nach seiner Angliederung an Jugoslawien kroatisch geworden ist. Sie hat die faschistische Assimilierung, die Shoah und die Verfolgung der Italiener erlebt.[70] Es handelt sich um gemischte und kosmopolitische Stadtstrukturen und Begegnungen von verschiedenen ethnischen Lebenswelten, die im Europa der Nationen keinen Platz fanden.

Auch Lemberg war so, wie es auf Deutsch und Jiddisch heißt. Es wird Lwów auf Polnisch, L'viv auf Ukrainisch, L'vov auf Russisch genannt und befindet sich nunmehr in der Westukraine, nachdem es zunächst habsburgisch gewesen war und nach 1918 zu Polen gehörte. In der Folge des Molotow-Ribbentrop-Paktes ist es an die Sowjetunion gefallen, um dann 1941 von den Deutschen besetzt zu werden und schließlich 1945 zur Sowjetunion zurückzukehren. Seit 1991 gehört die Stadt zur unabhängigen Ukraine. Die Übergänge der verschiedenen Herrschaften waren in dieser Stadt jeweils von einem ethnisch-nationalen Konflikt begleitet. Über die Hälfte der Einwohner waren Polen, 30% waren Juden und die übrigen Ukrainer. Daneben gab es eine armenische Minderheit, von der noch eine schöne Kirche geblieben ist. 1941 kam es zur deutschen Besatzung,

---

68 Vgl. G. Veinstein (Hg.), *Salonique, 1850–1918. La ville des Juifs et le réveil des Balkans*, in : » Autrement », 12/1992.

69 Vgl. M. Mazower, *Salonica*, op. cit.

70 Vgl. R. Pupo, *Fiume. Cittá di passione*, Laterza, Rom-Bari 2018; ders., *Il lungo esodo. Istria: le persecuzioni, le foibe, l'esilio*, UTET, Mailand 2005. R. Pupo/R. Spazzali, *Foibe*, Bruno Mondadori, Mailand 2003.

die dort ein großes Ghetto mit 100.000 Juden einrichtete, um in die Vernichtung getrieben zu werden. Im Juli 1941 kam es zu zwei Pogromen gegen die Juden. Der zweite wurde zu Ehren des ermordeten ukrainischen Nationalistenführers »Tage des Petljura« genannt, bei der Tausende von Juden massakriert wurden. Die Beteiligung ukrainischer Milizen an dieser Operation an der Seite der Deutschen war offensichtlich.

1945 waren die Juden verschwunden. Die UdSSR ersetzte die Polen, die in das neue Polen ausgewiesen wurden, durch Ukrainer, die bis dahin auf dem Land gelebt hatten. Und so wurde Lemberg ukrainisiert. Die Stadt war nun eine andere als die, die sie jahrhundertelang gewesen war. Ukrainer zogen in die Häuser der Polen und Juden ein. Die mehrheitlich griechisch-katholischen Bürger wurden 1946 gezwungen, der orthodoxen Kirche von Moskau beizutreten, da die Zugehörigkeit zur russischen Orthodoxie eine größere Loyalität gegenüber dem Kreml garantierte. Die griechisch-katholische Kirche überlebte im Verborgenen und erlitt schreckliche Verfolgungen bis 1989, als sie wieder in die Öffentlichkeit zurückkehrte. Lemberg war eines der Zentren des Kampfes für die ukrainische Unabhängigkeit von der UdSSR. Es wurde mit Piemont im italienischen Risorgimento verglichen, was den ukrainischen Befreiungsprozess betrifft.[71]

Im Zeitalter der Nationalismen gibt es in Europa eine ethnische Gruppe, die nicht von einer Nationalisierung betroffen ist. Vielleicht liegt es daran, dass sie keine territorialen und elitären Voraussetzungen besitzt. Es sind die Sinti und Roma. Seit jeher leben sie mit den Völkern Europas zusammen und sind in verschiedenen europäischen Gesellschaften immer wieder zur Zielscheibe des Hasses geworden. Bis heute und gerade heute geschieht dies im Zusammenhang mit den sozialen Missständen in den Vorstädten. In dieser weit verbreiteten Haltung des Hasses gegen Sinti und Roma, den »unschuldigen Feinden«, hat der Porrajmos, die Deportation, Sterilisierung und Vernichtung der Sinti und Roma in den Gaskammern durch die Na-

71 Vgl. C. Ossola, »Leopoli, città di sogni e di confini annullati«, in: *Il Sole24ore*, 21. Juni 2017, S. 6; M. Bergmann, *La crisi di Leopoli. La soppressione dei greco-cattolici nel dopoguerra ucraino*, s.l. 1995.

tionalsozialisten, kaum eine Rolle gespielt, nicht einmal als Warnung gegen den Antiziganismus.[72]

Die Nation und die Pädagogik des Hasses

Im Zeitalter der Nationalismen und insbesondere im 20. Jahrhundert haben nationale Identitäten die Bühne des politischen und internationalen Lebens machtvoll betreten. »Vergessen wir nicht«, so Umberto Eco, »dass der Aufbau einer nationalen Identität und ihre Verbreitung unter den Völkern die Konstruktion eines Feindes durch eine Pädagogik des Hasses erforderlich macht«.[73] So ist der Deutsche für die Franzosen und Belgier ein »Boche« (die Verwendung dieses Begriffs hielt auch nach 1945 an). »Crucchi« waren für italienische Soldaten die Slowenen oder Kroaten im Ersten Weltkrieg, die nämlich »kruch«, also Brot haben wollten. Man könnte über die Vorurteile und spöttischen Bezeichnungen für Italiener sprechen, insbesondere infolge der massenhaften Emigration nach Amerika und Nordeuropa.

Der vielleicht offensichtlichste Fall für die Erzeugung eines Feindes ist der Antisemitismus, der auf einem jahrhundertealten Fundament von Vorurteilen beruht, einschließlich der so einflussreichen religiösen Voreingenommenheit. Es darf nicht vergessen werden, dass die Juden in Europa als einzige religiöse Minderheit mit der christlichen Mehrheit zusammenlebten, während muslimische und andere Bevölkerungsgruppen radikal eliminiert wurden. Für ihre Politik des Hasses spielten bei den Nationalsozialisten bekanntermaßen der Jude und das Judentum eine zentrale Rolle.[74] Der Antisemi-

---

72 Vgl. Ch. Bernadac, *Sterminateli! Adolf Hitler contro i nomadi d'Europa*, Fratelli Melita, La Spezia 1988; C. Auzias, *Samudaripen le génocide des tsiganes*, L'Esprit Frappeur, Paris 1999; G. Lewy, *»Rückkehr nicht erwünscht«. Die Verfolgung der Zigeuner im Dritten Reich*, Propyläen, München 2001.

73 Vgl. U. Eco, *Die Fabrikation des Feindes und andere Gelegenheitsschriften*, Hanser, München 2014.

74 Vgl. H. Arendt, *Elemente und Ursprünge totaler Herrschaft. Antisemitismus, Imperialismus, Totalitarismus*, Piper, München 2017; Ph. Burrin, *Warum die Deutschen? Antisemitismus, Nationalsozialismus, Genozid*, Propylaen, München 2004; Y. Chevalier, *L'Antisémitisme*, Cerf, Paris 1988; F. Germinaro, *Argomenti per lo sterminio. L'antisemitismo e i suoi stereotipi nella cultura europea 1850–1920*, Einaudi, Turin 2011.

tismus ist jedoch niemals ein abgeschlossenes Kapitel.[75] Nicht nur totalitäre und offen antisemitische Regime praktizieren Judenhass, dieses Phänomen taucht sogar in demokratischen oder autoritären Regimen wieder auf und das ist eine sehr beunruhigende und zunehmende Entwicklung. Riccardo Di Segni, der Oberrabbiner von Rom, erklärte beim Gedenken an die elf Opfer des Anschlags auf die Synagoge von Pittsburgh im Jahr 2018, dass es kein Land auf der Welt gibt, in dem sich Juden sicher fühlen können.[76]

Trotz ihrer mehr oder weniger kurzen Geschichte scheinen Nationalitäten von Dauer zu sein. Auf dem Höhepunkt des Ersten Weltkriegs im Jahr 1915 schrieb Papst Benedikt XV., ein aufmerksamer Beobachter des europäischen Geschehens, der den Konflikt als »sinnlose Schlächterei« bezeichnet hatte: »Man sollte nicht behaupten, dass der gigantische Konflikt nicht ohne Waffengewalt gelöst werden kann. Lassen wir den gegenseitigen Zerstörungswillen beiseite und bedenken wir, dass die Nationen nicht aussterben. Gedemütigt und unterdrückt, werden sie voll Erbitterung das ihnen auferlegte Joch ertragen und eine Befreiung davon vorbereiten. So wird von Generation zu Generation ein trauriges Erbe des Hasses und der Rache weitergegeben.«[77]

Benedikt XV. hielt einen Ausgleich auf dem Verhandlungsweg zwischen den unterschiedlichen und widersprüchlichen Forderungen der Nationen für notwendig. Er war davon überzeugt, dass »die Nationen nicht aussterben«, sondern von Generation zu Generation die Sehnsucht nach Befreiung und sogar das Erbe von Hass und Rache weitergeben.[78] Diese Überzeugung hat sich im Zweiten Weltkrieg voll und ganz bestätigt. Es ist eine interessante Beobachtung,

---

75 Vgl. L. Poliakov, *Geschichte des Antisemitismus*, 3 Bde., Jüdischer Verlag, Berlin 1989; J. Barroni, *L'antisemitismo moderno*, Marietti, Genua 1988; M. Santerini, *Antisemitismo senza memoria. Insegnare la Shoah nelle società multiculturali*, Carocci, Rom 2005.

76 *Gedenken an die Opfer des Attentats auf die Synagoge von Pittsburgh*, in: www.radioradicale.it/ scheda/556327/cerimonia-di-commemorazione-delle-vittime-dellattentato-alla-sinagoga-di-pittsburgh (zuletzt abgerufen am 17.7.2023).

77 Vgl. Benedikt XV., *»Allorché fummo chiamati«*, Apostolisches Schreiben, in: AAS7 (1915), S. 365–368.

78 Vgl. R. Morozzo della Rocca, *Le nazioni non muoiono. Russia rivoluzionaria, Polonia indipendente e Santa Sede*, il Mulino, Bologna 1992.

dass die Hasssprache der Propaganda des Ersten Weltkriegs in die Politik Einzug gehalten hat. Beispielsweise wurde die italienische Klage vom »verstümmelten Sieg« aufgrund der Nichtanerkennung der Ansprüche des Königreichs vom Faschismus und seiner politischen Sprache übernommen und fast zu einer seiner Grundlagen. Das Selbstmitleid bedient den Hass gegen den Anderen. Die nationalsozialistische Judenvernichtung wurde damit begründet, dass man sich als Opfer einer jüdischen Verschwörung betrachtete, die zum Krieg führen würde. Somit nahmen die Ausrottungsaktionen gegen die Juden den Charakter einer »Verteidigung« Deutschlands an. Dies ist eine der paradoxesten Auswirkungen der Opferrolle, die darin besteht, dass die Juden der Rolle als Opfer der nationalsozialistischen Politik beraubt wurden, um zu behaupten, dass stattdessen die Deutschen die Opfer der Juden waren.

Nach Auschwitz und Hiroshima hatte es zumindest für eine gewisse Zeit den Anschein, dass am Ende des Zweiten Weltkriegs die Epoche des nationalen Hasses, wenn nicht archiviert, so doch zumindest teilweise verdrängt worden sei. Das Europa der sechs Staaten leitete auf der Grundlage der deutschfranzösischen Aussöhnung einen Prozess der europäischen Integration ein, der die nationalen Identitäten in einen Rahmen der Einheit einordnen sollte. Es begann damit, dass Waren und Menschen sich frei über Grenzen hinwegbewegten. Die nationalistischen Kriege in Europa schienen für immer begraben.

Im Westen haben wir in der Zeit des Kalten Krieges nicht bemerkt, wie stark und verfestigt die nationalen Identitäten in Osteuropa noch vorhanden waren. Durch die marxistische Ideologie und die kommunistische Politik sah es so aus, dass sie wie unter einer riesigen Eisschicht zugedeckt waren. Doch darunter brodelten die nationalen Identitäten weiter. Mit dem Fall der Mauer und dem Ende der kommunistischen Regime traten die nationalen Identitäten mit überraschender und bisweilen enthemmter Vitalität wieder in Erscheinung und gaben Anlass zu verschiedenen Konflikten. Eine leidvolle Entwicklung nahm das Ende des ehemaligen Jugoslawiens.

Sarajewo ist nach wie vor ein Symbol für eine Stadt des nationalen und ethnischen Hasses. Die lange Belagerung von 1992 bis 1996 forderte 12.000 Tote unter den rund 300.000 Einwohnern. Die Zusammensetzung der Bevölkerung wurde auf den Kopf gestellt. Der Anteil der Serben, der 1921 mehr als 20% betrug, hat sich halbiert; die Zahl der kroatischen Katholiken ist stark zurückgegangen, während die Zahl der Muslime zugenommen hat. Die Zahl der Juden hat sich von mehr als 10.000 am Ende der Shoah auf weniger als 700 verringert.[79]

Es sollte auch nicht vergessen werden, dass nach dem Zweiten Weltkrieg und insbesondere nach der der Entkolonialisierung in den sechziger Jahren die Weltkarte neu gezeichnet wurde und junge Staaten mit Grenzen gegründet wurden, die von den Kolonialherren willkürlich gezogenen worden waren. Häufig stützten sie sich auf eine Mischung aus historischem Erbe, Tradition, Religion und ethnischer Zugehörigkeit. Nationalismus und Nationalhass erfuhren in der zweiten Hälfte des 20. Jahrhunderts einen enormen Auftrieb im globalen Süden, mehr noch als im Europa des Kalten Krieges.

Das dramatischste Ereignis war die Aufspaltung des Raj, des britischen Kolonialreiches in Südasien, mit der Entstehung Indiens und Pakistans. Daraus ging eine ganz neue Nation hervor, die auf der Grundlage der muslimischen Religionszugehörigkeit und dem Wunsch geschaffen wurde, keine islamische Minderheit in einem hinduistischen Ozean zu bleiben. Unter den unzähligen neuen Nationen der Entkolonialisierung in der zweiten Hälfte des 20. Jahrhunderts ist Südafrika unter Nelson Mandela trotz der Gewalt der Apartheid beispielhaft für ein Land, das keine ethnischen Säuberungen durchführte und zahlreiche ethnische Gruppen vereint, auch wenn diese teilweise so bedeutend sind wie echte Nationen. Südafrika ist nach 1994 vom Land der Apartheid zur »Rainbow Nation«, zum Land des vielfarbigen Regenbogens geworden, wie es der anglikanische Erzbischof Desmond Tutu treffend formuliert hat, der erste Afrikaner in diesem Amt.

---

79 Vgl. S. Bianchini, *Sarajevo le radici dell'odio*, Edizioni Associate, Rom 1993; J. Rupnik (Hg.), *De Sarajevo à Sarajevo. L'echec yougoslave*, Paris 1992; N.M. Naimark, *Flammender Hass. Ethnische Säuberungen im 20. Jahrhundert*, Bundeszentrale für politische Bildung, Bonn 2009.

Nationalismus und nationaler Hass wurden zur Zeit des Mauerfalls im Leben der Völker allerdings als weniger bedeutend angesehen. Durch die Beseitigung der Mauern, die Ausweitung der Grenzen, die Bevölkerungsbewegungen der Auswanderung, die Intensivierung der Kommunikation und die Öffnung der Märkte hat die globale Welt nämlich eine andere Haltung der Völker hervorgebracht: die Sorge um den anderen. Die kalten globalen Winde aus der Ferne haben jedoch dazu geführt, dass sich die Menschen und Völker schutzlos fühlen und das Bedürfnis aufkommt, sich mit dem Schutzmantel der Identität abzusichern. Die Globalisierung hat die Frage nach der Identität neu aufgeworfen: Wer sind wir? Und wer sind dann die anderen?

Umberto Eco berichtet in der Einleitung zu einem Essay über die Fabrikation des Feindes, wie er einmal in New York einem pakistanischen Taxifahrer begegnete, der ihn fragte, woher er käme. Nachdem jener erfahren hatte, dass er Italiener sei und dass man dort kein Englisch spreche, was ihn erstaunte, fragte er, wer die Feinde Italiens seien. Eco erklärte ihm, dass wir uns mit niemandem im Krieg befänden, dass wir seit einem halben Jahrhundert keinen Krieg mehr geführt hätten und die Geschichten des Hasses nunmehr ein Ende hätten. Dann merkt er an: »Er war nicht zufrieden. Wie kann es sein, dass ein Volk keine Feinde hat?«[80] Sicherlich ist es richtig, dass die Vereinigten Staaten nach dem Ende des »Reiches des Bösen« und dem Verschwinden des sowjetischen Feindes Gefahr liefen, in eine Krise ihrer eigenen Identität zu geraten. Nach der ersehnten Zerstörung Karthagos durch die Römer wurde in Rom das Sprichwort geprägt: »Was wird aus Rom ohne Karthago?«

Heute sind Hass, Intoleranz, Fremdenfeindlichkeit und Rassismus erneut ein Problem in Europa, wie es im Bericht der »Jo Cox-Kommission« heißt, der in der 17. italienischen Legislaturperiode angenommen wurde.[81] Das gilt selbst für Länder, die in ihrer historischen

---

80 U. Eco, *Die Fabrikation des Feindes*, op. cit., S. 8.

81 Abgeordnetenkammer, *Commissione Jo Cox sui fenomeni di odio, intolleranza, xenofobia e razzismo*, Rom 2017.

Identität gefestigt sind, wie Mircea Eliade festgestellt hat.[82] In letzter Zeit zweifelt Macrons Frankreich, das in seiner nationalen Kultur die Identität zu einer freiwilligen und nicht zu einer ethnischen Tatsache gemacht hat, an der eigenen Fähigkeit, Einwanderer und insbesondere Muslime zu integrieren. So werden die Grenzen dichtgemacht. Die Politik der Visegrád-Länder scheint in diesen Fragen eine sehr klare Position zu beziehen.

Leider gewinnt man den Eindruck, dass sich die Forderung nach »Differenzierung« und demzufolge nach Schutzmaßnahmen in Bezug auf die eigene Identität bei verunsicherten Bewohnern der globalen Welt erhebt, die mit vielen Ereignissen und Dramen in Berührung kommen, die vor einigen Jahrzehnten noch nicht wahrgenommen wurden. Dies zeigt der Erfolg supranationaler und populistischer Bewegungen, die auf die Verteidigung der eigenen Identität gegen andere gegründet sind. Es wird die Frage gestellt: Wird die Einwanderung nicht zu einer Invasion? Die Aufstachelung zum Hass und zahlreiche Theorien über sogenanntes Unrecht verschiedener Gruppierungen innerhalb oder außerhalb der eigenen Grenzen haben ihre eigentlichen Wurzeln in der Angst unserer Zeit.[83]

Die Angst zeigt sich in einer Welt, die zu groß geworden ist. Sie wird durch die Auflösung der gesellschaftlichen, familiären, parteilichen und religiösen Netzwerke und die Einsamkeit begünstigt und entsteht aus der Unwissenheit angesichts einer Welt, die uns in vielen Bereichen unbekannt gewesen ist und die man eher durch Vorurteile als durch Begegnung oder kulturelle Bildung kennt. Es handelt sich um ein riesiges Gebiet wie das Internet oder die großen städtischen Randgebiete, die ein Eingreifen und Regulierung benötigen. Dabei ist es ebenso notwendig, mit diesen Bereichen der Welt in einen Dialog einzutreten. Ein Großteil der Angst, die dazu führt, eine »Gegen-Identität« aufzubauen, wird durch die Einsamkeit und durch die Unfähigkeit verursacht, die zeitgenössische Welt zu verstehen,

82 Vgl. M. Eliade, *Kosmos und Geschichte. Der Mythos der ewigen Wiederkehr*, Insel, Frankfurt 1984, S. 153–176.

83 Vgl. P.-A. Taguieff, *L'Illusion populiste. Essais sur les démagogies de l'âge démocratique*, Flammarion, Paris 2007; S. Feltri, *Populismo sovrano*, Einaudi, Turin 2018.

wie auch durch die Besorgnis angesichts einer Gegenwart, die mit herkömmlichen Mustern nicht zu erklären ist.

Das Wiederaufleben des Nationalismus mit dem dazugehörigen Hass ist eine alte und überholte Reaktion, die scheinbar Sicherheit garantiert. Stattdessen stürzt sie in einen Strudel von Angst und Gewalt. Eine solche Reaktion kann teilweise Konflikte vorbereiten und anheizen. Die Sicherheit derer, die einen angeblichen Feind ausmachen, macht ihr Leben nicht besser und beschützt es nicht, sondern vergiftet die Gesellschaft. Menschliche Begegnung, die aus dem Alleinsein herausholt, und eine Kultur, die zur Hilfe wird, um die Herausforderungen der Gegenwart zu interpretieren, sind zwar kein Allheilmittel, aber ein Werkzeug, um die Angst zu besänftigen, den unschuldigen »Feind« zu schützen und sich für eine gastfreundlichere Welt einzusetzen. Wir müssen lernen, die Lebenswelt der Stadt und der Länder, die von der Globalisierung der Welt geprägt sind, auf eine neue, sympathische und kultivierte Weise zu gestalten.

Kapitel IV
Der Widerstand der Gerechten gegen das Übel der Shoah

Diese Geschichte darf nicht vergessen werden

Wie jedes Ereignis der Geschichte wird auch die Shoah im Laufe der Zeit immer mehr zu einer Angelegenheit der Vergangenheit. Die Zeitzeugen, die uns so viele Einblicke in die Abgründe dieses Dramas gegeben haben, verlassen uns immer mehr. Man hat den Eindruck, dass die Shoah eine Erfahrung aus einer fernen Zeit des Nationalsozialismus und des alten Europas ist. Wenn man diese Erfahrung auf unsere Zeit übertragen will, sucht man nach heutigen Opfern, um diese Tragödie auf sie anzuwenden, während man sich dem Selbstmitleid unserer Zeit hingibt. Die Shoah wird so beinahe zu einer Metapher. Das ist sie jedoch überhaupt nicht, sie ist eine unvorstellbar grausame, aber konkrete Geschichte, die im Zusammenhang mit einer wahnsinnigen Ideologie, politischen Entscheidungen, systematischer Grausamkeit, Einsatz von Technologie, weit verbreiteter Komplizenschaft und mörderischem Fanatismus durchgeführt wurde. Am Ende kam es zur Vernichtung von sechs Millionen Juden mit unglaublicher Brutalität und industrieller Organisation.

Geht die Erinnerung verloren? Wer Auschwitz besucht, entgeht der Amnesie. Dort spürt man die Realität der Ereignisse, wenn man durch das Lager geht, in dem das Leben von über einer Million Menschen vernichtet wurde. Dort spricht die Geschichte noch immer in einer dichten und düsteren Stille. Während des interreligiösen Friedenstreffens, das die Gemeinschaft Sant'Egidio 2009 in Krakau im Geiste von Assisi veranstaltete, hatte ich die günstige Gelegenheit, an der Seite von Giuseppe Laras zu stehen, der 25 Jahre lang Oberrabbiner von Mailand war. Zum ersten Mal besuchte er dieses Lager, das seine Mutter und Großmutter verschlungen hat. Während der Verfolgungen murmelte die Großmutter: »Ich habe nie jemandem etwas Böses getan, warum wollen die anderen mir etwas antun?« Die Mutter wurde zusammen mit der Großmutter am 2. Oktober 1944 von zwei italienischen SS-Männern verhaftet, nachdem eine Pförtnerin einen Hinweis gegeben hatte. Der Mutter gelang es mutig, ihren Sohn wegzuschicken. Laras erzählte:

> »Ich erinnere mich an den letzten kurzen Moment, als ich dem Blick meiner Mutter begegnete, die ich nie wiedergesehen habe. Ich erinnere mich an die verzweifelte und entsetzliche Eile, einen sicheren Ort zum Verstecken zu finden. Ich weiß noch, dass ich über sechs Monate lang nicht sprach. Meine Mutter war wunderschön, sie war meine Mutter. Unsere Familie war wunderschön, mit der Ungeheuerlichkeit des Lebens, die in dem Wort ›Familie‹ so herrlich verborgen und zusammengefasst ist. Die Kindheit war so schön. Am 2. Oktober 1944 habe ich das alles im Alter von neun Jahren verloren. Es war ein unwiderruflicher Verlust. Wenn ich sehr aufgeregt bin und unter Druck stehe, passiert es mir immer noch, dass ich im Schlaf ein lautes Klopfen an der Tür höre, das mich aufschrecken lässt.«[84]

In Auschwitz stand ich ohne Kommentar neben Rabbi Laras, der während des Besuchs ernst und still innehielt. Da war nur eine schreckliche Last, die auf den Schultern eines Mannes und so vieler anderer lag, denen es wie ihm erging. Es ist ein riesiger Felsbrocken in der Geschichte, der im Wahn in das Herz unseres Kontinents hineingeworfen wurde. Ich werde das nicht vergessen.

Das ist nicht nur in Auschwitz so, sondern auch in anderen Lagern, die ich besucht habe. Ich erinnere mich an Majdanek, das vielleicht nicht so ein Todeslager war, in dem jedoch 60.000 Juden ermordet wurden und in dem es ein Krematorium gab. Es liegt in der Nähe von Lublin, wo so viel zerstört wurde. Dort hat mich die riesige geöffnete Urne mit einem Baldachin beeindruckt, in der die Asche zusammen mit einigen Knochen aufbewahrt wird, die bei der Befrei-

---

84 G. Laras, *Quella fragile bellezza che sconfigge il male*, 5. Dezember 2017, in: www.luoghidellinfinito.it/Pagine/Quella-fragile-bellezza-che-sconfigge-il-male.aspx (zuletzt abgerufen am 17.7.2023).

ung im Krematorium gefunden wurden.[85] Eine zu Asche zugrunde gerichtete Menschheit. Die Leugner und an erster Stelle die Nazis selbst wollten die Erinnerung zu Staub machen und auslöschen. Doch Donatella Di Cesare schreibt: »Die Asche ist die Wohnstätte des europäischen Wesens, seiner Vergangenheit und seiner Zukunft«,[86] davon bin auch ich fest überzeugt.

Dann war ich in Jasenovac in Kroatien, wo neben 20.000 Juden auch viele Serben und Roma ermordet wurden. Die Akteure der blutigen Barbarei waren hier die kroatischen Ustascha. Antisemitismus, Nationalismus, religiöser Hass auf Juden und orthodoxe Serben sind die Zutaten, aus denen sich Jasenovac zusammensetzt. Aus Verachtung gegenüber der Erinnerung ist dort viel zerstört worden.

An diesen Orten der Zerbrechlichkeit und des Leidens spricht der Erdboden noch immer. Die persönlichen Erinnerungen der Zeitzeugen haben die vielen und niemals gleichen Erfahrungen dieser einzigartigen Geschichte des Bösen im Herzen des Krieges ans Licht gebracht. Die Shoah hat sich nicht aufgrund des Krieges ereignet, die Ursache war der Nationalsozialismus, der den in den europäischen Nationalismen vorhandenen und teilweise sehr alten Judenhass aufgegriffen und zusammengefügt hat. Dann ereignete sich die Shoah allerdings mitten im Geschehen des Weltkrieges. Der Krieg ist der Nährboden für völkermörderisches Handeln. Ich sage dies, während in den Beziehungen zwischen den Ländern leider eine kriegerische Sprache verwendet wird und offene Drohungen ausgesprochen werden. Man hat kein Interesse daran, die Fäden des Friedens und des Zusammenlebens zusammenzufügen, das ist heute kein Ideal der internationalen Beziehungen. Die Kriegstreiberei führt uns auf eine abschüssige Ebene, die sich nicht kontrollieren lässt, auch wenn man vorgibt, die Karten noch in der Hand zu halten. Wir haben das Grauen des Krieges allzu sehr vergessen.

Ich möchte auch noch über den Widerstand der Gerechten sprechen, dabei jedoch nicht das unfassbare und unerklärliche Böse der Shoah unerwähnt lassen. Man darf nicht über die Gerechten spre-

---

85 Vgl. T. Kanz, *Die Vernichtung der Juden im Konzentrationslager Majdanek*, Lublin 2007.

86 D. Di Cesare, *Se Auschwitz è nulla. Contro il negazionismo*, Einaudi, Turin 2012, S. 46.

chen mit der Absicht, das dröhnende Echo des Bösen zu dämpfen. Manchmal wird gesagt: Es gab Böses, aber viele haben Gutes getan! Das ist die vertröstende Argumentation derer, die Angst haben und sich nicht selbst hinterfragen wollen. Der Widerstand der Gerechten bringt hingegen das unauslöschliche Böse zum Vorschein. Dabei besteht ein enormes Missverhältnis zwischen der unüberschaubaren Last des bewerkstelligten Bösen und den Taten des Guten. Hierin wird der Mut der Gerechten ans Licht gebracht, das Bewusstsein für den leidvollen Abgrund des Bösen jedoch nicht eingeschränkt.

Es ist wichtig, sich selbst hinterfragen zu lassen. Vielleicht wird man sich nicht an die gesamte Geschichte erinnern, denn das könnte eine Pathologie des Gedächtnisses hervorrufen. Es gibt allerdings unumgängliche Ereignisse der Vergangenheit, die etwas für die Zukunft zu sagen haben. Wir dürfen dem Denken und den Herzen der künftigen Generationen nicht die Last unserer Erinnerungen aufbürden, die bei jungen Menschen auf Ablehnung stoßen könnte. Wir müssen ihnen ihre Freiheit zugestehen. Und doch ist die Erinnerung an die Shoah ein wesentlicher Orientierungspunkt, der weitergegeben werden muss, damit sie selbst in Freiheit leben können. Auch die Religion Israels stützt sich so sehr auf die Erinnerung, dass den Juden aufgetragen ist, ihren Kindern vor allem eine von vielen Geschichten zu überliefern: »Nimm dich in Acht, dass du nicht den HERRN vergisst, der dich aus Ägypten, dem Sklavenhaus, geführt hat« (Dtn 6,12). Wenn eine Kultur oder Gemeinschaft Bestand haben will, entscheidet sie sich für einen zentralen Kernpunkt der Erinnerung und überliefert diesen an die nächste Generation.

Eine europäische Geschichte

Die Shoah ist ein Teil der Geschichte unserer Länder. Sie ist nicht nur deutsch und nationalsozialistisch, wie oft behauptet wird, obwohl die Hauptverantwortung bei Hitlerdeutschland liegt, das generell die deutschen, polnischen, ukrainischen, weißrussischen, baltischen und europäischen Juden vernichtete. Mit einem unstillbaren Todesdurst wurden die Satellitenländer dazu gezwungen, ihre Juden der Vernichtung zu überantworten: in Ungarn, der Slowakei, Rumänien,

Bulgarien ... Dann ist die Shoah nicht nur eine deutsche, sondern auch eine europäische Geschichte und betrifft Italien, Frankreich, Polen, Belgien, die Niederlande, Ungarn, Kroatien, die Ukraine und andere Länder. Denn Kollaborateure der Shoah, Organisatoren, Denunzianten und Antisemiten gab es auch in diesen Nationen.

In verschiedenen europäischen Ländern wurden die Juden in der Zwischenkriegszeit durch Rassengesetze ausgegrenzt, bevor es zur Shoah kam. In Italien führten die von Mussolini verabschiedeten Gesetze zur Isolierung der Juden.[87] Diese Gesetze machten ab September 1943 die Deportation von über 6.800 Juden in Konzentrationslager möglich, aus denen die meisten nicht zurückkehrten. 322 weitere Juden wurden ermordet.[88] In anderen Ländern begann die Verfolgung schon früher. Ab 1920 führte das ungarische Parlament den »Numerus clausus« für Juden an der Universität ein. In Rumänien, wo sie 1924 die Bürgerrechte erhalten hatten, wurden diese 1934 wieder eingeschränkt, um die Juden dann 1938 aus Politik, Wirtschaft und Kultur auszuschließen. Ab 1935 erklärten die Nürnberger Gesetze, dass die Juden in Deutschland keine »Reichsbürger« mehr waren.

In der ehemaligen Sowjetunion, die von den Nazis besetzt war, wurden während der Shoah nach jüngsten Schätzungen etwa 1.600.000 Juden getötet. Aber es gibt einen »Holocaust vor Hitler«, den der Historiker Jeffrey Veidlinger dokumentiert hat. Dabei waren Ukrainer und Polen die Akteure. Es kam zu Pogromen gegen Juden, die beschuldigt wurden, Kommunisten oder in widersprüchlicher Weise Kapitalisten zu sein und sich auf Kosten der Bevölkerung zu bereichern. Der Historiker schreibt: »Die deutsche Propaganda nahm Themen wieder auf, die sich im Bürgerkrieg verbreitet hatten, und überzeugte viele, dass die Juden an allem schuld seien.«[89] So wurde die Welle der Pogrome fortgesetzt, deren Täter bald in das

---

87 Vgl. A. Riccardi/G. Rigano (Hg.), *La svolta del 1938, Fascismo, cattolicesimo, antisemitismo*, Guerini e Associati, Mailand 2020.

88 L. Picciotto führt in ihrem Werk *»Libro della memoria«* Zahlen über die Deportationen auf: 6.806 Juden wurden in nationalsozialistische Lager deportiert. Von ihnen wurden 5969 in Lagern ermordet, 322 wurden in Italien getötet.

89 J. Veidlinger, *Mitten im zivilisierten Europa*, op. cit., S. 374.

organisierte Projekt der Vernichtung des Ostjudentums eingebunden wurden.

Diese europäische Geschichte erreicht ihren Höhepunkt mit der Wannseekonferenz im Januar 1942, die in einer luxuriösen Villa am Rande Berlins im Beisein von SS-Chef Reinhard Heydrich und Adolf Eichmann stattfand. Dieser verfasste das Protokoll der Sitzung, das heute noch vorhanden ist. Nach dem Krieg floh Eichmann nach Argentinien und wurde 1960 vom Mossad gefangen genommen und in Jerusalem vor Gericht gestellt. Sein Prozess führte bekanntermaßen zu einer verbreiteten Aufmerksamkeit für die Shoah. Die Wannseekonferenz markierte die Europäisierung der Vernichtung. Es wurde nämlich beschlossen, auf der Jagd nach den Juden »Europa vom Westen nach Osten« bis in alle Winkel »durchzukämmen«.

Schon vor der Wannseekonferenz wurde wie erwähnt bereits in Osteuropa mit der Vernichtung begonnen. Mit der Konferenz kam schließlich der systematische Plan zum Tragen, alle Juden Europas zu deportieren und zu töten. So heißt es in dem Text mit bürokratischer Kaltschnäuzigkeit:

> »Unter entsprechender Leitung sollen nun im Zuge der Endlösung die Juden in geeigneter Weise im Osten zum Arbeitseinsatz kommen. In großen Arbeitskolonnen, unter Trennung der Geschlechter, werden die arbeitsfähigen Juden straßenbauend in diese Gebiete geführt, wobei zweifellos ein Großteil durch natürliche Minderungen ausfallen wird. Der allfällig endlich verbleibende Restbestand wird, da es sich bei diesen zweifellos um den widerstandsfähigsten Teil handelt, entsprechend behandelt werden müssen, da dieser, eine natürliche Auslese darstellend, bei Freilassung als Keimzelle eines neuen jüdischen Aufbaus anzusprechen ist. (Siehe die Erfahrung der Geschichte). Im Zuge der praktischen Durchführung der Endlösung wird Europa vom Westen nach Osten durchgekämmt.«[90]

90 Vgl. P. Longerich, *Die Wannseekonferenz. Der Weg zur »Endlösung«*, Pantheon, München 2017. Text siehe: https://commons.wikimedia.org/w/index.php?title=File:Besprechungsprotokoll_Wannseekonferenz_-_Minutes_of_the_Wannsee_Conference_-_Berlin,_20._Januar_1942.pdf&page=8 (zuletzt abgerufen am 18.7.2023).

Bereits am 15. Februar 1942 trifft der erste Konvoi von Juden aus Schlesien in Auschwitz ein und wird sofort vergast. Es werden Baracken aufgestellt und Zeitpläne erstellt, mit Hyperaktivität wird alles vorangebracht. Der amerikanische Wissenschaftler Christopher Browning stellt fest, dass im März 1942 75–80% der europäischen Juden überlebt hatten und 20–25% gestorben waren; elf Monate später, im Februar 1943, hatte sich das Verhältnis umgekehrt. Nur etwas mehr als 20% blieben übrig, die zu einem prekären Leben verurteilt oder dem baldigen Tod ausgeliefert waren.[91]

Der Prozess der europäischen Einigung hat seinen eigentlichen Ursprung darin, eine mögliche Wiederholung dieser Geschichte zu vermeiden, und er beinhaltet den Wunsch, eine andere Geschichte zu schreiben. Ein moralisches Versagen beim Aufbau Europas besteht darin, dass nicht ausreichend hervorgehoben wurde, inwiefern die Einheit Europas und unsere Demokratien in Auschwitz entstanden sind. Europa ist aus dem Abgrund von Auschwitz hervorgegangen und hat als Grundlage die Ablehnung dessen, was zur Shoah geführt hat. Die Shoah war das weitreichendste Produkt eines verbrecherischen Prozesses, der durch Nationalismus, Antisemitismus, Totalitarismus und Faschismus ausgelöst wurde. Bestandteile dieser Mixtur sind in Europa und auf der Welt immer noch im Umlauf, sie verbünden sich mit Verschwörungs- oder Verleugnungstheorien und stoßen bei Menschen auf Anklang, die durch die Globalisierung entwurzelt sind. Sie erwecken die Illusion, dass die Ausübung von Hass Sicherheit gewährt oder unsere komplexe Welt erklären kann. Wir müssen den Mut aufbringen, die schrecklichen Bestandteile dieser Entwicklung zu erkennen und uns an sie zu erinnern, um einen nach dem anderen entschieden zurückzuweisen, wenn wir eine andere Geschichte aufbauen und die mögliche Gefahr einer Rückkehr in die Vergangenheit vermeiden wollen.

Die Erinnerung ist die wahre Garantie für den Frieden und die Demokratie in Europa. Es ist kein Zufall, dass David Sassoli im Juli 2021 mit Präsidentin von der Leyen zum ehemaligen Lager nach Fossoli fuhr, in dem die zur Vernichtung bestimmten ita-

---

91 Ch. R. Browning, *Ganz normale Männer. Das Reserve- Polizeibataillon 101 und die »Endlösung« in Polen*, Rowohlt, Hamburg 1993, S. 11.

lienischen Juden gesammelt wurden und das mindestens bis August 1944 betrieben wurde. Bei diesem letzten nicht-institutionellen Besuch sagte der Präsident des Europaparlaments mit Blick auf die Shoah: »Was geschah, war das Ergebnis von Gesellschaften, die zwar wussten, was Recht ist, die jedoch nicht in der Lage waren, dieses gegen Vorurteile und Hass anzuwenden. Sogar pazifistisch geprägten Gesellschaften gelang es nicht, die Pandemie des Krieges zu bekämpfen. Diese Gesellschaften fühlten sich ihren Nachbarn überlegen und schürten dadurch einen Antagonismus, der die Liebe zum Vaterland in einen fanatischen und kriminellen Nationalismus verwandelte.«

Schließlich fügte er mit einem besorgten Blick auf die Gegenwart hinzu: »Was heute in Europa geschieht, ist beunruhigend. Es gibt Diskriminierung, Gewalt, Angriffe auf die Justiz und die Pressefreiheit. All das ist für uns unerträglich und unvereinbar mit unseren Werten. Wir haben neuartige Sanktionsinstrumente und wir wollen sie nutzen.«[92]

Die Kollaborateure des Bösen

Das erste Massaker in Italien begann schon sehr bald am 13. und 14. September 1943 am Ufer des Lago Maggiore, wo sich mehrere nicht-italienische Juden aufhielten. Zu diesem Zeitpunkt war der Alarm für die Mehrheit der italienischen Juden noch nicht ausgelöst worden, doch die Kollaborateure des Bösen traten schon auf den Plan. Einige Italiener führten die Deutschen bei der Jagd auf die Juden an. Andere verkauften sie oder machten selbst Jagd auf sie. Diese Leute kannten keine Menschlichkeit, sie waren von antisemitischer Verachtung erfüllt, fanatisch und gierig. Für sie war ein jüdisches Kind kein Kind, sondern ein Wesen, das kein Recht auf Leben hat, oder eine Ware, um sich zu bereichern, einfach nur ein Unter-

92 Siehe: https://www.ansa.it/sito/notizie/mondo/2021/07/11/sassoli-preoccupano-attacchi-alla-democrazia-restiamo-vigili_487327c1-e39e-408c-9377–55c07c708747.html (zuletzt abgerufen am 19.7.2023).

mensch. Überall in Europa fanden die Nazis Menschen, die bereit waren, dies zu glauben.[93]

Die Shoah hat auch die Geschichte meiner Stadt Rom gezeichnet. Ihre Straßen wurden am 16. Oktober 1943 Zeugen des »Schwarzen Sabbats«, als die Juden vor der deutschen Razzia auf der Flucht waren, während diese von den Nazis auf der Grundlage der Adressen jüdischer Wohnungen durchgeführt wurde. Meine Großmutter erinnerte sich, dass sie an diesem Tag unterwegs in der Nähe des alten Ghettos ein jüdisches Kind auf einem Lastwagen sah, das sie zu grüßen schien. Nach der Razzia vom 16. Oktober wurden viele Juden denunziert oder verkauft. Der Preis lag bei 5.000 Lire für einen Mann, bei 3.000 für eine Frau und bei 1.000 für ein Kind. Noch mehr wurde für führende Persönlichkeiten der Gemeinde bezahlt. Wenn man der Aussage des SS-Führers Herbert Kappler Glauben schenken kann, wurden die Deutschen nach der ersten Razzia in Rom nur noch aufgrund von Hinweisen durch Italiener tätig.

Auf der Jagd nach Juden tritt ein böses, gieriges, rachsüchtiges und fanatisches Italien auf, das nach dem Krieg weitgehend freigesprochen wurde, was mit dem Mythos vom »guten Italiener« zusammenhängt. Fanatismus war ein weit verbreitetes Phänomen. Zwei Tage nach dem Waffenstillstand meldet Giovanni Pestalozza, ein Mitarbeiter von Giovanni Preziosi, der die Erklärung über die Verteidigung der Rasse unterzeichnet hat, den Deutschen drei Waggons voller Juden, die nach Genua auf der Flucht waren. Es waren Verräter und Spione, charakterlose Schlepper, die den Juden eine Reise in die Schweiz anboten, das Geld kassierten und diese dann an die Deutschen auslieferten. Der Verrat ist bis zum Ende überall in ganz Europa verbreitet. Die Nazis lassen die Todeslager auf Hochtouren laufen, solange sie können. Obwohl sie kurz vor der Niederlage stehen, morden sie mit wahnhaftem Fanatismus weiter.

Bei dieser Gelegenheit bereichert man sich am Besitz, teilweise sind es armselige Dinge, dann aber auch Kunstwerke, Häuser, Schmuck, Möbel, Waren aller Art. In ganz Europa gab es grünes Licht für die Aneignung von jüdischem Eigentum. Es gab viele in-

---

93 M. Franzinelli, I volenterosi delatori di Hitler, in: *Il sole24ore*, 23.1.2005, S. 35.

teressierte Kollaborateure bei der Judenjagd. In Mailand brachte eine Ladung Schreibmaschinen das Leben der Brüder Levi in Gefahr. In Rom waren die Geschäfte der Juden Orte unersättlicher Gier. Als die römische Jüdin Olga Di Veroli, die sich in einem Kloster versteckt hielt, nach Hause kam, um etwas zu holen, schrie die Frau, die die Wohnung besetzt hatte: »Faschisten, Deutsche! Hier ist eine Jüdin, schnappt sie euch!« Ich will nicht weiter auf die Frage des Eigentums eingehen, bei der es sich um systematischen Raub handelte, der in Italien nie ganz aufgearbeitet wurde.[94]

Die Shoah ist eine europäische Tatsache. Sie ist nicht einfach so als eine deutsche Angelegenheit über die Italiener oder andere europäische Völker gekommen, während man ohnmächtig war. Sie ist auch die Geschichte der Italiener, Franzosen, Belgier... Ich bekräftige mit Nachdruck, dass dies auch die Geschichte vieler Europäer ist, die aus eigenem Antrieb, aus Interesse oder Fanatismus gehandelt haben. Rabbiner Giuseppe Laras kommentiert die Haltung seiner Familienangehörigen angesichts der Entfesselung des Bösen: »Man hat nicht erkannt, dass die Welt auf dem Kopf steht und böse geworden ist.« Es gibt Zeiten, in denen die Welt durch das Böse auf den Kopf gestellt wird. Für viele Juden war das allerdings unvorstellbar und deshalb versteckten sie sich nicht. Viele Nicht-Juden schauten fassungslos zu. Die Gewalt des Bösen flößte durch die brutale militärisch-polizeiliche Gewalt der Nazis Angst ein, ließ die Menschen um ihr Leben fürchten und machte sie hilflos. Dies war insbesondere während der deutschen Besatzung der Fall. In Italien kam es nach dem 8. September 1943 dazu. Ohnmacht erzeugt Gleichgültigkeit, so lautet das Wort, das Liliana Segre auf das Mahnmal am Gleis 21 im Mailänder Bahnhof schreiben ließ, von dem aus die Züge ins Lager abfuhren.[95]

---

94 Vgl. A. Osti Guerrazzi, *Gli specialisti dell'odio. Delazioni, arresti, deportazioni di ebrei italiani*, Giuntina, Florenz 2020.

95 Comunità di Sant'Egidio, *Milano 20 gennaio 1944. Memorie della deportazione dal Binario 21*, Guerini e Associati, Mailand 2016.

Ist es nach menschlichen Maßstäben möglich, etwas zu unternehmen, wenn die Bekanntmachungen sagen, dass auf Hilfe für Juden der Tod steht? Während man zudem in Angst vor den Besatzern und vor Bombardierung lebt? Während man Hunger leidet und die Familie nichts zu essen hat? Während man mit drängenden Fragen des Überlebens beschäftigt ist? Reicht es nicht aus, sich von den Menschenverkäufern und Fanatikern fernzuhalten? Mehr scheint unmöglich.

Das ist nicht der Fall, so lehrt es auch die Geschichte. Jeder kann sich entscheiden, auch wenn die Spielräume begrenzt sind und die Entscheidung einen hohen Preis erfordert. Die Entscheidungen sind der Ursprung für die Geschichten der Gerechten und der Frevler. Ebenso gilt dies für die Gefühle in einer durch Krieg und Angst entmenschlichten Welt. In Rom fand am 16. Oktober die schon erwähnte größte Razzia in Italien statt. Frauen, Männer, Kinder und ältere Juden wurden aus ihren Häusern geschleppt. Es war 5.15 Uhr morgens, als die SS in die Häuser des Ghettos eindrang und auf Judenjagd ging. Nichts wurde dem Zufall überlassen, alles war mit unerbittlicher Grausamkeit geplant. 1024 Juden wurden zusammengetrieben, 200 von ihnen waren Kinder. Zwei Tage später brachen sie in achtzehn versiegelten Waggons auf. Nach einer sechstägigen schrecklichen Reise erreichen sie Auschwitz. Nur fünfzehn Männer und eine Frau kehren nach Rom zurück; bei der Frau handelt es sich um Settimia Spizzichino, die ihr ganzes Leben lang über ihre Erfahrungen gesprochen hat.

Als eine arme Frau vor Ort war und die Razzien sah, nahm sie »den Rosenkranz aus ihrer Tasche und begann zu beten und zu weinen, rhythmisch stöhnend und mit einem ständigen Zittern ihrer Lippen: armes unschuldiges Geschöpf«. Das ging wirklich zu weit, das Mitgefühl besiegte die Angst. So fühlten viele arme Leute, wie der Verkäufer alter Bücher in der damaligen Viale del Re. Er rief seine Tochter Trieste Melappioni und sagte, sie solle loslaufen und eine jüdische Familie in Trastevere warnen, damit sie sich versteckt. Oder wie die Lehrerin Amendola, die den umherirrende jüdischen Schüler Michele Tagliacozzo versteckte, den ich kennengelernt habe.

Oder wie der römische Priester Don Libero Raganella, der bei den Klausurschwestern des Klosters mit einem gefälschten Auftrag auftrat, um Juden zu verstecken. Es gibt so viele mutige Geschichten inmitten einer entsetzlichen Stille, nachdem die Gesellschaft 1938 die Diskriminierung der Juden akzeptiert hatte und die meisten sich einfach nur hilflos fühlten.[96]

Es gab Menschen, die mit bloßen Händen gegen eine schreckliche Übermacht kämpften. Jean Ancel, ein Forscher von Yad Vashem, schreibt über den Oberrabbiner von Rumänien, den jungen Alexandre Safran, der so viele rumänische Juden gerettet hat: Es »sei noch gesagt, daß sein Leben ein außerordentliches Beispiel eines Kampfes ohne Waffen … ist, für das angesichts der brutalen Macht als einzige Quelle nur die ›Kraft des Geistes‹ gilt«.[97] Safrans Hartnäckigkeit, die Seinen zu retten, hatte zur Folge, dass er inmitten der Widersprüche des Regimes von Marschall Ion Antonescu geschickt jonglierte und dabei mit dem apostolischen Nuntius Andrea Cassulo zusammenarbeitete. Er verhandelte mit der Königin, mit dem orthodoxen Patriarchen, der ihm gegenüber lange Zeit feindselig gesinnt war und sich schließlich bewegen ließ, als er ihn auf Knien betteln sah, und mit vielen anderen. Von den Deutschen kontrolliert und mit einem geringen Handlungsspielraum ausgestattet, konnte er mit bloßen Händen seinen Aktionsradius vergrößern.[98] Nur wenigen jüdischen Verantwortungsträgern gelang Ähnliches.

Durften die Nicht-Juden so viel Böses hilflos mit ansehen? Nicht alle waren hilflos. Zahlreiche Frauen und Männer entdeckten die Macht der Ohnmächtigen, wie es Václav Havel in Bezug auf den Kampf gegen das kommunistische Regime in der Tschechoslowakei gesagt hat.

Die Machtlosen haben einen Handlungsspielraum, aber die Ausübung dieser Macht birgt Risiken und kann einen hohen Preis haben. Ihr Handlungsspielraum ist ein Versteck, das angeboten wird,

---

96 Vgl. A. Riccardi, *Der längste Winter. Die vergessene Geschichte der Juden im besetzten Rom*, Theiss, Stuttgart 2017.

97 A. Safran, *»Den Flammen entrissen«. Die Jüdische Gemeinde in Rumänien 1939–1947. Erinnerungen*, A. Francke Verlag, Tübingen 1996, S. 35.

98 Vgl. J. Gruša/V. Havel, *Die Macht der Mächtigen oder Die Macht der Machtlosen*, Wieser, Klagenfurt 2006.

es ist eine Fluchtmöglichkeit, eine lebensrettende Information... Manche werden durch das Mitgefühl mit dem Leid der Juden angetrieben, andere durch persönliche Beziehungen, wieder andere durch religiöse Motive, durch ein Gespür für Gerechtigkeit oder durch die Überzeugung, dass es zu weit geht... Sie bleiben nicht gleichgültig und wollen nicht nur sich selbst retten. Eine Tür, die für eine Person oder eine Familie geöffnet wird, ist eine Auflehnung gegen das Böse. Diese Judenjagd geht zu weit, man darf nicht gleichgültig bleiben.

Die Gerechten sind keine Helden, sondern ganz normale Menschen, die die Macht der Ohnmächtigen entdecken. Regina Bettin, die mit ihrem Mann und ihren Kindern in Padua lebte, arbeitete als Kindermädchen bei der jüdischen Familie Sacerdoti in Venedig. Sie erfuhr, dass der Zug mit den am 16. Oktober 1943 deportierten römischen Juden durch den Bahnhof von Padua gefahren war. Sofort nahm sie Kontakt zu Frau Sacerdoti auf, die gewarnt worden war, nicht nach Venedig zurückzukehren, und bot ihr an, ihre Kinder bei sich aufzunehmen. Sie versteckte sie acht Monate lang trotz der Schwierigkeiten und der Bombardierungen. Heute ist das ehemalige Kindermädchen aus Padua eine von den »Gerechten unter den Völkern«.

Die Anerkennung der Gerechten ist eine großartige Idee der Gedenkstätte Yad Vashem in Jerusalem. Die Bezeichnung »Gerechte unter den Völkern« besitzt einen talmudischen Ursprung. Nach einer talmudischen Legende gibt es in jeder Generation 36 unbekannte Gerechte, von denen das Schicksal der Menschheit abhängt. Mit diesen Gerechten werden Nicht-Juden gewürdigt, die sich während der Shoah für Juden eingesetzt haben. Das Land mit den meisten Gerechten ist Polen mit über 7.200 Personen, gefolgt von den Niederlanden und Frankreich. Es gibt mehr als 770 Italiener, aber auch Gerechte aus Ländern, die nicht am Krieg beteiligt waren, wie ein portugiesischer Konsul, der Tausende von Menschen rettete, indem er gegen die Vorschrift der Regierung Visa ausstellte, ebenso ein Türke, zwei Chinesen, ein Salvadorianer, sowie Muslime und andere...

Moshe Bejski schuf den Garten der Gerechten in Jerusalem. Als polnischer Jude wurde er in einem jüdischen Dorf in der Nähe von Krakau geboren. Er erlebte viele Entbehrungen und erfuhr die Solidarität einiger Nicht-Juden und die Gleichgültigkeit anderer im von den Nazis unterdrückten Krakau. Als er nach Auschwitz deportiert wurde, gelang es ihm, eine Arbeit in der Fabrik des deutschen Unternehmers Oskar Schindler zu bekommen, der ein Nazi war und heute ein Gerechter unter den Völkern ist. Denn er rettete 1.200 Juden, indem er sie bis zur Befreiung des Lagers durch die Rote Armee im Mai 1945 in seiner Kriegsfirma arbeiten ließ.[99] Aus dieser Geschichte hat der Regisseur Steven Spielberg einen berühmten Film gemacht. Als Bejski nach Israel kam, sprach er über seine persönliche Erfahrung und verteidigte die Idee, dass ein rechtschaffener Mensch weder ein Heiliger noch ein Übermensch sein muss. Vielmehr ist er ein gewöhnlicher Mensch mit seinen Schwächen. Er sagte: »Ich glaube, wenn viele Einzelpersonen den Mut gehabt hätten, auch nur einen kleinen Schritt zugunsten der Juden zu tun … , dann würde die Zahl der Geretteten unendlich viel höher sein.«[100]

Einfache Menschen konnten sehr viel tun: »Wenn es an Menschen mangelt, bemühe dich selbst, ein Mensch zu sein«, heißt es in den hebräischen Sprüchen der Väter.[101] So kümmerte sich Ida Brunelli aus Monselice (Padua) im Alter von achtzehn Jahren um drei Kinder einer jüdischen ungarischen Mutter, die im Sterben lag, und gab sie in ihrem Dorf als katholische Flüchtlinge aus. Oder es gab abenteuerliche Gestalten wie den Kaufmann Giorgio Perlasca, ein überzeugter Faschist aus Padua, der in Budapest als angeblicher Abgesandter der spanischen Botschaft auftrat. Nach der Vernichtung von 400.000 ungarischen Juden in der Todesmaschinerie versteckte er Juden in den »sicheren Häusern« neutraler Botschaften und der Nuntiatur und nutzte das spanische Gesetz, das die Staatsbürgerschaft für die 1492 vertriebenen Juden anerkannte. Enrico Deaglio hat ein Buch über ihn geschrieben, dessen Titel aussagekräftig ist: »Die Banalität des Guten«.[102]

---

99 Vgl. E. Rosenberg (Hg.), *Ich, Emilie Schindler. Erinnerungen einer Unbeugsamen*, F. A. Herbig, München 2006.

100 G. Nissim, *Il tribunale del bene. La storia di Moshe Bejski l'uomo che creò il Gardino dei giusti*, Mondadori, Mailand 2003, S. 159.

101 Vgl. B. Lang, *Sprüche der Väter. Das Weisheitsbuch im Talmud*, Reclam, Stuttgart 2020.

102 Vgl. F. Deaglio, *Die Banalität des Guten*, Eichborn, Frankfurt 1994.

Sogar Klöster mit Klausur wurden für Juden geöffnet, was es bis dahin noch nie gegeben hatte. Vieles wurde nicht dokumentiert. In der Chronik eines Priesterseminars in Rom ist zu lesen: »Es war die vom teutonischen Feind eingeführte und vom verhurten faschistisch-republikanischen Spionagetum unterstützte Herrschaft des Schreckens, die es verbot, irgendetwas niederzuschreiben, das bei einer Durchsuchung [...] gefunden und unter Anklage gestellt werden konnte.«[103] Die Gerechten hinterlassen nur wenige Spuren, es sei denn in der Erinnerung der Geretteten. 85 % der entkommenen römischen Juden verdanken ihre Rettung Bürgern und religiösen Einrichtungen. Wenn man ihre Geschichten erforscht, erkennt man auch die schwer zu dokumentierende Rolle von Familien, die manchmal auf sich gestellt und teilweise in Zusammenarbeit mit einer Pfarrei Juden versteckten. Häufig gab es das Problem, Lebensmittel zu finden und sich vor Denunzianten zu hüten.

Die gejagten Juden führten oft bis zum Vortag ein angenehmes Leben. Don Raimondo Viale aus Cuneo, der nicht-italienische Juden unterstützte, die in Italien gelandet waren, schreibt: »Es waren Männer und Frauen, weißhaarige Frauen, Kinder [...], die in normalen Zeiten fast alle an ein wohlhabendes Leben gewöhnt waren [...], die auf der Flucht waren wie ein wildes Tier, das von Hunden und Jägern in den Bergen gejagt wird. Sie waren gezwungen, sich ganz und gar auf die Menschen zu verlassen, die sie trafen.«

Wer war der SS-Hauptmann, der mit dem damals jungen Häftling, dem späteren Rabbiner Elio Toaff sprach, als dieser sich weigerte, sein eigenes Grab zu schaufeln, während er das Totengebet sprach? Er bewahrte ihn vor der Erschießung und öffnete eines Nachts das Gefängnis für ihn: »Raus! Hau ab!« Warum hat er das getan? Es gab Soldaten, die sich auflehnten. Franz Jägerstätter war ein überzeugter katholischer Bauer aus Österreich und weigerte sich heldenhaft, als Soldat zu kämpfen. Alle wandten sich gegen ihn, sogar die Kirche, nur seine Frau Franziska unterstützte ihn. Entschieden brachte er seinen Widerstand zum Ausdruck: »Entweder ein Soldat Christi oder ein Soldat Hitlers.« Er wurde im August 1943 durch das Fallbeil hin-

103 Siehe A. Riccardi, *Der längste Winter*, op. cit., S. 321.

gerichtet.[104] Hannah Arendt berichtet vom deutschen Wehrmachtsfeldwebel Anton Schmidt, der in Polen jüdische Partisanen getroffen und ihnen fünf Monate lang geholfen hat. Er wurde entdeckt und dann hingerichtet. Immerhin wurden in Deutschland 5.000 Juden gerettet, vor allem in Berlin, mitten im nationalsozialistischen Machtzentrum. Wie viele Deutsche stecken dahinter?

»Jeder Mensch, der während des Krieges gerettet wurde, hat die Hilfe einer Person erfahren, die ihm in einem Moment großer Gefahr begegnet ist«, schreibt Aharon Appelfeld, ein rumänischer Jude, der dem Lager entkam und von zwei Kriminellen gerettet wurde, denn sie wussten nicht, wer er war. Er schließt mit den Worten: »In den Konzentrationslagern haben wir Gott nicht gesehen, doch Gerechte sind uns begegnet.«[105] Und die ungarisch-jüdische Schriftstellerin Edith Bruck, die Italienisch als Sprache der Freiheit bezeichnet, berichtet von »kleinen Lichtern«, die ihr das Überleben in der Hölle ermöglichten.

Nein, die Erinnerung an die Shoah darf nicht verloren gehen! Daher müssen die Seufzer der Sterbenden aufgesammelt werden, wie es Edith Bruck erlebt hat, als sie zusammen mit ihren Leidensgenossen im Konzentrationslager Bergen Belsen gezwungen war, Leichen aufzuheben und wegzutragen. Eine noch lebende Person flüsterte dabei ihren Namen, um nicht vergessen zu werden oder um die Familie zu benachrichtigen. Sie vertraute Edith Bruck die Aufgabe an: »Erzähle davon, sie werden uns nicht glauben; erzähle von diesen Dingen, wenn du überlebst, auch für uns.«[106] Indem diese Seufzer und Bitten aufgesammelt werden, wird die Erinnerung an das Geschehen eines schrecklichen Übels mit Leben erfüllt und dadurch werden zugleich die Fähigkeit zum Widerstand und die Kraft des Guten wachgehalten. Einige, und das sind nicht wenige, haben in der Überzeugung Widerstand geleistet, dass das Böse nicht allmächtig ist. Wie wichtig ist es also, die Erinnerung an das Gute zu bewahren!

---

104 Vgl. C.G. Zucconi, *Christus oder Hitler? Das Leben des seligen Franz Jägerstätter*, Echter, Würzburg 2011.

105 A. Appelfeld, *The Story of a Life*, Schoken Books, New York 2004, S. 128.

106 E. Bruck, *Il pane perduto*, La nave di Teseo, Mailand 2021, S. 55.

Zygmunt Bauman merkt an: »Es kommt nicht auf die Zahl der Menschen an, die ihre moralische Pflicht dem rationalen Selbsterhaltungstrieb vorgezogen haben. Wichtig ist, dass es überhaupt jemand getan hat. Das Böse ist nicht allmächtig. Man kann ihm Widerstand entgegensetzen.«[107] Diese Worte sind eine Lehre für unsere Gegenwart und für die Zukunft. Die Erinnerung an so viel Böses ist mit dem Andenken an das viele Gute verwoben. Das ist kein finsterer Bereich der Geschichte. Daran zu denken, bewahrt auch unserer heutigen Zeit die Menschlichkeit.

Wer ein Leben rettet, schreibt Geschichte. Der Satz aus der jüdischen Mischna, die von Maimonides zusammengestellt wurde, lautet: »Wer einen Menschen rettet, rettet die ganze Welt.« Weniger bekannt ist ein ähnliches Sprichwort im Koran, in der Sure »der Tisch« (5,32): »Wenn jemand einen Menschen tötet… so ist es, als hätte er die ganze Menschheit getötet. Und wer es am Leben erhält, so ist es, als ob er alle Menschen am Leben erhält.« Die Gerechten haben die Ehre ihres Volkes gerettet, sie haben die Menschheit am Leben erhalten.

Es bleibt das Bewusstsein für die Schrecken des Bösen, zu denen Menschen fähig sind, und für das Schlimme, das ein System wie der Nationalsozialismus anrichten kann. Die Geschichte kennt so viele Massaker. Doch dieses Böse war einzigartig und wirklich extrem in seiner Bereitschaft, ein ganzes Volk systematisch und industriell auszurotten. Wir wollen glauben und hoffen, dass es nie wieder ein solches Ausmaß erreichen wird. Die Erinnerung drängt uns, die Vorgänge von Anfang an zu durchschauen und nicht als Folklore zu betrachten, um das zu verhindern. Manchmal muss man sich den Vorwurf gefallen lassen, in den Darstellungen zu übertreiben. Allerdings ist die Übertreibung immer wieder notwendig, um das Ausmaß des Übels zu erfassen, das sich unser Verstand nicht einmal vorstellen kann. Wenn man nicht übertreibt, versteht man nicht und handelt nicht entsprechend. Das Böse kann und muss bekämpft werden, auch mit bloßen Händen.

---

107 Z. Bauman, *Dialektik der Ordnung. Die Moderne und der Holocaust*, Europäische Verlagsanstalt, Hamburg [3]2012, S. 221.

Kapitel V
Die Zukunft Europas und die Christen[108]

Angst vor der Zukunft

Der größte italienische Philosoph des zwanzigsten Jahrhunderts, Benedetto Croce, war ein Laie und Liberaler. 1942, auf dem Höhepunkt des Weltkrieges, schrieb er einen Essay mit dem charakteristischen Titel: »Warum wir nicht umhin kommen, uns Christen zu nennen«.[109] Die Bezeichnung als Europäer war für ihn gleichbedeutend mit der Bezeichnung als Christ, ohne sich mit kirchlichen oder religiösen Vorstellungen zu identifizieren. Man kann sich nicht nur auf die christlichen und historischen Wurzeln des Kontinents berufen, über die schon so viel gesagt wurde. Man darf sich auch nicht mit den christlichen Wurzeln oder der christlichen Vergangenheit begnügen. Damit würde man sich einer alten Geschichte rühmen, wie es Adelsfamilien tun, die sich im Niedergang befinden.

In Europa ist das Christentum nicht nur ein Erbe der Vergangenheit. Heute sind die mehr oder weniger großen christlichen Gemeinschaften tief in das europäische Leben integriert und bilden gleichsam ein Netzwerk vom Atlantik bis zum Ural. Vielleicht hat die Zahl der Christen in Europa im Vergleich zu früher abgenommen, sie bilden jedoch Gemeinden, die das Evangelium leben, beten, auf das Wort Gottes hören und Freunde der Armen sind. Dabei versuchen sie, sich nicht im engen Winkel einer kleinen, selbstbezogenen Welt abzuschotten. Sie sind eine Quelle der Menschlichkeit, der Inspiration, des Handelns und von im Wort Gottes verwurzelten Visionen.

Christen waren aktive und bedeutende Mitgestalter bei den historischen und jüngeren Einigungsprozessen des Kontinents. Dies

108 Das Kapitel ist einem Vortrag bei der Vollversammlung der Konferenz Evangelischer Kirchen in Europa (KEK) im September 2018 in Basel entnommen.

109 B. Croce, »Perché non possiamo non dirci cristiani«, in: *La Critica* 6 (1942), S. 289–297.

gilt für die protestantische Welt nach dem Ersten Weltkrieg auf dem Gebiet der Ökumene und für die katholische und protestantische Welt im europäischen Einigungsprozess nach dem Zweiten Weltkrieg. Christen haben eine Rolle gespielt im Widerstand gegen die Unterdrückung in Osteuropa bis hin zur großen friedlichen Revolution von 1989. Die beiden Kriege des 20. Jahrhunderts, die bald zu Weltkriegen wurden, haben die europäischen Christen als ihre eigenen Niederlagen empfunden. Aus dem Abgrund des Unheils, und ich möchte hinzufügen von Auschwitz, sind sie neu aufgebrochen mit dem Traum vom Frieden unter den Europäern. Nach der Shoah pflegten die Christen ein neues Verhältnis zum Judentum, ihrem jahrhundertelangen Nachbarn in Europa.

Doch heute laufen die christlichen Gemeinschaften Gefahr, an einer für Europa typischen Krankheit zu erkranken: der Angst. Wir sind Gesellschaften, in denen das Gefühl der Angst verbreitet ist, was einige politische Strömungen sehr geschickt zu nutzen wissen. Europa hat Angst vor den weltweiten Horizonten, die sich in den letzten Jahrzehnten der Globalisierung enorm ausgedehnt haben. Diese grundlegende Revolution wurde nur in Ansätzen wahrgenommen. Bauman spricht von der flüchtigen Angst als einem Dämon, der in den Winkeln der Gesellschaft lauert.[110] Mircea Eliade beschreibt eine Furcht vor der Geschichte, die sich manchmal zeigt. Es scheint, dass das Ferne uns jederzeit erreichen und in unser Leben eindringen kann. Die Gestalt dieses »Fernen« ist oft der Immigrant. In dieser Hinsicht wird das Phänomen emotional wahrgenommen. Vor kurzem dachten mehr als 70% der Italiener, dass es viermal so viele Einwanderer gäbe, wie es tatsächlich der Fall war. Das Gleiche gilt für die Muslime. Die Angst will besänftigt werden und ruft nach Schutz und Verteidigung. In der Tat werden die Grenzen und Mauern wiederentdeckt. Die Europäer sind dem Wind der globalen Welt ausgesetzt und versuchen, ihre Identität neu zu erfinden und sich gegen das zu verteidigen, was sie als übermächtige Kontaminierung empfinden.

Die Europäer haben Angst vor der Geschichte und verstehen nicht, welche Aufgabe sie in der großen Welt erfüllen sollen. Sie

110 Vgl. Z. Bauman, *Liquid Fear,* Polity Press, Cambridge 2006.

ziehen sich in sich selbst zurück. Bauman argumentiert, dass die Angst die Lust auf das Abenteuer vertrieben hat. Denn Europa war einmal auf Gedeih und Verderb ein extrovertierter Kontinent in den Bereichen des Handels bis hin zur Weltherrschaft und zur unhaltbaren Vorstellung, der Welt die Zivilisation bringen zu müssen, und zum Wunsch, diese zu erkunden und zu missionieren … Jetzt hat Europa Angst. Die Folgen sind für alle sichtbar, denn die Menschen sorgen sich krampfhaft und unerbittlich um ihr materielles und psychisches Wohlergehen. Wir haben Angst, dass wir die Kontrolle über uns und unsere Umwelt verlieren. Bauman zeigt auf, dass sich der heutige Mensch allein und schutzlos fühlt: »Die Überbewertung des Individuums bringt seine tiefe Verletzlichkeit zum Vorschein, da es ohne den Schutz dasteht, den ihm einst das dichte Netzwerk sozialer Bindungen anbot.«[111] In den europäischen Gesellschaften werden die gemeinschaftlichen und familiären Bindungen zugunsten des Individualismus gelockert.

Die Menschen fühlen sich entwurzelt und der Welt ausgeliefert. Es hat den Anschein, dass die Europäische Union keinen greifbaren Schutz bieten kann, nicht zuletzt wegen ihrer komplexen Maßnahmen im Zusammenhang mit aggressiven Regierungen und deren Politik. Es zeigt sich eine Unzufriedenheit mit den Institutionen, die als abgehoben wahrgenommen werden. Nach der russischen Aggression gegen die Ukraine fühlen sich die osteuropäischen Länder einer möglichen russischen Bedrohung stärker ausgesetzt, auch im Rückblick auf ihre schwierige Geschichte mit der Sowjetunion oder dem russischen Imperium.

Es ist nicht leicht, sich als Europäer zu verstehen. Man bevorzugt, sich als national oder lokal zu definieren. Die in einer globalen Welt entwurzelten Menschen sind verwirrt und suchen Zuflucht in ihrer Heimat, um sich gewissermaßen vor den globalen Strömungen zu schützen. Angst, Wut und Pessimismus gehen Hand in Hand in einer Zeit, in der die Politik zu sehr von Emotionen bestimmt wird. In Europa vollzieht sich nicht nur in der Politik, sondern auch im Bewusstsein der Menschen ein tiefgreifender Wandel. Es wächst das

111 Z. Bauman, *Europe: An Unfinished Adventure*, Polity Press, Cambridge 2004, S. 96.

Misstrauen gegen Einheitsgebilde, wie die Europäische Union und viele andere. Eine harte und aggressive Sprache, wie man sie schon lange nicht mehr gehört hat, findet sogar bei politischen Führern Anklang. Man meint, dass eine Politik der Muskeln größeren Schutz bietet. In diesem Zusammenhang muss über Nationalismus, Populismus und souveränes Denken reflektiert werden. In verschiedenen Ländern wird nach einem starken Mann an der Spitze gesucht und nicht nach einer Vermittlung durch demokratische Prozesse. Die Menschen wollen ihr nationales Schicksal von dem der anderen Europäer abgrenzen.

Die Angst droht die christlichen Gemeinschaften anzustecken. Diese könnten den Blick in die Vergangenheit richten und den Rückgang der Mitglieder im Kontext der Säkularisierung beklagen. Aber heute besteht das Problem nicht so sehr in der Säkularisierung, sondern in der Globalisierung. Durch sie geraten die Europäer und mit ihnen zu viele Christen in Angst, werden wütend und pessimistisch. Der italienische Christ und Dichter David Maria Turoldo formulierte dieses Gebet: »Herr, rette mich vor der grauen Farbe des erwachsenen Menschen und befreie das gesamte Volk von der Senilität des Geistes. Schenke uns erneut die Fähigkeit zu trauern und zu jubeln, damit das Volk in deinen Kirchen wieder zu singen beginnt.«[112]

Erlöse uns von der Dumpfheit und der Senilität des Geistes! Dumpfheit und Senilität dürfen von den Kirchen nicht hingenommen werden. Viele Christen haben Angst und wollen sich abschotten. Man richtet eine Forderung an die Kirche, dass sie ihre christliche Identität schärft oder sakralisiert, um sich von den Anderen, den Ausländern, den Migranten, den Muslimen abzugrenzen. An das Christentum wird die Anfrage gestellt, Abgrenzungen abzusegnen oder zu rechtfertigen. Es wird sozusagen eine Theologie der Nation gefordert. Johannes Paul II. hat eine Theologie der Nation entwickelt, allerdings im europäischen Kontext und in der Logik der Beseitigung von Mauern in Europa und zwischen Europa und dem Süden. Heute wird das Christentum aufgefordert, nationale Identitäten und vielleicht sogar Mauern zu segnen.

---

112 D.M. Turoldo, *Il sapore del pane*, Edizioni San Paolo, Cinisello Balsamo (Mi) 2002, S. 11.

Wie wird man frei von Dumpfheit und Senilität und wie kann man sich vor der Ansteckung durch die Angst schützen? Was ist zu tun? Welche Rolle spielen die christlichen Gemeinden? Es gibt ein Gefühl der Irrelevanz. Dabei geht es nicht nur um politisches Handeln, sondern um den eigenen Stand- und Ausgangspunkt, um die Veränderung der eigenen Person, von der uns niemand abhalten kann. Martin Buber nannte es den archimedischen Punkt, von dem aus ich selbst die Welt aufrichten kann. Und das ist eben die Verwandlung meiner eigenen Person. Es handelt sich dabei um den Aufruf zur Umkehr aus dem Evangelium. Der auferstandene Christus sagt daher zu den Frauen am Grab: »Fürchtet euch nicht! Ich weiß, ihr sucht Jesus, den Gekreuzigten« (Mt 28,5). Die Angst ist ein heimtückisches Gefühl, das durch das Alltagsgeschehen begründet erscheint. Im Leben und in der Geschichte gibt es immer einen Anlass, um Angst zu haben. Wie leicht ist ein solcher zu finden! In der Bibel hingegen taucht immer wieder der Aufruf auf, sich nicht zu fürchten, denn dahinter steht die Erkenntnis, dass wir ständig von Angst beherrscht sind. Das Evangelium Jesu befreit von der Angst durch das Geschenk des Glaubens. Es öffnet das Herz für die Wirklichkeit, für die Zukunft, für das Kommen des Reiches Gottes.

Das Erste, was in einem verängstigten und verwirrten Europa zu tun ist, ist einfach und grundlegend. Man muss das Evangelium wieder in den Mittelpunkt des persönlichen und gemeinschaftlichen Lebens stellen als ein Licht für unsere Schritte. Erwachsenen Christen fällt die Umkehr zum Evangelium nicht leicht. Das erkennt man bei Nikodemus, der ein gebildeter Theologe war: »Wie kann ein Mensch, der schon alt ist, geboren werden?« (Joh 3,4). Wie können alte christliche Gemeinschaften durch eine einfache Umkehr zum Evangelium neu geboren werden?

Eine Bekehrung zum Evangelium wird benötigt, und zwar zum Evangelium »sine glossa«, ohne Zusätze, wie es Franziskus von Assisi ausdrückte, um ein Licht im europäischen Haus zu sein. Das Evangelium befreit von persönlichen Ängsten, verwandelt die Dumpfheit, vertreibt christlich-nationalistische Ideologien und rüttelt die Christen auf, um aufzubrechen und die Angst davor abzulegen, in den europäischen Gesellschaften eine Rolle zu spielen. Es bringt Licht in die Dunkelheit der Zukunft.

Und wie schön wäre es, wenn wir alle gemeinsam zum Evangelium zurückkehren würden, evangelische Christen, Orthodoxe, Katholiken. Es wäre schön, ein Jahr zu haben, das alle europäischen Kirchen dem Evangelium widmen, um es wieder zu hören und die Europäer aufzufordern, sich davon erleuchten zu lassen und es unseren Mitbürgern mitzuteilen. Daran habe ich schon immer gedacht: ein Jahr des Evangeliums für die Christen aller Kirchen! Das Evangelium vereint die europäischen Christen trotz ihrer unterschiedlichen Konfessionen und treibt sie an, nach der Zukunft zu suchen, damit sie aus der Umzäunung ausbrechen, in die sie sich vor allem aus Angst verschlossen haben.

Es geht nicht darum, die Schwächen unserer Mitbürger zu verachten, als wären wir ihnen überlegen. Vielmehr muss der Glaube erneuert werden, damit die europäischen Christen fähig sind, sich aufzurichten und sich vom Druck der Angst und der Resignation zu befreien. Die Angst ist sozusagen zum Zeitgeist geworden. Carl Gustav Jung warnte: »Mit dem Zeitgeist ist nicht zu spaßen, denn er ist eine Religion […] oder ein Credo, dessen Irrationalität gar nichts zu wünschen übrig läßt, das aber zugleich die unangenehme Eigenschaft besitzt, als absoluter Wertmaßstab aller Wahrheit gelten zu wollen […] Anders zu denken […] hat immer den Beigeschmack des Unrechtmäßigen und Störenden«.[113] Das Evangelium befreit von der Angst und ermutigt dazu, als Gemeinschaft zu leben, und zwar als Gemeinschaft und nicht als Stamm mit einem beschützenden kampfstarken Führer.

Die vorrangige und wichtige Verantwortung der Christen besteht darin, das Evangelium wieder attraktiv und mit Begeisterung zu leben und es von der Diktatur der Emotionen und vom selbstverteidigenden Verhalten zu befreien. Gemeinsam müssen die europäischen Christen neu entdecken, dass ihr wahrer Reichtum das Evangelium Jesu ist. Diese Entdeckung muss eine ansteckende Begeisterung hervorrufen, eine weit verbreitete Begeisterung der Kirchen füreinander und für das Evangelium …

---

113 C. G. Jung, *Wirklichkeit der Seele*, Walter-Verlag, Freiburg [5]1978, S. 11.

Das Evangelium besteht weder aus Ideologie noch aus Politik. Es ist keine kosmopolitische Haltung, um den europäischen Ländern ihren Charakter oder ihre Identität zu rauben. Heute behaupten manche ängstliche Europäer, dass einige christliche Führungspersönlichkeiten und auch Papst Franziskus, sowie manche Kirchen das Christentum zugunsten von Gutmenschentum, Kosmopolitismus oder Eine-Welt-Denken verraten hätten. Die Kirche habe angeblich das christliche Europa verraten … Traditionell waren die Kirchen immer sehr stark mit der Region, dem Land und der Stadt verbunden. Allerdings haben sie immer auch auf einen größeren Horizont und auf eine umfassendere Gemeinschaft verwiesen und letztendlich auf den Bereich des Himmelreichs.

Nation, Nationalismus und die schwache Kraft des Christentums

Die Kirchen haben gelehrt, das eigene Land zu lieben, es jedoch nicht zu vergöttern. Natürlich war das nicht immer der Fall. Teilweise haben sie auch für den Götzen des Nationalismus, des Totalitarismus und sogar des Rassismus ihren Weihrauch aufsteigen lassen. Mittlerweile haben sie jedoch einen weiten Weg zurückgelegt und sich von dieser Versuchung befreit, nicht zuletzt durch das Zeugnis und das Blut der Märtyrer, die im Glauben Widerstand geleistet haben. Die Märtyrer sind starke und stille Lehrer im Verlauf des schrecklichen 20. Jahrhunderts in Europa mit den Systemen von Konzentrationslagern und den Formen von Nationalismus.

Insbesondere nach Jahrzehnten der gelebten Ökumene sind die Kirchen in ihrer Vielfalt auf europäischer Ebene miteinander verbunden. Sie haben ihre Geschichte miteinander verknüpft, sich kennengelernt und lassen keine trennenden Mauern aufkommen. Trotzdem erleben wir teilweise auch in europäischen Ländern, dass das Virus des Nationalismus die Kirchen spalten kann. Im Angesicht des Krieges lassen die Christen mit ihren Kirchen leider wieder Trennungen zu. Bereits 1872 verurteilte das Konzil von Konstantinopel einen »übermäßigen« Nationalismus und nannte diese Strömung Philetismus, bei dem die Organisation der Kirchen auf ethnischer und nationaler Grundlage durchgeführt wird.

Die Gemeinschaft zwischen den Kirchen muss als starkes und konstitutives Band für Europa wiederentdeckt werden. Das Zusammenleben als Schwesterkirchen fördert die Brüderlichkeit unter den Völkern. Dabei geht es nicht nur um den Einsatz von führenden Personen und Gremien oder um Treffen von Kirchenmännern und -frauen, für die sich die Menschen nur wenig begeistern. Je mehr christliche Gemeinden als Schwestern leben und wirklich gemeinsam zum Evangelium zurückkehren, die Armen lieben und die geschwisterliche Liebe pflegen, umso mehr werden die Völker zu Brüdern werden.

Die Bekehrung zum Evangelium und der Glaube bilden die Grundlage für ein wiederbelebtes prophetisches Wirken der Kirchen und der Christen in Europa. Einen solchen Glauben verkündet trotz mancher Schwierigkeiten Papst Franziskus, der aus den geschlossenen Bereichen unserer Gotteshäuser oder kirchlichen Kreise heraustritt und der in der Diaspora eine Chance für Kommunikation und Begegnung erkennt und ihr nicht mit einem Gefühl der Müdigkeit oder Abneigung begegnet. Dies ist das unkomplizierte Lebensgeheimnis in einem Europa, das in einem komplexen Geflecht verstrickt ist. Denn unsere Stärke sind nicht machtvolle oder einflussreiche Gemeinschaften, nicht die Kontrolle der Medien und auch kein politischer Einfluss, sondern die heilbringende und anziehende Kraft des Evangeliums Jesu. Wer sich diese so besondere Kraft nicht zu eigen macht, verfällt der Irrelevanz und begibt sich somit auf die Flucht vor der Geschichte, um sich möglicherweise in eine Blase der Spiritualität oder hinter einen kirchlichen Schutzwall zurückzuziehen.

Es sind nicht machtvolle, aber wahrhaftige Gemeinschaften, die in der Diaspora, in den verborgenen Winkeln unserer europäischen Städte und in den Peripherien, anwesend sind. Paulus erhält eine Antwort vom Herrn: Denn »die Kraft wird in der Schwachheit vollendet« (2 Kor 12,9). Der Apostel erfüllt diese Botschaft voll und ganz mit Leben und verkündet daher: Denn »wenn ich schwach bin, dann bin ich stark« (2 Kor 12,10). Wenn die Gemeinden auch relativ schwach sein mögen, ist dies jedoch die Grundlage, auf der die Kraft des Herrn und des Evangeliums zum Tragen kommt. Ich spreche von »relativ«, denn während in der Gesellschaft in den letzten

Jahren viele Formen der Teilhabe verloren gingen und sich viele soziale Netzwerke gelockert haben, leben die Christen immer noch in Gemeinschaften, auch wenn diese manchmal Schwächen aufweisen.

Es sind keine ängstlichen, sondern starke Christen! Was bedeutet stark? Sie sind nicht aggressiv. Vielmehr handelt es sich um Frauen und Männer, die in der Lage sind, an den verschiedenen Orten Europas Zufluchtsorte für so viele suchende, leidende und fragende Menschen aufzubauen. Sie sind stark in der Liebe Gottes und besitzen die Begabung zu persönlichen Begegnungen und zur offenen Freundschaft mit den Menschen. Meiner Meinung nach müssen die Christen im Alltag große Bereitschaft zeigen, mit ihren Mitbürgern das Gespräch zu suchen, um ihre Ängste anzuhören, aber auch um Hoffnung zu vermitteln. Vorzugsweise müssen sie Freunde sein, denn Angst ist die Folge einer Welt von einsamen Menschen, die zu sehr an sich selbst denken. Die Kirche besitzt ein Charisma der Freundschaft. Möge das Christentum den Männern und Frauen unserer Zeit Freundschaft anbieten und das gilt auch für die Christen. Denn sie sind aufgerufen, »Männer und Frauen aus dem Volk« zu sein, das Gespräch mit anderen und Freundschaft mit allen zu suchen. Mir gefällt in dieser Hinsicht die Interpretation des Wortes »Laie«, das ja aus dem Griechischen stammt und »aus dem Volk« bedeutet. Stattdessen erleben wir einen Drang zur Klerikalisierung innerhalb einer kirchlichen Blase, um sozusagen den Widersprüchen der Gesellschaft und der anstrengenden Arbeit für eine grenzenlose Freundschaft zu entgehen.

Die Unentgeltlichkeit ist prophetisch

In einer Welt, die mit einer Vielzahl von Religionen und unterschiedlichen Sichtweisen zur Diaspora geworden ist und ein instabiles Beziehungsgeflecht aufweist, bietet das menschliche Verhalten der christlichen Frauen und Männer verbunden mit ihren Gesichtern und Worten eine Gelegenheit, um einer authentischen Freundschaft zu begegnen, in der das Wort Gottes durch Gespräche mit den Menschen und mitten in ihrem Lebensalltag erfahrbar wird. Prophetische Gemeinschaften müssen in der Lage sein, mit den anderen zu sprechen, einen Dialog zu führen, allen Menschen zu begegnen und die Mauern der Vorurteile und Ängste, der Verachtung und Aggressivität niederzureißen. Solche Gemeinschaften machen zeichenhaft sowohl einen menschlichen Weg als auch das Evangelium Jesu sichtbar. Warum ist das so? Der Grund dafür ist allein die Gnade des Evangeliums, die für die Unentgeltlichkeit steht. Die christliche Verantwortung verlangt nach einer Lebensweise, die daran erinnert, dass es in Europa nicht nur um Wirtschaft, Profit und Geld geht. Es geht um viel mehr!

Die christlichen Gemeinden sind ein Raum der Unentgeltlichkeit in einer Gesellschaft, die vom Geld beherrscht wird, in der alles gekauft und verkauft wird und in der alles seinen Preis hat. Die Unentgeltlichkeit der Kirche, die Unentgeltlichkeit des christlichen Lebens und seiner menschlichen Beziehungen haben eine prophetische Funktion und stellen eine Anfrage an die Gesellschaft des Geldes. Denn ein gelebtes Evangelium, das verkündet und weitergegeben wird, bewahrt die Menschlichkeit der Person. Es befreit von einer hartnäckigen Selbstliebe und schafft Verbundenheit mit anderen Brüdern und Schwestern im Rahmen einer Sendung, die dazu aufruft, nicht nur für sich selbst zu leben, sondern für den, der für uns, für die anderen und für die Armen gestorben und auferstanden ist. Frei von Angst und von der zwanghaften Beschäftigung mit dem Geld können Christen Zeugen für das Glück in einer unglücklichen Gesellschaft sein. »Geben ist seliger als nehmen« (Apg 20,35) lautet das Geheimnis des Evangeliums, das dem Zeitgeist auf sanfte Weise entgegenwirkt.

Die Liebe zu allem Schwachen und die Unentgeltlichkeit des christlichen Lebens kommen besonders in der Verbundenheit mit den Armen und zwischen den Armen und den Demütigen zum Ausdruck, um es mit den Worten des Propheten Zefanja auszudrücken: »Und ich lasse in deiner Mitte übrig ein demütiges und armes Volk« (Zef 3,12). Es geht dabei nicht nur um Hilfsangebote und seien sie noch so angemessen. Vielleicht wurde die Beziehung zu den Armen teilweise zu institutionell und professionell im Rahmen von kirchlichen Angeboten gestaltet. Die Armen müssen darüber hinaus konkret in den Mittelpunkt des gemeinschaftlichen und persönlichen Lebens gestellt und mit Großzügigkeit und Sympathie aufgenommen werden. Man muss sich vermehrt um eine persönlichere Beziehung zu den Armen bemühen. Sie sind nicht nur die von einer Gemeinde Betreuten, vielmehr müssen sie zu Freunden werden. In der persönlichen Begegnung mit den Armen fallen viele Vorurteile und Ängste weg, indem man sie mit großer Wertschätzung für ihre eigene Geschichte und mit Würde aufnimmt.

Nach der Aussage von Matthäus 25 erkennen die Jünger in den Armen die Gegenwart ihres Meisters, der fremd, hungrig, durstig, gefangen, obdachlos war... Der orthodoxe Theologe Olivier Clément spricht vom »Sakrament des Armen«. Gerade in Europa haben die Christen die besondere Verantwortung, den Armen nahe zu sein und sie im Rahmen einer Freundschaft zu lieben. Die Armen sind die bevorzugten Freunde der Kirche. Die Anwesenheit der Armen macht eine Aussage über das Evangelium und über eine neue Lebensweise, auch wenn dies nicht sofort mit religiösen Worten geschieht. Die Armen haben ihre eigene prophetische Funktion.

In einem gealterten Europa können viele ältere Menschen zur Gruppe der Armen gerechnet werden. Nach einem Leben inmitten der Gesellschaft werden sie oft zur Einsamkeit verdammt. Für zu viele ältere Menschen bleibt in unseren Tagen nur das endgültige Schicksal des Alleinseins oder eines Lebens in einem Heim, vielleicht nachdem sie ein langes Leben in der Familie und mit vielen Beziehungen im eigenen Zuhause geführt haben. Ich denke auch an Obdachlose, Kranke aller Art, Gefangene, Menschen mit Behinderung und Vereinsamte. Unaufhörlich schafft die Gesellschaft zu viele Ausgegrenzte. Ich denke darüber hinaus an die Sinti und Roma, die so sehr verachtet werden. Allzu oft werden sie zu Opfern von Rassismus, der den Holocaust an den Sinti und Roma, den sogenannten Porrajmos, mit etwa einer halben Million Todesopfern verdrängt. Die Sinti und Roma sind das einzige europäische Volk, das nie ein Land beansprucht hat oder im Nationalismus gefangen war. Europa war ihr Lebensraum, in dem sie jedoch als Gäste angesehen wurden.

Eine ökumenische Kultur – ein Leben mit den anderen, für die anderen und für die Ärmsten

Durch die Freundschaft mit den Armen entsteht im Herzen einer christlichen Gemeinschaft eine lebendige, aktive und reflektierte Kultur der Solidarität. Eine derartige Kultur kann das europäische Gewissen aufrütteln, indem sie auf die Schwäche der Frauen und Männer hinweist und betont, dass dieser menschliche Wert von vorrangiger Bedeutung ist. Beziehungen zu den Armen geben dem Leben einen Sinn und rufen in Erinnerung, dass Geld oder Selbsterhaltung nicht alles ist. Das christliche Leben besteht auch aus Reflexion, Lektüre, Austausch und Debatte. Der innere Antrieb, sich für die Armen einzusetzen, setzt das Leben der Personen in Bewegung, während er eine utilitaristische Einstellung oder rein ökonomische Verhaltensmuster zurückdrängt. Persönliche Lebensgeschichten, wie auch etablierte und verbreitete Mentalitäten werden dadurch bereichert. Die Christen in Europa sind ein Reservoir der Menschlichkeit und der Solidarität mit den Armen.

Eine Kirche an der Seite der Armen begegnet unvermeidlich auch dem Leben der vielen Flüchtlinge und Migranten. Die Angst der Europäer hat im Fremden einen Vertreter für die globale und aufdringliche Welt ausgemacht. Er verkörpert die Angst davor, dass die große Geschichte meine kleine Welt überflutet. Wir sehen die Migranten erst dann, wenn sie am europäischen Horizont, an den Grenzen oder im Mittelmeer auftauchen. Doch wie sieht ihr Leben aus?

In Osteuropa wurden Mauern errichtet, um Migranten und Flüchtlinge abzuwehren. Mit dem Jahr 1989 und dem Fall der Berliner Mauer breitete sich eigentlich die Vorstellung von einer universalen Freizügigkeit der Menschen, der Waren und der demokratischen Idee aus. Der symbolische Gründungsakt der globalen Welt war der Abriss der Mauer im Jahr 1989. Die Globalisierung verkörperte die Freiheit, die nunmehr beängstigend wirkt. Heute haben wir den Eindruck, uns gegen Flüchtlinge und Arme verteidigen zu müssen, und nicht, dass wir sie beschützen müssen.

Was steckt eigentlich hinter den Migranten? Für viele junge Afrikaner ist die Migration das große Abenteuer oder vielleicht das Glücksspiel ihres Lebens, sodass sie Wege durch die Wüste und über das Meer einschlagen. Dabei ist uns bewusst, was in libyschen Lagern geschieht. Wie sehr sind die Geschichten der Migranten durch Konflikte, Umweltdramen, Hunger und Elend geprägt! Der Hintergrund zahlreicher Flüchtlinge ist die Leere des Lebens oder eine Heimat, die ihnen keine Zukunft bieten kann. Viele Afghanen hatten sich beispielsweise für das Angebot eines westlichen Lebens begeistern lassen und sich diesem Lebensmodell verschrieben. Jetzt stehen sie da als Fremde im eigenen Land unter dem Taliban-Regime, sodass nur der Weg der Flucht bleibt. Nach dem Einsatz des Westens in Afghanistan und dem Abzug aus dem Land wurden sie jedoch vergessen.

Nicht nur die wichtige Bereitschaft zur solidarischen Gastfreundschaft kennzeichnet die Christen, sie denken auch vernünftig über Europa nach und wissen, dass unsere Länder aufgrund ihres demografischen Wandels die Arbeit von Migranten brauchen. Was wird aus einem Ungarn mit hohen Mauern, das in dreißig Jahren ein Land alter Menschen sein wird, wenn es keine Einwanderer aufnimmt? Was wird aus Italien mit der Angst vor der Immigration und seiner demografischen Krise? Die Christen müssen sich auch aktiv an der Integration der Einwanderer beteiligen. Denn es reicht nicht aus, die Türen aufzumachen, sie müssen auch integriert werden. Zur Integration werden insbesondere Gemeinschaften gebraucht, Institutionen allein sind nicht ausreichend. Die Christen in Europa sind Experten für die Menschlichkeit. Im Verlauf der Geschichte hat die Kirche verschiedene Völker in die europäische Lebenswelt integriert. Die Kirche besitzt in ihren Chromosomen das, was Patriarch Bartholomäus von Konstantinopel als »ökumenische Kultur« bezeichnet. Die Ökumene ist ein »Haus, in dem wir alle zusammenleben«, und kein Ort, an dem einige wenige gebieten und gestalten.

Die Freundschaft zu den Migranten beinhaltet ihre Aufnahme und umfasst zugleich die Frage der Verantwortung gegenüber einem Europa, das aufgrund der demografischen Krise und des Arbeitskräftemangels zumindest teilweise Zuwanderung benötigt. Die Tür darf nicht im Namen der Bewahrung der christlichen Identität verschlossen werden. Außerdem kommen auch viele christliche Migranten in unsere Länder und beleben unsere Gemeinden! Es handelt sich hier um eine alte Angst. Johannes Paul II. stellte bereits 1999 mit Sorge fest: »In nicht wenigen Situationen neigt man dazu, die Grenzen zu schließen.« Und er betonte: »Für den Gläubigen ist die Aufnahme des Anderen nicht nur … eine natürliche Aufmerksamkeit gegenüber dem Mitmenschen … denn er weiß, dass er in jedem Menschen Christus begegnet.« Dann führt er eine originelle Interpretation der Katholizität an: »Katholizität kommt nicht nur in der brüderlichen Gemeinschaft der Getauften zum Ausdruck, sondern zeigt sich auch in der gastfreundlichen Aufnahme von Fremden, ungeachtet ihrer Religionszugehörigkeit«.[114]

Eine grundlegende Frage ist für Europa das Verhältnis zu Afrika. Den jungen Afrikanern muss geholfen werden, eine Zukunft in ihrer Heimat aufzubauen. Dazu wird ein gemeinsames Vorgehen benötigt, aber auch eine Politik mit der Fähigkeit, die afrikanischen Regierungen in einen Einsatz einzubinden, der den lebenswichtigen Bedürfnissen der jungen Menschen entspricht. Durch das Bevölkerungswachstum in Afrika ist die Frage der Migration sehr facettenreich und kann nicht auf einfache Weise, vielleicht mit einer Mauer gelöst werden! In dieser Hinsicht müssen Europa und Afrika ihre Zukunft vermehrt gemeinsam gestalten. Dabei handelt es sich um eine gesamteuropäische Angelegenheit und betrifft nicht nur die Mittelmeerländer. Der berühmte senegalesische Präsident und Dichter Léopold Senghor sprach von »Euroafrika« als Zukunftsperspektive für die beiden Kontinente. Das Christentum, das in Europa verwurzelt und zugleich in Afrika lebendig ist, hat von Natur aus eine euroafrikanische Brückenfunktion.

Der amerikanische Religionshistoriker Philippe Jenkins beschäftigt sich mit dem Christentum im 21. Jahrhundert und spricht von einer »dritten Kirche«, um zu betonen, dass das globale Christentum zunehmend ein afrikanisches Gesicht bekommt: »Anders als der Mythos besagt, ist der typische Christ eben nicht der weiße ›Geldsack‹ in Westeuropa oder den USA, sondern der mittellose Mensch, oft unvorstellbar arm nach westlichen Maßstäben. Diese ungeheuerliche Wirklichkeit christlicher Mittellosigkeit verstärkt sich noch wei-

114 Johannes Paul II., *Botschaft zum Welttag der Migranten*, 2. Februar 1999, siehe: https://www.vatican.va/content/john-paul-ii/de/messages/migration/documents/hf_jp-ii_mes_22021999_world-migration-day-1999.html (zuletzt abgerufen am 21.7.2023).

ter, wenn Afrika den Platz als Hauptzentrum dieser Religion übernimmt.« Jenkins stellt schließlich fest: Das »Christentum blüht in erstaunlicher Weise auf unter den Armen und Verfolgten, während es unter den Reichen und Abgesicherten zu verhungern scheint.«[115] In diesem Sinn haben die Christen in Europa die Verantwortung, eine fruchtbare Beziehung zu den afrikanischen Christen und zu Afrika aufzubauen, wie es letztendlich auch den Vorstellungen der Gründerväter Europas entspricht. So war es in der Vergangenheit und so wird es auch in Zukunft sein.

Die christlichen Gemeinden und ebenso das Leben und der Glaube der europäischen Christen gehen von einem Grundgedanken aus, der dann zu einem Auftrag auf dem Hintergrund ihres Glaubens wird, der aber auch einen sehr säkularen Bezug hat. Er besagt, dass das Leben nicht für sich selbst und für das eigene individuelle, gruppenbezogene oder nationale Interesse geführt werden darf. Hierin findet sich zugleich die Wurzel für die universale Ausrichtung der europäischen Kultur. Das Evangelium öffnet das Herz und den Verstand und schenkt dem Leben einen tiefen Sinn. Es verändert dessen Ausrichtung und weitet die eigene Sichtweise. Es kann Europa anregen, in extrovertierter Weise tätig zu werden und aufzubrechen, den Blick nach außen zu richten und beherzt und großzügig auf der Weltbühne anwesend zu sein. Das Evangelium kann zur verborgenen Lebensquelle für eine Befreiung von Senilität und Angst sein. Das Leben der Christen kann die Gesellschaft, das Verhalten der Menschen und die Politik inspirieren. Paulus beschreibt dieses Geheimnis des Evangeliums: »Denn die Liebe Christi drängt uns, da wir erkannt haben: Einer ist für alle gestorben, also sind alle gestorben. Er ist aber für alle gestorben, damit die Lebenden nicht mehr für sich leben, sondern für den, der für sie starb und auferweckt wurde« (2 Kor 5,14–15). Das könnte auch das Geheimnis von Europa sein.

---

115 Ph. Jenkins, *Die Zukunft des Christentums. Eine Analyse der weltweiten Entwicklung im 21. Jahrhundert*, Brunnen, Gießen 2006, S. 332 und 338.

Kapitel VI
Frieden, Geschwisterlichkeit und Dialog zwischen den Religionen

Nach 1989 schien unsere Welt auf die Überwindung der Mauern, Gegensätze und Konflikte programmiert, die den Kalten Krieg charakterisiert hatten. Das neue Zeitalter, könnte man sagen, beginnt 1989 mit dem Fall der Berliner Mauer, die die alte deutsche Hauptstadt geteilt hatte: Das Ende der Mauern und geschlossenen Grenzen schien eingeläutet und es hob sich, was von Winston Churchill in einer Rede von 1945 als der Eiserne Vorhang bezeichnet worden war, der Europa in zwei Welten geteilt und in den Ländern des Ostens zur Unterdrückung der Freiheit und Verfolgung des religiösen Lebens geführt hatte. In der letzten Dekade des 20. Jahrhunderts entstand eine andere Welt, in der es schien, als würden der freie Markt, die Demokratie und die Freiheit einen siegreichen und weltumspannenden Weg einschlagen. Das Jahrhundert der beiden Weltkriege, des Nationalsozialismus und des Faschismus, der Shoah, des Kolonialismus und der Totalitarismen war vorüber.

Vor diesem Horizont einer »neuen Welt«, in der der freie Markt als Motor der Veränderungen eine zentrale Rolle spielen würde, blickte die öffentliche Meinung achtlos auf die Religionen. Angesichts der Postmoderne waren die Religionen in den Augen vieler ein Universum, das der Vergangenheit angehörte. In Europa konnte man zusehen, wie ein zunehmend geschwächtes Christentum an den Rand der Gesellschaft gedrängt wurde und die Säkularisierung immer weiter voranschritt.

Die zentrale Rolle der Religionen und von Johannes Paul II.

Johannes Paul II. hatte sein Pontifikat mit dem Ruf begonnen: »Habt keine Angst!« Diese Worte richteten sich an die Gläubigen des Ostens, die er zur Hoffnung auf Freiheit ermutigte, aber auch an die

Gläubigen des Westens. Im Lauf der 1980er-Jahre reifte in Wojtyła eine Sicht auf die Religionen heran, die, ganz anders als die landläufige Betrachtungsweise, in diesen nicht bloß Überbleibsel der Vergangenheit oder Einrichtungen erkannten, die den Menschen in Unwissenheit halten. Die Renaissance des Islams hatte begonnen. 1979 war Ajatollah Khomeini in den Iran zurückgekehrt, hatte eine islamische Republik gegründet und den Islam als Basis für eine Revolution der Unterdrückten dieser Erde in Stellung gebracht. Obwohl in der Wahrnehmung des westlichen Denkens im Niedergang begriffen, wurden die Religionen zumindest in einigen Ländern zu Protagonisten auf der öffentlichen Bühne. Und in der Welt der Religionen entwickelten sich verschiedene, deutlich konfliktorientierte Radikalismen und Fundamentalismen.

Seit 1978, dem Jahr seiner Wahl, hatte der Papst immer wieder die Erfahrung gemacht, dass das Christentum in Polen eine gewaltlose Kraft der Hoffnung und des Widerstands gegen das von der Sowjetunion unterstützte kommunistische Regime darstellte. Er hatte dem polnischen Volk neuen Mut geschenkt und das Engagement der katholisch geprägten Gewerkschaftsbewegung Solidarność gefördert. Der Prozess der moralischen Erneuerung brachte das Regime zu Fall und stürzte in gewisser Weise den ganzen Ostblock in eine Krise. Von historischer Warte ist wenig über den entscheidenden Beitrag Johannes Pauls II. und seiner Kirche zur Wende von 1989 gesagt worden.[116] Doch das Christentum war ein Motor der Geschichte.

1986 wurden die führenden Vertreter der großen Weltreligionen von Johannes Paul II. nach Assisi eingeladen, um Seite an Seite – und nicht mehr gegeneinander, wie es in den Jahrtausenden zuvor der Fall gewesen war – für den Frieden zu beten.[117] In der katholischen Kirche fürchteten viele, dass der Papst alle Religionen auf eine Stufe stellte, was in ihren Augen ein Zeichen von Indifferentismus oder Gleichmacherei gewesen wäre. Auch Kardinal Ratzinger dachte zu-

---

116 Vgl. A. Riccardi, *Johannes Paul II. Die Biografie*, Echter, Würzburg 2012; M. Signifredi, *Giovanni Paolo II e la fine del comunismo. La transizione in Polonia 1978–1989*, Guerini e Associati, Mailand 2013.

117 Vgl. R. Burigana, *La pace di Assisi, 27 ottobre 1986. Il dialogo tra le religioni trent'anni dopo*, Terra Santa, Mailand 2016.

nächst ähnlich, nachdem er dann selbst zum Papst gewählt worden war, feierte er jedoch das 25-jährige Jubiläum von Assisi.

Johannes Paul II. glaubte an die Bedeutung der Religionen für den Aufbau und die Stärkung des Friedens in einer Welt, die im Begriff war, den Kalten Krieg hinter sich zu lassen. Die Religionen konnten zu neuen Konflikten anstacheln oder ein Ansporn zur Versöhnung sein, ein Feuer, das den Krieg entzündet, oder Wasser, das ihn löscht. Nach dem Ende der Ideologien war es denkbar, dass die Religionen den freigewordenen Raum in Besitz nehmen und ihrerseits die Konflikte oder die Mauern für heilig erklären.

Papst Wojtyła hatte eine Vision: das Ereignis von Assisi 1986. Damit wurde die Perspektive des Zweiten Vatikanischen Konzils wahr gemacht und übertroffen, das mit der Erklärung *Nostra Aetate* die Tür zum Dialog zwischen der katholischen Kirche und den anderen Religionen aufgestoßen hatte. Das interreligiöse Friedenstreffen von 1986 war eine konkrete und theologische Wende: Die führenden Vertreter der christlichen Kirchen und der Weltreligionen verpflichteten sich vor aller Welt, in Frieden miteinander zu leben. Friede bedeutete das Ende der Konflikte, aber auch ein friedliches Zusammenleben zwischen religiösen, kulturellen und ethnischen Welten, zu dem die Religionen einen großen Beitrag leisten konnten. Immer weniger Städte in der globalen Welt waren in religiöser Hinsicht homogen: Es ergab sich allein schon aus Gründen der Migration, dass Angehörige unterschiedlicher Religionen in derselben Umgebung zusammenleben.

Vom Dialog zur Geschwisterlichkeit

Der Dialog war entscheidend. Assisi 1986 verlieh dem Religionsdialog eine neue Substanz, der sich bis dahin zwischen Delegationen von Experten für bestimmte Themen abgespielt hatte, der somit ein Dialog akademischer, theologisch-spiritueller oder kultureller Prägung gewesen war. Wie sehr bezog dieser Dialog die Gläubigen mit ein? Recht wenig. Assisi hingegen war ein Ereignis, das die Gläubigen mitriss. Ich erinnere mich noch an jenen unvergesslichen 27. Oktober, es herrschte dieselbe Atmosphäre wie bei den großen Ereignissen der Geschichte. Nicht nur, weil die Vertreter der Religionen unterschiedliche Welten repräsentierten. Allein das Bild der religiösen Oberhäupter, die Seite an Seite mit dem Papst versammelt waren, besaß eine ansteckende Kraft und machte die anziehende Schönheit des Miteinanders sichtbar. Bis heute bringt dieser Anblick der Religionsvertreter, die in ihren unterschiedlichen Gewändern nahe und friedlich beieinanderstehen, gleichsam die Ästhetik des Zusammenlebens zum Ausdruck. Es ist ein schönes Bild und gleichzeitig eine anregende Vision für die Menschheit, wie auch ein Aufruf an die Religionen, das Zusammenleben auf den Frieden zu gründen.

Die Abschlussansprache Johannes Pauls II. in Assisi hat mich sehr berührt. Er sagte etwas Wichtiges, das ich nicht unerwähnt lassen kann:

> »Es gibt keinen Frieden ohne eine leidenschaftliche Liebe für den Frieden. Es gibt keinen Frieden ohne eine unnachgiebige Entschlossenheit, den Frieden auch zu erlangen. Der Friede wartet auf seine Propheten. Wir haben gemeinsam unsere Augen mit Friedensvisionen gefüllt: sie setzen Kräfte frei für eine neue Sprache des Friedens, für neue Gesten des Friedens, Gesten, welche die verhängnisvollen Ketten der Entzweiungen zerbrechen, die von der Geschichte ererbt oder durch moderne Ideologien geschmiedet worden sind. Der Friede wartet auf seine Erbauer. [...] Der Friede ist eine Werkstatt, die allen offensteht, nicht nur Fachleuten, Gebildeten und Strategen. Der Friede ist eine universale Verantwortung: er verwirklicht sich durch Tausende kleiner Handlungen im täglichen Leben. Durch die Art ihres täglichen Zusammenlebens mit anderen entscheiden sich die Menschen für oder gegen den Frieden.«[118]

Papst Wojtyła erblickte darin die Geburt einer Friedensbewegung, die nicht nur die Institutionen oder Fachleute und Strategen miteinbezog, sondern unter allen Gläubigen Geschwisterlichkeit stiftete und sich durch alltägliche Entscheidungen verbreitet hat, die Men-

118 Johannes Paul II., *Ansprache an die Vertreter der christlichen Kirchen, kirchlichen Gemeinschaften und Weltreligionen zum Gebetstag für den Frieden in Assisi, 27. Oktober 1986*, in: www.vatican.va.

schen zugunsten des Friedens trafen. Es schien ein Traum. Doch an jenem Oktobertag des Jahres 1986 spürte man, dass etwas Tiefes, etwas Historisches geschehen war. Jahrhundertealte Gegensätze, meilenweite Entfernungen, strukturelle und theologisierte Formen der Gleichgültigkeit waren im Begriff, überwunden zu werden. Das hier war nicht bloß ein Dialog der Kommissionen oder Experten, es war der Beginn einer Bewegung der Geschwisterlichkeit zwischen Frauen und Männern verschiedener Religionen.

Die Geschwisterlichkeit zwischen den Religionen hat etwas mit dem Weltfrieden zu tun. Johannes Paul II. brachte die »Entdeckung« von Assisi wie folgt auf den Punkt: »[Wir haben] vielleicht neu entdeckt, dass es hinsichtlich des Friedensproblems und seiner Beziehung zur religiösen Verpflichtung etwas gibt, was uns miteinander verbindet.«

Einmaliges Ereignis oder Prozess der Geschwisterlichkeit?

Nach jenem »prophetischen« Ereignis (ich verwende diesen Ausdruck nur selten, aber hier ist er notwendig) gab es viele, auch gutgemeinte, Versuche, es kleinzureden, weil man wie beispielsweise Kardinal Ratzinger eine Vermischung der Religionen befürchtete oder sich nur schwer vorstellen konnte, dass sich hier ein neues und fruchtbares Feld auftat. Letzteres ist der Standpunkt der Trägen, die die Arbeit der Kirche nur innerhalb der Institution betrachten. Es ist immer ein Risiko, in die Geschichte einzutreten und dem anderen zu begegnen. Und so wurden erste Äußerungen laut, wonach Assisi 1986 eine Ausnahme war und ein Ereignis sei, das nur in Anwesenheit des Papstes gefeiert werden könne. In diesem Sinn gab es eine institutionelle Reaktion der römischen Kurie, die darauf abzielte, das Treffen zu einem einmaligen Ereignis ohne Nachfolgeveranstaltungen zu machen.

Die Gemeinschaft Sant'Egidio und ich waren jedoch davon überzeugt, dass jener Weg der Begegnung zwischen den Religionen fortgesetzt werden musste. Und so riefen wir Jahr für Jahr – zunächst in Rom und dann auch in anderen Städten der Welt – die Vertreter der Religionen zu Gesprächen über Frieden und Geschwisterlichkeit, aber vor allem zum Gebet zusammen. Ich erinnere mich noch an die kühle Reaktion der Kurie anlässlich des ersten Treffens 1987 in Rom. Doch als Johannes Paul II. uns empfing, sagte er: »Ihr müsst weitermachen!« Er träumte von einer Bewegung der interreligiösen Geschwisterlichkeit, die in Assisi ihren Anfang nahm, aber er war sich auch der Schwierigkeiten bewusst.

Auch wenn der Weg nicht immer leicht war, konnte man Jahr für Jahr die Geschwisterlichkeit unter den Menschen und damit verbunden die Freundschaft zwischen den Angehörigen fremder religiöser Welten wachsen sehen. Der Dialog ging in etwas Tieferem auf: Geschwisterlichkeit und Freundschaft. Bei der Begegnung im Geist von Assisi, die am 6. und 7. Oktober 2021 in Rom stattfand, erklärte Papst Franziskus mit Blick auf diese Geschichte: »Der heilige Johannes Paul II. träumte von einem gemeinsamen Weg der Gläubigen, der sich von diesem Ereignis an in die Zukunft hinein fortsetzen sollte.« Dann fügte er hinzu:

> »[…] wir sind auf diesem Weg, jeder mit seiner eigenen religiösen Identität, um im Namen Gottes den Frieden zu kultivieren, indem wir uns als Brüder und Schwestern anerkennen. Papst Johannes Paul II. wies uns auf diese Aufgabe hin […] Manchen erschien das wie leerer Optimismus. Doch im Laufe der Jahre wuchs das gegenseitige Verständnis, und es kam zu Dialogprozessen zwischen den verschiedenen religiösen Welten, die dann Wege des Friedens eröffneten. Dies ist der wahre Weg. Wenn es auch diejenigen gibt, die spalten und Konflikte heraufbeschwören wollen, glauben wir daran, dass es wichtig ist, gemeinsam für den Frieden zu kämpfen: miteinander, nie wieder gegeneinander.«[119]

Diese Rekonstruktion ist historisch korrekt. In Assisi hat ein Prozess seinen Anfang genommen, der sich, auch durch schwierige Phasen hindurch, bis in die heutige Situation hinein fortgesetzt hat: ein bedeutsames Erbe für diese unsere postpandemische Welt.

---

119 Papst Franziskus, *Schlussveranstaltung des von der Gemeinschaft Sant'Egidio organisierten Friedenstreffens »Geschwisterlichkeit unter den Völkern, Zukunft der Erde. Religionen und Kulturen im Dialog«, 7. Oktober 2021*, in: www.vatican.va.

Es wäre jedoch unehrlich, nicht auch auf die Probleme hinzuweisen. Da waren zunächst einmal die, die sich der Religionen bedienen wollten, um zu spalten, Konflikte zu schüren und Hass und Schrecken zu säen. Die entsetzlichen Anschläge vom 11. September 2001 in den Vereinigten Staaten von Amerika markierten den Beginn des 21. Jahrhunderts, das doch ein Zeitalter des Friedens und der Demokratie werden sollte: Der Traum vom Frieden nach dem Mauerfall war zerplatzt. Angesichts des islamisch geprägten Terrorismus fragten viele: Was haben eure Treffen, was haben der Dialog, die Geschwisterlichkeit zwischen den Gläubigen verschiedener Religionen gebracht? Was nützen sie? Doch das ist eine sinnlose Frage, als würde man fragen: Was nützt das Gebet? Ich für meinen Teil würde eher fragen: Was wäre eine Welt ohne Gebet, ohne Geschwisterlichkeit, ohne Dialog?

Die Theorie vom Kampf der Kulturen begann sich durchzusetzen, die die Vorstellung von der Geschwisterlichkeit und vom Zusammenleben scheinbar Lügen strafte.[120] Die Anschläge vom 11. September schienen diese Theorie zu bestätigen. Man muss sich vor den »anderen« hüten. Die Grundannahme lautete, dass zwischen der christlichen und der islamischen Welt ein unheilbarer Konflikt existiere. Die Begegnungen zwischen den Religionen wurden als naive Veranstaltung hingestellt, der Kampf sei die Realität.

Niemand leugnet, dass es Extremismen und Terrorismen gibt, die die Religion für ihre aggressiven Ziele instrumentalisieren. Wie soll man auf diese Kultur der Gewalt reagieren? Militärisch, mit Mauern, mit einem Präventivkrieg …? Ich bin kein ideologischer Pazifist, aber die Geschichte der vergangenen Jahrzehnte hat uns gezeigt, was geschieht, wenn Kriege in der Logik des Kampfs der Kulturen oder zum Zweck des Demokratie-Exports geführt werden. Ich erwähne nur Afghanistan oder den Irak.

Frauen und Männer, die angesichts der weiten globalen Horizonte die Orientierung verloren und sich in neue Formen des Zusammen-

---

120 S. P. Huntington, *Kampf der Kulturen: die Neugestaltung der Weltpolitik im 21. Jahrhundert*, Europa-Verlag, München-Wien 1996.

lebens mit Menschen anderer ethnischer und religiöser Zugehörigkeit, oft Migranten, hineingestellt sahen, verspürten das Bedürfnis, ihre eigene Identität – womöglich in Abgrenzung gegen andere, als feindselig oder bedrohlich empfundene Identitäten – neu darzustellen. Und die jeweilige Religion sollte dieser eigenen Identität ihren Segen erteilen. Grenzen und Mauern wurden immer häufiger und erheben sich inzwischen auch in Europa. Die Globalisierung hat keine geeinte, gänzlich demokratische Welt hervorgebracht, wie es vorhergesagt worden war. Vielmehr sind der alte Argwohn und die Vorurteile von gestern zurückgekehrt und zuweilen sogar stärker geworden.

Die großen Ideale, die sich nach den Kriegen des 20. Jahrhunderts entwickelt hatten und mit der Globalisierung beinahe schon wahrgeworden schienen, verloren ihre Strahlkraft. Die großartigen Visionen, die der Menschheit nach dem Zweiten Weltkrieg die Richtung gewiesen hatten, sind scheinbar verschwunden: Friedenssuche, Dialog, Ökumene, die Leidenschaft für das geschwisterliche Miteinander, Gerechtigkeitssinn, internationale Zusammenarbeit … Sie wurden durch eine Logik ausschließlich nationaler Interessen, identitärer Gegensätze und der Rehabilitierung von Gewalt und Krieg verdunkelt.

Papst Franziskus schreibt in *Fratelli tutti*: »In der gegenwärtigen Welt nimmt das Zugehörigkeitsgefühl zu der einen Menschheit ab, während der Traum, gemeinsam Gerechtigkeit und Frieden aufzubauen, wie eine Utopie anderer Zeiten erscheint.«[121] Müssen wir diese Utopie begraben? Leben wir in einer Welt ohne Träume und ohne begeisternde Zukunftsvisionen?

Krieg und Frieden

Franziskus schreibt: »So entscheidet man sich dann leicht zum Krieg unter allen möglichen angeblich humanitären, defensiven oder präventiven Vorwänden, einschließlich der Manipulation von Informationen. In der Tat gaben in den letzten Jahrzehnten alle Kriege vor,

---

121 Papst Franziskus, *Enzyklika Fratelli tutti*, op. cit., 30.

»gerechtfertigt« zu sein.«[122] Gestützt auf die historische Erfahrung der Kirche, dass jeder Krieg die Welt schlechter hinterlässt, als er sie vorgefunden hat, hat er den Krieg scharf verurteilt. »Krieg ist ein Versagen der Politik und der Menschheit, eine beschämende Kapitulation, eine Niederlage gegenüber den Mächten des Bösen. Halten wir uns nicht mit theoretischen Diskussionen auf, sondern treten wir in Kontakt mit den Wunden, berühren wir das Fleisch der Verletzten [...], betrachten wir die Realität mit ihren Augen und hören wir ihren Berichten mit offenem Herzen zu. Dann können wir den Abgrund des Bösen im Innersten des Krieges sehen, und es wird uns nicht stören, als naiv betrachtet zu werden, weil wir uns für den Frieden entschieden haben.«[123]

Wer an den Frieden, an das Miteinander glaubte, wurde für naiv erklärt. Doch wohin hat uns das Mittel des Krieges in den Jahren der Konflikte geführt? Wir befinden uns heute in einer Situation erheblicher internationaler Spannungen, in einer auf ungeordnete Weise multipolaren, konfliktiven und verworrenen Welt. Zuweilen scheint der Friede bedroht. Außerdem sind so viele schwere Waffen in Umlauf, dass etliche Akteure Krieg führen, ganze Länder destabilisieren und terroristische Anschläge durchführen können.

Mit der Kraft des Auschwitz-Überlebenden hat Primo Levi immer wieder einen Satz zitiert, der eigentlich von George Santayana stammt und einst in vielen verschiedenen Sprachen auf einer Tafel in der Gedenkstätte Dachau geschrieben stand: »Wer sich seiner Geschichte nicht erinnert, ist verurteilt, sie zu wiederholen.« Als Söhne und Töchter des 20. Jahrhunderts, die mitunter auch nur durch den Kontakt mit den früheren Generationen die Schrecken des Krieges kennengelernt, die Worte der Shoah-Überlebenden gehört und das zerstörte Europa gesehen haben, spüren wir die Verantwortung, das Zeugnis dieses Grauens mit anderen zu teilen: ein Zeugnis, das uns zeigt, wie kostbar der Friede ist. Der Friede, den wir Europäer genießen dürfen, muss uns dazu drängen, den Generationen des 21. Jahrhunderts die Schrecken des Krieges zu bezeugen.

---

122 Papst Franziskus, *Enzyklika Fratelli tutti*, op. cit., 258.
123 Papst Franziskus, *Enzyklika Fratelli tutti*, op. cit., 261.

Vor diesem Hintergrund bin ich zu der Überzeugung gelangt, dass die Religionen eine Ressource der Hoffnung sind und den Frieden stärken. Bischof Pietro Rossano, ein großer Baumeister des interreligiösen Dialogs, hat gesagt: »Uns ist bewusst, dass die Religion an sich eine schwache Kraft ist […], aber sie besitzt die Kraft des Geistes, der sie stark, unbesiegbar und schlussendlich siegreich machen kann«.[124] Wir wissen um die Schwäche der Religionen, das ist in der Katholischen Kirche erkennbar. Doch in dieser Schwäche liegt eine Kraft verborgen: das Gebet, die Geschwisterlichkeit, die Verantwortung gegenüber den anderen. 2014 habe ich auf dem Treffen, das wir im Geist von Assisi in Antwerpen abgehalten haben, gesagt: »Wir haben seit 1986 jährlich den Weg fortgesetzt und Vertreter der Religionen und Nichtgläubige eingeladen, an der heiklen, spirituellen und doch konkreten Grenzlinie zwischen Krieg, Religion und Frieden zu arbeiten. Wir taten es in der Überzeugung, dass der Krieg niemals heilig und nur der Friede heilig ist.«

Die Schritte der Religionen

Trotz der Schwierigkeiten in der heutigen Welt, des zwiespältigen Kampfs der Kulturen, der nicht minder ambivalenten Verteidigung der eigenen ethnisch-nationalen Identität gegen die anderen und der wiederaufflackernden Nationalismen bin ich nicht pessimistisch. Trotz alledem haben die Religionen in den letzten 20 Jahren gezeigt, dass sie in einer kriegerischen Welt, die jeden Schrecken vor dem Krieg verloren hat, auch eine Friedensressource sind. In jeder religiösen Tradition ist der Friede auf die eine oder andere Weise von Bedeutung. Vor vielen Jahren hat Rossano geschrieben: »Jede Religion strebt, wenn sie das Beste von sich selbst zum Ausdruck bringt, zum Frieden hin.« Auch wenn die Religionen zu Kriegszwecken instrumentalisiert werden können, ist der Friede doch tief in ihnen verwurzelt.

---

124 P. Rossano, *Un tesoro in vasi di creta*, in: Comunità di Sant'Egidio, *War never again. Religioni e pace*, Morcelliana, Brescia 1990, S. 23.

In diesem neuen Jahrhundert ist der Friedensauftrag der Religionen deutlicher ins allgemeine Bewusstsein gerückt. Der Dialog, die geschwisterliche Begegnung und das zuweilen erzwungene Miteinander in verschiedensten städtischen Lebensbereichen haben einen Reifungsprozess in Gang gesetzt. Früher waren es die Religionen und ihre Vertreter kaum gewohnt, miteinander zu sprechen. Stattdessen führte jede einen Monolog, der parallel zu dem der anderen verlief. Das Zusammenleben hat einen allmählichen Übergang vom Monolog zum Dialog ermöglicht. Dabei geht es um konkrete Fragen: die gemeinsame Lebenswelt, die Versöhnung inmitten so vieler Spannungen, die Zusammenarbeit.

Zu den Früchten des Geistes von Assisi gehört auch eine mir liebgewordene Episode, die sich in einem großen Viertel am Rande von Abidjan an der Elfenbeinküste abgespielt hat. Dort war eine Moschee in Brand gesteckt worden und die Muslime trafen Anstalten, nun ihrerseits eine Kirche abzubrennen. Doch dann eilten der katholische Pfarrer, der Imam und ein protestantischer Pastor herbei und hielten sie gemeinsam davon ab. Ähnlich war eine Begebenheit in Lahore in Pakistan, wo die christliche Minderheit in Armut und Ausgrenzung lebt und der Imam der großen Moschee, Massoud, ein christliches Viertel aufsuchte und mit seiner Autorität eine Gewalttat verhinderte, die einige Muslime an den Bewohnern verüben wollten.

2019, noch vor der Pandemie, wurde das *Dokument über die Brüderlichkeit aller Menschen für ein friedliches Zusammenleben in der Welt* unterzeichnet. Ein wichtiger Schritt. Franziskus und der Großimam von Al-Azhar, Ahmad Al-Tayyeb, die höchste Autorität des sunnitischen Islams, haben dieses Vorhaben wesentlich vorangetrieben. Al-Tayyeb, ein bekannter muslimischer Geistlicher, hat an verschiedenen, von Sant'Egidio im Geist von Assisi initiierten Friedenstreffen teilgenommen. Das Dokument ist eine Grundlage für die Begegnung zwischen Christen und Muslimen, aber auch für andere Religionen.

»Die Geschichte macht deutlich, dass religiöser wie nationaler Extremismus und Intoleranz in der Welt, sowohl im Westen als auch im Osten, etwas hervorgerufen haben, was man als Anzeichen eines ›stückweisen Dritten Weltkriegs‹ bezeichnen könnte,

Anzeichen, die in verschiedenen Teilen der Welt und unter verschiedenen tragischen Bedingungen bereits ihr grausames Gesicht gezeigt haben […].«

Das Problem ist das geschwisterliche Miteinander. Das Dokument erklärt, »dass die wahren Lehren der Religionen dazu einladen, in den Werten des Friedens verankert zu bleiben; dass sie dazu anregen, die Werte des gegenseitigen Kennens, der Brüderlichkeit aller Menschen und des allgemeinen Miteinanders zu vertreten«. Dieses Dokument, das von einer wichtigen islamischen Autorität unterzeichnet wurde, ist von entscheidender Bedeutung für die Welt der Religionen und insbesondere für den sunnitischen Islam, der sich gedemütigt fühlt, wenn man seinen Glauben mit dem Extremismus gleichsetzt. Mit diesem Text hält die sunnitische Welt einen wichtigen Beweis dafür in Händen, dass der Islam nicht gleichbedeutend ist mit Tod und Terror. Einen Beweis, der von den Religionen und von der römischen Kirche anerkannt wird. Auf seiner Reise in den Irak ist Franziskus außerdem mit Großajatollah as-Sistani, der höchsten Autorität der irakischen Schiiten, zusammengekommen, um durch eine Geste der Demut und Ehrerbietung gegenüber einem weiteren Bereich der muslimischen Welt die Kontakte zum Islam zu vertiefen. Die Beziehungen zwischen der katholischen Kirche und der muslimischen Welt haben zumindest an prominentester Stelle eine bemerkenswerte Verbesserung, ja eine echte Wende erfahren.

Dass sich zwischen führenden Vertretern und Gläubigen der Religionen ein geschwisterliches Verhältnis entwickelt hat, ist eine unstrittige Tatsache. Zudem hat die dramatische Erfahrung der Pandemie den Geist der Zusammenarbeit zwischen den Religionen verstärkt. COVID-19 war ein globales Ereignis, das gezeigt hat, wie man sich einer Herausforderung gemeinsam stellen kann. Aufgrund der Besonderheit ihrer Botschaft überschreiten die Religionen die Grenzen, auch wenn sie in historischer Hinsicht an nationale Geschichten und ethnische Gegebenheiten gebunden sind. Sie haben dank einer tiefen Einsicht und dank des täglichen Kontakts mit den Gläubigen erkannt, dass die durch die Pandemie verursachten Probleme und mithin die Probleme einer postpandemischen Welt gemeinsam und in universalem Maßstab angegangen werden müssen.

2021 und 2022 fanden trotz der Pandemie in Rom zwei Treffen zwischen führenden Religionsvertretern im Geist von Assisi statt, an denen Franziskus, der orthodoxe Patriarch von Konstantinopel Bartholomäus, der Großimam von Al-Azhar al-Tayyeb und andere religiöse Würdenträger teilnahmen, um zu beweisen, dass die Religionen sich nicht abkapseln und mit sich selbst beschäftigen. Dabei konnte ich feststellen, dass die Religionsoberhäupter die Pandemie zum Anlass nahmen, die Probleme der Welt gemeinsam anzugehen.

Das ist ein Grund, optimistisch in die Zukunft zu blicken, denn die Religionen haben durch die Pandemie gewissermaßen eine universalere Sichtweise entwickelt. Patriarch Bartholomäus erklärte mit großem Scharfblick: »Die Welt von früher gibt es nicht mehr, und wir haben es in der Hand, einen neuen Anfang zu schaffen, einen neuen Anfang, der nur ein gemeinsamer sein kann.« Der Vorsitzende der europäischen Rabbinerkonferenz, Pinchas Goldschmidt, griff diesen Gedanken unter dem Aspekt der wechselseitigen Abhängigkeit auf: »Wenn dieses perfide und heimtückische Virus die Welt eines gelehrt hat, dann die totale Interdependenz der Menschheit. Selbst wenn die reichen Länder alle ihrer Bürger impfen und die Dritte Welt ignorieren würden, könnte eine dort entstandene neue Variante ihren Impfstoff wirkungslos und obsolet machen. COVID-19 hat uns alle Demut und Verletzlichkeit gelehrt. Die Menschheit, die imstande war, den Planeten Mars zu erreichen, ist von diesem unsichtbaren und mikroskopisch kleinen Geschöpf erniedrigt worden …«.

Corona war eine Lektion der Demut für die Gläubigen, denn sie haben erkannt, dass sie mit der gesamten Menschheit in einem Boot sitzen. Das ist ein Zeichen der Hoffnung. Die Religionen rufen allen ins Bewusstsein, dass das eigene Verhalten nicht bedeutungslos, sondern entscheidend ist: für das eigene Wohlergehen wie auch für das Heil der anderen und der Erde. Eine neue Welt, die an die Stelle der in der Pandemie zu Ende gegangenen Welt tritt, sollte bei jedem Einzelnen ihren Anfang nehmen, bei mir selbst und bei uns. Martin Buber schreibt: »Es kommt einzig darauf an, bei sich zu beginnen […]. Der archimedische Punkt, von dem aus ich an meinem Orte die Welt bewegen kann, ist die Wandlung meiner selbst.« Die

Religionen rufen dazu auf, bei sich selbst anzufangen. Daraus kann eine mitreißende Welle, eine Bewegung der Geschwisterlichkeit entstehen, wie sie sich Papst Wojtyła 1986 erträumt hatte.

Nach der Theorie vom Kampf der Kulturen sind wir in eine Phase eingetreten, in der es nicht selten geschieht, dass jedes Land sich als eine Insel betrachtet oder mindestens zuallererst und isoliert an sich selbst denkt. Die Religionen erinnern an das gemeinsame Schicksal der Menschheit und rufen jeden Einzelnen dazu auf, entsprechend zu handeln. Die Geschwisterlichkeit zwischen den Religionen ist ein wertvoller Beitrag zum Frieden und zugleich das Bindemittel für ein Zusammenleben in der Vielfalt. Denn nicht der Kampf der Kulturen, sondern die Kultur des Zusammenlebens ist unsere Zukunft. Zum Abschluss des Friedenstreffens der Religionen in Rom *Geschwisterlichkeit unter den Völkern, Zukunft der Erde* hat Papst Franziskus darauf hingewiesen: »Wir haben eine Vision vor Augen [...]: die Erde als gemeinsames Haus, das bewohnt wird von Menschen, die sich als Brüder und Schwestern verstehen. Ja, träumen wir von Schwesterreligionen und Brudervölkern! Schwesterreligionen, die den Völkern helfen, Brüder im Frieden zu sein, versöhnte Hüter des gemeinsamen Hauses der Schöpfung.« Diesen Traum träumen auch wir.

Kapitel VII
Schwesterkirchen, Brudervölker

Anfänge eines Traums

In den Gesprächen zwischen dem orthodoxen Theologen Olivier Clément und Athenagoras gebrauchte der ökumenische Patriarch von Konstantinopel – Athenagoras war von 1948 bis 1972 im Amt – den Ausdruck »Schwesterkirchen, Brudervölker«. Die Gespräche, die erstmals 1969 in Frankreich beim Verlag Cerf erschienen, erfuhren mehrere Neuauflagen. Für die italienische Leserschaft wurden sie zuletzt in einem Band mit dem Titel *Umanesimo spirituale (dt. spiritueller Humanismus)*[125] zusammengestellt, meiner Meinung nach einer der bedeutendsten spirituellen Texte des 20. Jahrhunderts und gänzlich mit Zeitgeschichte durchsetzt. Der Patriarch spricht mit Clément über die Bedeutung einer in religiöser und ethnischer Hinsicht gemischten Gesellschaft wie der imperialen. Hellsichtig weist der Professor schon im Jahr 1968 darauf hin, dass die Welt von zwei entgegengesetzten Prozessen durchzogen ist: einerseits dem »Auftreten des planetarischen Menschen in einer global werdenden Geschichte«; und andererseits der Tatsache, dass »sich jedes Volk, vielleicht, um der Unpersönlichkeit der Industriekultur zu entkommen, an seine eigene Besonderheit klammert«. Heute sprechen wir von Globalisierung und, im Gegensatz dazu, vom Rückzug auf die eigene Identität.

Damals befand man sich noch mitten im Kalten Krieg und doch erkannte der Patriarch bereits die ersten Ansätze einer Vereinigung der Welt. Er ahnte die unaufhaltsame Globalisierung voraus, die von identitären Reaktionen konterkariert oder vielleicht auch begleitet werden würde. Vergessen wir nicht, dass Marshall McLuhans *Krieg*

125 Athenagoras, O. Clément, *Umanesimo spirituale. Dialoghi tra Oriente e Occidente*, hg. v. A. Riccardi, Edizioni San Paolo, Cinisello Balsamo (MI) 2013. S. auch A. Riccardi, *Il Professore e il patriarca. Umanesimo spirituale tra nazionalismi e globalizzazione*, Jaca Book, Mailand 2018.

und Frieden im globalen Dorf 1968 erschien.[126] In seinem Gespräch mit dem Professor erklärt der Patriarch: »Wir Christen sollten uns am Schnittpunkt dieser beiden Bewegungen [Vereinigung der Welt und Partikularismus] verorten und versuchen, sie miteinander in Einklang zu bringen«. Dann kommt er zum Kern seiner Vision: »Schwesterkirchen, Brudervölker: das sollte unser Modell und unsere Botschaft sein.«[127]

Die Geschwisterlichkeit zwischen den Kirchen und unter den Völkern sind eng miteinander verwoben. Diese Botschaft hat mich bei der spirituellen und kulturellen Begegnung mit dem Patriarchen stets beeindruckt, auch wenn es eine persönliche Begegnung nie gegeben hat. Als ich 1972, etwas über 20-jährig, nach Istanbul kam, war der Patriarch einen Monat zuvor verstorben. Ich traf jedoch Metropolit Meliton, der ein großer Förderer des Dialogs war. Im bescheidenen Phanar von damals, den Clément als »ein kleines Schiff, beladen mit den Überbleibseln eines gewaltigen Schiffbruchs« beschreibt, hatte man große Träume: Visionen von der Art, wie sie heute vielleicht fehlen, weil wir in einer Zeit leben, in der man sich oft tastend und von den Ereignissen der Geschichte getrieben voranbewegt.

Der Patriarch hatte Bedenken und sprach von einer durchweg technischen oder ökonomisch-finanziellen Einigung, wie wir sie im globalen Zeitalter tatsächlich erleben. Weihnachten 1968 erklärte er: »Weh uns, wenn die Völker eines Tages außerhalb der Strukturen und der Theologie der Kirche zur Einheit gelangten.« Es wäre eine Tragödie, wenn die Welt sich vereinigt, während die Christen den Weg zur Einheit nicht gefunden haben. Doch genau das ist geschehen. Die Welt ist global geworden, aber die Einheit der Christen liegt in weiter Ferne und eine spirituelle Globalisierung mithilfe des Dialogs ist noch unvollständig. Die Vision des Patriarchen war während des Ersten Weltkriegs herangereift, den er als junger Diakon in Mazedonien erlebt hatte, wo die Armeen einander bis aufs Blut bekämpften. Eine Friedensvision, die im nationalistischen Schmelz-

126 H. Marshall McLuhan, Q. Fiore, *Krieg und Frieden im globalen Dorf*, Econ-Verlag, Düsseldorf-Wien 1971.

127 Athenagoras, O. Clément, op. cit., S. 268.

tiegel der Balkanländer Gestalt annahm, wo religiöse und ethnische Zugehörigkeit oft deckungsgleich waren.

Angelo Giuseppe Roncalli, der spätere Johannes XXIII., war fünf Jahre älter als der Patriarch und kämpfte im Ersten Weltkrieg als Soldat. Er wirkte als Militärkaplan und war wie viele junge Männer seiner Generation nicht frei von einer gewissen patriotischen Begeisterung. Doch er blieb der Vision Benedikts XV. treu und schrieb: »Der Krieg war und bleibt ein denkbar schlimmes Übel, und wer die Bedeutung Christi und seines Evangeliums und den Geist der menschlichen und christlichen Geschwisterlichkeit begriffen hat, wird ihn nie genügend verabscheuen können. Und wir wollen auch nicht so naiv sein, uns vom Krieg große Dinge zu erwarten.«[128] Diese Formulierung ist bezeichnend: Erwarten wir uns nicht zu viel von den Kriegen?

Das sind die Gedanken eines jungen Mannes, der als Gesandter des Papstes in den Osten, nach Bulgarien, Griechenland und in die Türkei ging und mit Orthodoxen, Juden und Muslimen zusammentraf. Später kehrte Roncalli dann in den Westen zurück, wurde Nuntius in Frankreich und Bischof in Italien. Athenagoras hingegen ging in den Westen, nachdem er im Krieg auf dem Balkan und als Bischof auf der Insel Korfu gewesen war, die Mussolini bombardieren ließ. Viele Jahre verbrachte er in den Vereinigten Staaten, bis er 1948 zum Ökumenischen Patriarchen gewählt wurde. Zwei Lebenswege überschneiden sich: der Papst, der vom Westen in den Osten, und der Patriarch, der vom Osten in den Westen geht, um von 1958 an gleichwohl aus der Distanz einen lebendigen Dialog zu führen. Es begann der ökumenische Frühling.

Diese Beobachtung stammt nicht von mir, sondern von Pater Andrei Scrima, einem bedeutenden, heute jedoch fast vergessenen Vertreter der Ökumene. Der rumänische Mönch und Mitarbeiter von Athenagoras lernte während des Zweiten Weltkriegs die Praxis des Jesusgebets kennen und zog sich für Jahre nach Indien zurück. Er war einer jener Menschen, die Brücken zwischen Athenagoras, Johannes XXIII. und Paul VI. gebaut haben. Denn die Ökumene ist viel-

---

128 M. Roncalli, *Giovanni XXIII. Angelo Giuseppe Roncalli. Una vita nella storia*, Mondadori, Mailand 2006, S. 121.

leicht vorrangig eine Frage der menschlichen Beziehung, der wiederentdeckten Freundschaft und der Geschwisterlichkeit, die nach Jahrhunderten der Eiszeit wiederauflebte. Es waren lange Jahrhunderte, in denen Feindschaft die Kulturen und Mentalitäten formte und bei den Kirchen und ihren Oberhäuptern Selbstbezogenheit und Selbstzufriedenheit hervorrief.

Für die sich im Schmelztiegel der Kriege und Nationalismen als Zukunftsperspektive herauskristallisierte ökumenische Bewegung steht außer Frage, dass es einen Zusammenhang gibt zwischen der Geschwisterlichkeit unter den Christen der verschiedenen Kirchen und dem Frieden und der Zusammenarbeit unter den Völkern.

Die ökumenische Leidenschaft: Aufstieg und Niedergang eines Gefühls der Einigkeit

Die ökumenische Bewegung entwickelte sich konkret in den Jahren, als man es mit den Spaltungen des Kalten Krieges und der Nationalismen zu tun hatte. Diese Jahre waren von »Bemühungen für die Einheit« geprägt, wie es der große Visionär Giorgio La Pira ausgedrückt hat. Gemeint sind neben der Ökumene auch der interreligiöse Dialog, das Engagement für Frieden und Abrüstung, die Zusammenarbeit zwischen Nord und Süd, die Vorstellung von der »Einen Welt« sowie die Bewegungen für den Umweltschutz. Sie alle bauen Brücken über die Mauern, die die Geschicke voneinander trennen. Einige dieser Bewegungen schlagen sich auf das Zweiten Vatikanischen Konzil nieder und werden ekklesiologisch eingeordnet.

Als erste (paneuropäische) Versammlung, die das Denken des Kalten Kriegs überwunden hat, führte sie Konzilsväter aus dem Osten, dem Westen und auch aus dem Süden zusammen. Das geschah schon lange vor der Konferenz für Sicherheit und Zusammenarbeit in Europa 1975 in Helsinki, die zu einer Kooperation zwischen östlichen und westlichen Ländern führte und die Unterzeichnerstaaten verpflichtete, zur europäischen Sicherheit beizutragen und die Menschenrechte zu achten.

Dass auf dem Zweiten Vatikanischen Konzil auch Beobachter der nichtkatholischen Kirchen anwesend waren (einige, etwa der syrische Patriarch Zhakka, wurden später Oberhäupter ihrer jeweiligen Kirchen und wichtige Akteure des Dialogs), ist in der Konzilsgeschichte des zweiten christlichen Jahrtausends ein absolutes Novum. Der anerkannte Historiker dieses Konzils Giuseppe Alberigo spricht von dessen ganz eigenem und einmalig ökumenischem Charakter gemessen an den vorherigen katholischen Konzilsversammlungen. In einer Arbeit über die Konzilsbeobachter zeigt Mauro Velati, dass sich die nichtkatholischen Beobachter aktiv und über den protokollarischen Rahmen hinaus in die Konzilsdynamik einbrachten. Es war sozusagen die Anwesenheit von Nichtmitgliedern, die verhinderte, dass die Konzilsväter nur den Katholizismus in den Blick nahmen.[129] Hinzu kommt, dass die Einheit vom Moment seiner Einberufung an eines der Ziele des Konzils gewesen war. Das geht aus der Ansprache hervor, mit der Johannes XXIII. 1959 in St. Paul vor den Mauern das Zweite Vatikanische Konzil ankündigte. Dabei sprach er von einem »Suchen der Einheit und der Gnade, wonach so viele Seelen von allen Enden der Erde sehnlich verlangen.« Ein selten zitierter Abschnitt aus dem Konzilsdokument *Unitatis redintegratio* über die Beziehungen zwischen den getrennten Christen zeigt das Ausmaß der ökumenischen Aufgabe, die nicht nur die Fachleute betrifft:

> »Die Sorge um die Wiederherstellung der Einheit ist Sache der ganzen Kirche, sowohl der Gläubigen wie auch der Hirten, und geht einen jeden an, je nach seiner Fähigkeit, sowohl in seinem täglichen christlichen Leben wie auch bei theologischen und historischen Untersuchungen. Diese Sorge macht schon einigermaßen deutlich, dass eine brüderliche Verbindung zwischen allen Christen schon vorhanden ist; sie ist es, die schließlich nach dem gnädigen Willen Gottes zur vollen und vollkommenen Einheit hinführt.«[130]

Einerseits gibt es die Vision von der vollständigen und vollkommenen Einheit als zu verwirklichender Plan Gottes, andererseits weist der theologische Dialog darauf hin, dass auf der Grundlage der Taufe

129 Vgl. M. Velati, *Separati ma fratelli. Gli osservatori non cattolici al Vaticano II. 1962–1965*, il Mulino, Bologna 2014.

130 *Dekret über den Ökumenismus Unitatis redintegratio*, Nr. 5, in: www.vatican.va.

selbst in der Trennung schon eine tiefe Verbundenheit besteht. Diese grundlegende Beziehung ruft alle auf, sich im alltäglichen Leben wie auch in der historisch-theologischen Forschung für die Wiederherstellung der Einheit einzusetzen. Auch die Völker haben in der Ökumene ihren Beitrag zu leisten. Um jener tiefen Einsicht willen, die den Völkern innewohnt, verlangt der ökumenische und interreligiöse Dialog ein Hinausblicken über die eigenen Grenzen bis hin zum auf dem großen Zweiten Vatikanischen Konzil herangereiften Bewusstsein von der notwendigen Zusammenarbeit.

Die ökumenische Leidenschaft, die in den 1960er-Jahren aufkommt, folgt diesem Weg, auf dem nicht nur der theologische Dialog, sondern auch das Geflecht der Begegnungen und Beziehungen seinen Platz hat. Sie weist darauf hin, dass ein Alleinsein nicht mehr möglich ist. »Nie ohne den anderen«, wie es Michel de Certeau so treffend ausgedrückt hat.[131]Die gemeinsame Suche nach Einheit war schon für sich genommen ein die Christen einigender Faktor. Ich denke gerne an die Worte zurück, die Athenagoras 1961 zu einigen Schülern des römischen Gymnasiums »Virgilio« gesprochen hat, wo wenige Jahre später die Gemeinschaft Sant'Egidio entstand: »Ihr kommt aus einer Kirche, mit der wir beinahe alles gemeinsam haben [...] denselben Herrn, dasselbe Evangelium, denselben Glauben. Die Märtyrer des Kolosseums sind unsere gemeinsamen Märtyrer [...]. Auch wenn es Unterschiede gibt, die später kamen, darf man nicht vergessen, dass über ihnen und unabhängig von ihnen der Geist der Liebe am Werk ist.«[132]

Damals fanden die ökumenischen Begegnungen bei den Menschen eine gewisse Aufmerksamkeit, als beispielsweise Athenagoras im Jahr 1968 Rom besuchte. Die ökumenische Bewegung ist im Kontext intensiver Bemühungen um die Einheit zu verstehen, die darauf abzielt, Polarisierungen und Mauern zu überwinden. Gleichzeitig setzte auf globaler Ebene Tauwetter ein und kennzeichnete eine Welt, die anders und pluraler ist als das starre System der beiden Imperien.

---

131 M. de Certeau, *L'Étranger ou l'union dans la différence*, Desclée de Brouwer, Paris 1969.

132 V. Martano, *Athenagoras il patriarca (1886–1972). Un cristiano fra crisi della coabitazione e utopia ecumenica*, il Mulino, Bologna 1996, S. 433.

Die Begegnung zwischen Paul VI. und Athenagoras im Januar 1964 in Jerusalem hatte eine symbolische Strahlkraft, die über die engen kirchlichen Kreise hinausreichte und den Patriarchen und seine Nachfolger nicht mehr als Fremdkörper, sondern als Bestandteil der katholischen Beziehungswelt ansah. Athenagoras träumte vom gemeinsamen Kelch, wie er es nannte, und Paul VI. war diesem Traum nicht abgeneigt. Dass er nicht in Erfüllung ging, hatte komplexe Gründe; unter anderem waren die katholischen Ökumenebeauftragten dagegen, weil sie Polemik innerhalb der Orthodoxie befürchteten.[133] Kaum mehr als zehn Jahre später wurden die von der gemischten internationalen Kommission für den katholisch-orthodoxen theologischen Dialog zwischen 1976 und 1978 organisierten ökumenischen Gespräche aufgenommen.

Später dann, in den 1980er-Jahren, begannen die Befürworter der Ökumene, womöglich aufgrund einer etwas romantischen Einheitsvorstellung von einer Abkühlung der ökumenischen Leidenschaft zu sprechen, die von den starren Strukturen und Lehren der Kirche ausgebremst werde. Nach dem Frühling der 1960er-Jahre machte nun auch in Bezug auf die Beziehungen zwischen Katholiken und Protestanten das Wort vom »ökumenischen Winter« die Runde. Die katholischen Ökumene-Befürworter beklagten Roms mangelnde Weitsicht. Ich erinnere mich unter anderem an Pater Pierre Duprey, der sich mit aller Kraft dafür einsetzte, den Dialog weiter voranzubringen. Wer die Funkstille und Kälte früherer Zeiten erlebt hatte, konnte zwar nicht umhin, die Fortschritte zu würdigen, die in puncto Respekt, Begegnung und Einvernehmen erzielt worden waren. Und doch gab es eine Grenze.

Die Krise der Ökumene

Anders als prognostiziert[134] war die Geschichte nach 1989 nicht etwa zu Ende, sondern setzte sich erneut und auf schwindelerregende Wei-

133 Vgl. A. Melloni, *Tempus visitationis. L'intercomunione inaccaduta fra Roma e Costantinopoli*, il Mulino, Bologna 2019.

134 Vgl. F. Fukuyama, *Das Ende der Geschichte*, Hoffmann und Campe, Hamburg 2022.

se in Bewegung. Die Nationen, die die sowjetische Eiszeit überlebt hatten, kehrten auf die internationale Bühne zurück. Die Geschichte wirkte sich teils mit verheerender Macht auf die ökumenischen Fragen aus und bewies damit, dass sich die Geschicke der Völker und die Ökumene wechselseitig beeinflussen. Ich erwähne einige Beispiele: etwa das Schicksal der griechisch-katholischen Kirche in der Ukraine, die 1946 unter den Sowjets auf der Synode von Lemberg mit der russischen Kirche zwangsvereinigt wurde, und die Auswirkungen dieser Maßnahme auf die schwierigen katholisch-russischen Beziehungen und auch die von orthodoxer Seite erhobenen Vorwürfe , dass die Katholiken Proselytismus betreiben. Dann das Ende Jugoslawiens mit der Polarisierung zwischen Katholizismus und Orthodoxie infolge des Konflikts zwischen Serben und Kroaten. Schließlich die Krise um das panorthodoxe Konzil 2016, das für Patriarch Bartholomäus ein von Athenagoras übernommener Traum war und dessen Vorbereitungen bereits in den 1960er-Jahren begonnen hatten. Die Tagungen dieses Konzils wurden durch die Abwesenheit der Russen, Antiochener, Bulgaren und Georgier getrübt, die sich nicht an den Gesprächen beteiligten. Es folgte die Anerkennung der orthodoxen Kirche der Ukraine 2018 durch Konstantinopel und als Reaktion darauf der Bruch der Gemeinschaft durch das Moskauer Patriarchat. Ein Teil der orthodoxen Gläubigen in der Ukraine untersteht nun in einem nicht nur in religiöser Hinsicht zersplitterten Land nicht mehr der russischen Jurisdiktion. In Bezug auf die Lage in der Ukraine könnte man sagen: verfeindete Regierungen, entzweite Kirchen.

Im dramatischen Ukrainekrieg erleben wir nach dem russischen Angriff auf Kiew, wie die Kirchen erneut das ideologische Rüstzeug vom Kampf der Religionen auspacken, das sie in ihren Kellern eingelagert hatten. Es handelt sich nicht nur um eine Krise innerhalb der Orthodoxie, sondern um eine Tragödie von ökumenischer Tragweite. Durch die Spaltung unter den Orthodoxen ist ein bilateraler katholisch-orthodoxer Dialog nunmehr unmöglich geworden. Parallel zur Krise der Ökumene erschöpfen sich in unserer Zeit zudem andere Einigungsbewegungen, insbesondere das Streben nach Frieden.

Die unermesslich große und invasive globale Welt scheint die Völker einzuschüchtern. Sie flüchten sich in abgeschottete Bereiche, haben Angst vor dem anderen und klammern sich an die eigene Identität, die sie gegen den Anderen abgrenzen. Kirchen und Religionen segnen Mauern und Grenzen. Das geschieht auch bei den Katholiken, wenn man nur an Osteuropa und die Haltung gegenüber Nachbarländern oder Geflüchteten denkt, die als Eindringlinge wahrgenommen werden. Der orthodoxe Erzbischof von Albanien Anastasios, ein guter Freund seit dem Ende des Kommunismus und Initiator der Wiedererrichtung der albanischen Kirche, sagt: »Das Gegenteil des Friedens ist nicht der Krieg, sondern der Egozentrismus.« Ein persönlicher Egozentrismus, der auch von kirchlicher, ethnischer, nationaler … Natur ist.

Zweifellos hat die Ökumene eine Schwäche, denn sie konzentrierte sich vor allem auf den theologischen Dialog und fragte kaum nach der Meinung der Völker. Es ist eine Schwäche mit »aufklärerischen« Zügen und der Überzeugung, dass eine doktrinelle Übereinkunft zur Einheit führen könne, obwohl es doch die konkrete Geschichte gewesen ist, die die Christen voneinander getrennt hat.

> »Der eigentliche theologische Dialog« – so Athenagoras – »[…] muss ganz natürlich wachsen und reifen im Innern des Dialogs der Liebe, im Innern jenes Geheimnisses der Kirche, die von ihren Fundamenten her unsere gemeinsame Kirche ist. In dieser langwierigen Arbeit müssen wir uns ganz dem Heiligen Geist anvertrauen; wir müssen die Fürsprache unserer Märtyrer, der Kirchenväter und der Heiligen erbitten […]«.[135]

Je weiter das Konzil zurückliegt, umso im übertriebenen Maße ähnlicher wird die Methode der Begegnungen, auch wenn bedeutende Errungenschaften zu verzeichnen sind. Es ist wie bei den internationalen Organisationen oder in der Diplomatie, denn es kommt zu Verhandlungen und Gesprächen auf der Ebene von Repräsentanten. Das sind die typischen Methoden der westlichen, katholisch-laikal-protestantischen Mentalität, die den internationalen Organisationen und den Staaten ihren Stempel aufgedrückt hat. Sie entsprechen einer

135 O. Clément, *Patriarch Athenagoras: Porträt eines Propheten*, Verlag Neue Stadt, München-Zürich-Wien 1982, S. 106.

ein wenig aufklärerischen Sichtweise, als wären Ideen als abstrakte Konstrukte und sozusagen losgelöst von den Menschen der eigentliche Motor der Geschichte. In der slawischen Welt ist es zum Beispiel nicht möglich, eine Person von der Wahrheit zu trennen, deren Trägerin sie ist. Ich meine damit nicht die theologische Arbeit als Vertiefung, Suche nach Eintracht in der Sprache des Glaubens, Kenntnis der Geschichte ... Ich meine einen Verhandlungsstil zwischen den Kirchen, der sich zum einen nach dem Vorbild der internationalen Organisationen richtet und zum anderen einen ideologisch-aufklärerischen Ansatz verfolgt. Als Übergang mag dies notwendig gewesen sein, doch es reicht nicht aus.

Die Ökumene ereignet sich jedenfalls nicht bloß zwischen den Kirchen als gleichsam substanzlosen Entitäten, sondern zwischen Christen mit unterschiedlichen Lebenswelten und Kulturen. Ohne der Theorie Huntingtons Recht zu geben, müssen wir doch einräumen, dass die Konflikte zwischen den Kulturen die Kirchen zutiefst betreffen. Manche Probleme der Ökumene sind kultureller Natur oder der Politik und der Gesellschaft in der Vergangenheit und in der Gegenwart geschuldet.

Die Kirchen sind Teil von Zivilisationen und besitzen eine Erinnerung, die zuweilen zu einer gemeinsamen Erzählung der gesamten Gesellschaft wird. Manchmal sind Erinnerung und Vorurteil die Art und Weise, wie man den anderen kennenlernt. Die Begegnung erneuert die Erfahrung. Es geht darum, den anderen kennen und schätzen zu lernen und zwar nicht nur die Hierarchien, sondern auch die Menschen und die Völker. Der italienische Mystiker Giovanni Vannucci hat gesagt: »Man muss sich kennenlernen, um sich mehr zu lieben.«

Christen in einer nicht-ökumenischen Geschichte

Die Geschichte unseres globalen Zeitalters war nicht ökumenisch. Man denke nur an die Theorie vom Kampf der Kulturen, die der Religion durch die tragischen Anschläge vom 11. September 2001 eine scheinbar bestätigte identitäre Rolle zuweist. Unsere Gegenwart ist nicht friedlich, sondern projiziert alte Mauern und nationalistische Leidenschaften auf die Kulisse einer finanziell vernetzten und geeinten Welt, die hochentwickelte Vernichtungswaffen besitzt und deren Informationsnetzwerke auch Hass und Vorurteile transportieren. Die Geschichte hat sich auch auf die Beziehungen zwischen den Christen ausgewirkt, da sie ein Teil von ihr sind.

Das Streben nach der Einheit unter den Christen ist weder eine Modeerscheinung noch ein Tribut an eine politisch korrekte kosmopolitische Gesinnung. Ihr Ursprung ist vielmehr ein Gebot des Herrn, das allzu oft missachtet wurde, während man damit beschäftigt war, die Einhaltung anderer Gebote zu predigen. Ein Jesuswort drängt sich auf: »Weh euch, ihr Schriftgelehrten und Pharisäer, ihr Heuchler! Ihr gebt den Zehnten von Minze, Dill und Kümmel und lasst das Wichtigste im Gesetz außer Acht: Recht, Barmherzigkeit und Treue« (Mt 23,23).

Es gilt, die Unterschiede und auch die Konflikte in der Perspektive des Friedens und der Einheit zu gestalten, die die Christen im Innersten charakterisiert. Spaltungen werden geheilt, sobald wir uns auf den Weg machen, der in Richtung Einheit führt. Es ist wie beim königlichen Beamten im Evangelium, der Jesus bat, seinen kranken Sohn zu heilen: »Jesus erwiderte ihm: Geh, dein Sohn lebt! Der Mann glaubte dem Wort, das Jesus zu ihm gesagt hatte, und machte sich auf den Weg« (Joh 4,50).

Während die Einheit als grundlegendes Merkmal des Christentums offenbar aus dem Blick geraten ist, stellt die Spaltung in unserer Zeit nicht länger ein Ärgernis dar. Vielmehr legitimiert sie bestimmte neoprotestantische oder neupfingstliche Bewegungen mit weit über einer halbe Milliarde Mitgliedern, die besonders in einigen Ländern als Splittergruppen auftreten und einander auf dem Marktplatz der Religionen Konkurrenz machen. Zudem zeigt sich heutzutage vor allem in einigen Ländern auch unter dem Dach der katholischen Kirche eine erschreckende Polarisierung wie bei einer Scheidung. Der Prozess der Aufsplitterung unserer Welt ist die vom Rabbiner Jonathan Sacks beschriebene Veränderung des kulturellen Klimas, die eine auf das Ich zugeschnittene Gesellschaft hervorgebracht hat. Der Mangel an Einheit führt zurück zum Thema des Friedens. Es gibt einen Zusammenhang zwischen den Spaltungen unter den Christen und den Spaltungen unter den Völkern.

Gerade das Wesen ihres Glaubens verbietet es den Christen jedoch, sich von solchen Spaltungsprozessen mitreißen zu lassen. Die Suche nach Einheit ist keine Option, sondern eine Bestimmung und der Wille des Herrn. Überall in den Kirchen ist die Saat der Einheit aufgegangen. Heute sprechen die Christen verschiedener Konfessionen als Brüder und Schwestern miteinander. Es gibt eine intensive Zusammenarbeit auf unterschiedlichsten Ebenen. Zuweilen bringt die Saat in Gestalt von Ereignissen Frucht, die neue Visionen aufzeigen. Ich denke an das von Johannes Paul II. initiierte Treffen von Assisi. In der ikonenhaften Zusammenkunft von Assisi 1986 sind einfache, aber grundlegende Vorstellungen miteinander verbunden, die sich auf die ökumenischen Beziehungen, den interreligiösen Dialog und den Beitrag der Religionen zum Frieden beziehen. Frieden und Gebet sind wichtige Säulen für den interreligiösen Dialog. Andererseits verdeutlicht gerade das theologisch so bedeutungsvolle Bild von Assisi, wie wenig die Christen eigentlich voneinander trennt.

»Wie wenig Unterschiede es zwischen den Christen gibt!«, sagte während des Friedensgebets in Assisi eine Frau zu mir, als sie den Einzug der christlichen Konfessionen inmitten von Buddhisten, Juden und Muslimen betrachtete. Die Christen sind gespalten im Angesicht einer pluralistischen Welt. Das ist der Fall im Nahen Osten, wo sie der islamischen Mehrheit gegenüberstehen. Wie wenig sie trennt und wie viel sie verbindet! Mit der Gemeinschaft Sant'Egidio wird der Weg von Assisi jedes Jahr in verschiedenen Städten der Welt fortgesetzt und um das gemeinsame Gebet herum ein dichtes Netzwerk des Dialogs gewebt.

Vor allem das Treffen, das mit der Hilfe von Sant'Egidio 1998 in Bukarest zustande kam, möchte ich erwähnen. Im Umfeld der Begegnung zwischen Christen und anderen Religionen war es zugleich eine panorthodoxe Zusammenkunft auf höchster Ebene mit Patriarchen und Primates und anderen hochrangigen Würdenträgern, wie es der Patriarch Ignatius IV. Hazim von Antiochien beschrieb. Das Treffen war vom Streit zwischen der orthodoxen und der griechisch-katholischen Kirche in Rumänien und von der Debatte über die Rückgabe der griechisch-katholischen Kirchen überschattet, die unter dem kommunistischen Regime in den Besitz des Patriarchats übergegangen waren. Die Veranstaltung bot keine Verhandlungen an, vielmehr war sie ein Ereignis der Zusammenarbeit und Einheit, die das Volk miteinbezog. Vom ersten Tag an, als Patriarch Teoctist an der lateinischen Liturgiefeier in der katholischen Kathedrale teilnahm, wurde deutlich, dass sich die Aufgeschlossenheit für den jeweils anderen Ritus zu einer Öffnung entwickelte, an der auch das Kirchenvolk teilhatte.

Das Kirchenvolk hat einen Beitrag geleistet, denn es bekundete auf unmissverständliche Weise seinen Willen zur Eintracht. Das zeigte sich an den begeisterten Reaktionen auf die Gesten des Einvernehmens, vor allem bei der interreligiösen Abschlussveranstaltung, an der mehrere Tausend Menschen teilnahmen. Das Volk wurde zum Akteur eines Wiederannäherungsprozesses. Patriarch Athenagoras hat einmal gesagt: »Die Theologen haben etwas zu sagen. Aber das Volk hat auch etwas zu sagen. Es liegt etwas zutiefst Richtiges im Instinkt des Gottesvolkes.« Die Begegnung von Bukarest diente als Vorbereitung für den Rumänienbesuch Johannes Pauls II. im darauffolgenden Jahr und somit für seine erste Reise in ein orthodoxes Land. Ich erinnere mich, dass Wojtyła mit jenem für ihn so typischen spirituellen Instinkt davon träumte, in der orthodoxen Liturgiefeier die Kommunion zu empfangen. Aber ich werde auch das Kirchenvolk nie vergessen, das nach der Liturgie *Unitate, Unitate!*, »Einheit, Einheit!« rief.

Der Geist von Assisi ist eine Vision für die globale Welt und möchte gleichsam durch die Dimension des Gebets und des Dialogs eine Globalisierung des Geistes herbeiführen, an der wir in dieser unserer nicht-ökumenischen Gegenwart arbeiten müssen. Ich denke auch an das Gebetstreffen 2018 in Bari, das auf Wunsch von Papst Franziskus und unter Beteiligung der christlichen Primates für den Nahen Osten in einer Zeit großer Spannungen abgehalten wurde. Ein Jahr zuvor hatte die beeindruckende Russlandwallfahrt der Reliquien des heiligen Nikolaus stattgefunden, an denen über zwei Millionen Russen vorbeizogen, um ihre Verehrung zu bezeigen.

Ich hatte einen gewissen Anteil an der Planung der Initiative von Bari und erinnere mich noch an die Leidenschaft von Papst Franziskus bei seinem Zusammentreffen mit den Primates und bei der Diskussion in der Basilika des Hl. Nikolaus. Es war wie ein Ereignis aus dem ersten Jahrtausend des Christentums, ein wichtiges

Hoffnungszeichen, das ich als Geist von Bari bezeichnen möchte. In diesen schwierigen Zeiten ist es leider auf keine große Resonanz gestoßen, wir müssen jedoch darüber nachdenken und damit weiterarbeiten.

Wir sollten in der heutigen Zeit diejenigen kirchlichen Akteure unterstützen, die mit Wagemut ökumenische Wege einschlagen und sich mit Begeisterung für die Begegnung und mit der Überzeugung engagieren, dass das gemeinsame Gebet die Pläne des Spalters zunichtemacht, wie Ignatius von Antiochien gesagt hat.[136]

Ortskirchen, Einzelpersonen, kirchliche Einrichtungen ... sie alle müssen die Spaltung wieder als ein Ärgernis und das Engagement für die Einheit als eine Notwendigkeit empfinden. Diese unsere zersplitternde Welt braucht eine Prophetie der Einheit, eine Vision, eine Alternative zu den Beziehungen von Stärke und Macht und zur Logik der Wirtschaftsinteressen. Die Geschwisterlichkeit unter den Christen, die Nähe zwischen den Völkern stiftet, ist eine solche Alternative. Die Geschwisterlichkeit unter den Kirchen muss eine Geschichte und ein Klima ins Leben rufen, die Patriarch Bartholomäus als »ökumenische Zivilisation« bezeichnet und damit eine Kultur des Miteinanders meint. Vielleicht besteht die Aufgabe der christlichen Ökumene auch darin, die Völker von der Schutzhülle der gegenseitigen Angst zu befreien und wieder ein neues begeisterndes Gespür für die gemeinsame Bestimmung und die Bedeutung der Einheit zu verbreiten.

Franz Kardinal König, der den »Eisernen Vorhang« überwunden und die Annäherung zwischen den Kirchen miterlebt hatte, hielt die Ökumene für einen der wichtigsten Aspekte des Zweiten Vatikanischen Konzils: »Das Wirken des Geistes war hier deutlich zu sehen. Wir schließen daraus, dass sich für scheinbar unlösbare Probleme ein Ausweg findet, wenn sie zuversichtlich, in der richtigen Absicht und mit unbegrenztem Vertrauen angegangen werden, den Willen Gottes zu erfüllen [...]. Denn für Gott ist nichts unmöglich.«

Der Geist des Konzils speist den »naiven« Enthusiasmus der Begegnung, sodass man auch an das Unmögliche glaubt. Es ist eine

---

136 Ignatius von Antiochien, *Brief an die Epheser*, in *Die Apostolischen Väter* (Bibliothek der Kirchenväter, 1. Reihe, Band 35), München 1918.

Herausforderung, auch in Zeiten der Spaltung und des Krieges für den Frieden und die Einheit zu leben. Denn wir sind davon überzeugt, dass uns niemand dieses Ideal nehmen kann, das der Welt Hoffnung schenkt.

Kapitel VIII
»Wie konntest du mein Feind sein?«

Die Tragödie des Ersten Weltkriegs

Wie reagiert das Christentum auf die große Krise, die der Weltkrieg ausgelöst hat? Denn der weltweite Konflikt ist ein Novum in der Geschichte der Menschheit, wie Benedikt XV. sehr klar erkannt hatte.[137] Ein Krieg zwischen europäischen Ländern weitete sich zum Weltkrieg aus. In jenem Konflikt fehlte es nicht an christlicher und katholischer Begeisterung für die Kampfhandlungen und die nationale Sache. Don Primo Mazzolari war ein italienischer Denker und Priester von nationaler Bedeutung und eine Bezugsgröße für den italienischen Katholizismus des 20. Jahrhunderts, wie D'Annunzio, Giovanni Papini und Reformsozialisten wie Cesare Battisti sprach er sich für die Kriegsbeteiligung aus: »Der Herr ist mit uns, die wir für die Gerechtigkeit kämpfen«, erklärte er.[138] Dem lag die Vorstellung zugrunde, dass die Herzen im Krieg durch das Opfer geläutert würden, während Mazzolari den Pazifismus für eine Entscheidung der Trägheit hielt.[139] Vor vielen Jahren sagte Lodovico Montini, der Bruder Pauls VI., einmal zu mir: »Im Krieg haben sie gesehen, dass wir Katholiken überzeugte Italiener sind.« Mazzolari bat darum, als Militärkaplan eingezogen zu werden.

---

137 Vgl. *Benedetto XV. Papa Giacomo Della Chiesa nel mondo dell »inutile strage«*, hg. v. A. Melloni, G. Cavagnini, G. Grossi, 2 Bde., il Mulino, Bologna 2017; *Benedetto XV e la pace – 1918*, hg. v. G. Rumi, Morcelliana, Brescia 1990; A. Scottà, *Papa Benedetto XV. La Chiesa, la grande guerra, la pace 1914–1922*, Storia e Letteratura, Rom 2009.

138 S. Albertini, *Don Primo Mazzolari e il fascismo (1921–1943)*, Fondazione Don Primo Mazzolari, Bozzolo 1988, S. 14. Zu Mazzolari s. auch: C. Bellò, *Don Primo Mazzolari*, Fondazione Don Primo Mazzolari, Bozzolo 1995; B. Bignami, *Don Primo Mazzolari parroco d'Italia*, Dehoniane, Bologna 2014; G. Barra, *Mazzolari, un profeta obbediente*, Gribaudi, Turin 1966.

139 G. Vecchio, »L'eredità di don Primo Mazzolari«, *Aggiornamenti Sociali* 4/2009, S. 291–301, hier S. 300.

Die jungen Katholiken in Italien wollten zeigen, dass sie Italiener sind und die nationalen Bestrebungen unterstützen. Benedikt XV. hingegen, der Papst der »sinnlosen Schlächterei«, vertrat eine andere Position. In Frankreich brach die Zeit der *Union sacrée* an; die Poincaré-Regierung mildert die antiklerikalen Maßnahmen, hebt sie gegenüber den Ordensgemeinschaften auf. Zum ersten Mal seit Bestehen der Dritten Republik gibt es einen katholischen Minister in der Regierung. Die Ansichten des Papstes über den Krieg werden von vielen kriegsbegeisterten und patriotischen Katholiken nicht akzeptiert. Andererseits fangen Personen mit einer gewissen Sensibilität an, die Kriegsbegeisterung und den Nationalismus zu hinterfragen. Dennoch trifft es zu, dass nicht wenige Priester und insbesondere die Militärkapläne in Italien auf ihren nationalistischen Positionen verharren und sich 1922 mit dem Faschismus und später auch mit seinen militärischen Unternehmungen wie dem Äthiopienkrieg identifizieren. Der Dominikaner Reginaldo Giuliani, ein Militärkaplan im Ersten Weltkrieg, kam mit D'Annunzio nach Fiume und segnete den Dolch, den die Frauen von Fiume dem *Comandante* überreichten. Dann wird er Kaplan der Schwarzhemden, verfasst ein Buch mit dem Titel *Le vittorie di Dio* (»Die Siege Gottes«) und begleitet die faschistische Expedition nach Äthiopien, wo er den Tod findet.[140]

Don Primo war ein aufrechter Christ, impulsiv, großzügig und intellektuell redlich und hat dann seine Meinung über den Krieg von Grund auf verändert. Nach seiner Heimkehr stürzte er in eine Krise, denn er sieht Leid, Priester, die ihr Dienstamt aufgeben, wird von Zweifeln erschüttert und fühlt sich innerlich leer. Er schreibt: »Der Krieg ist keine Parade. Sie starben dort [...] zu Hunderten und Tausenden. Und es waren junge Menschen, die mit verzweifelter Ruhe einen Anlass suchten, die Augen in Frieden schließen zu können. Ich habe die Welt gesehen, nicht die Welt unserer Handbücher [...]. Ihr hättet uns sehen sollen, nachdem wir eine Woche im Karst oder am Piave gewesen waren: erdfarben, schmutzig, zerlumpt, verlaust und die Augen voller Tod.«[141]

---

140 A. Spinosa, *D'Annunzio. Il poeta armato*, Mondadori, Mailand 1987, S. 170. S. auch P.L. Vercesi, *Fiume. L'avventura che cambiò l'Italia*, Neri Pozza, Vicenza 2017.

141 P. Mazzolari, *La pieve sull'argine*, EDB, Bologna 2008, S. 71.

In ihm reift das Bewusstsein heran, wie kostbar der Friede ist. Bei ihrer letzten Begegnung nannte ihn Johannes XXIII. »Trompete des Heiligen Geistes im Mantuaner Land«. In der Zeit nach dem Zweiten Weltkrieg und im Klima des Kalten Krieges engagierte er sich in einer Weise für den Frieden, die den Vatikan unter Pius XII. mit Sorge erfüllte. Mazzolaris Weg ist der typische Weg vieler gläubiger Menschen, Priester und Seelsorger, die mit der Tragödie des Krieges konfrontiert werden.

Man sollte auch bedenken, dass Angelo Giuseppe Roncalli, der spätere Papst Johannes und Verfasser der großen und bekannten Friedensenzyklika *Pacem in terris*, Soldat und Militärkaplan und als solcher ebenfalls nicht frei von einer gewissen patriotischen Begeisterung war. Doch in Treue gegenüber dem Papst bekräftigte er, dass die Botschaft Benedikts XV. über die »sinnlose Schlächterei« den tiefsten Empfindungen des italienischen Volkes entsprochen habe: »Der Krieg war und bleibt ein denkbar schlimmes Übel, und wer die Bedeutung Christi und seines Evangeliums und den Geist der menschlichen und christlichen Geschwisterlichkeit begriffen hat, wird ihn nie genügend verabscheuen können. Und wir wollen auch nicht so naiv sein, uns vom Krieg große Dinge zu erwarten«.[142]

Als Apostolischer Delegat in der Türkei verfolgt Mons. Roncalli später mit großer Sorge den Ausbruch des Zweiten Weltkriegs und verfasst eine Betrachtung über Psalm 51: »Befrei mich von Blutschuld, [...] Gott, du Gott meines Heiles!« – ist in seinem *Geistlichen Tagebuch* zu lesen – Befrei uns von Krieg und Nationalismus! Für ihn gründet das Friedensstreben der Völker auf einer ganz konkreten Tatsache: »Unser Heiland ist für alle Nationen gestorben, ohne Unterschied der Rasse und des Blutes, und ist der erste der Brüder jener neuen Menschenfamilie geworden«. Der leidvolle Konflikt lässt in vielen europäischen Christen – nicht nur Katholiken – einen spirituellen Humanismus heranreifen.

Eine solche katholische Kriegsverdrossenheit, die in Italien eigens von der faschistischen Polizei angemerkt wurde, wurzelt in der

142 M. Roncalli, op. cit., S. 121.

schmerzlichen Erfahrung des Ersten Weltkriegs, die den Menschen im Gedächtnis geblieben ist. Der Standpunkt, den Benedikt XV. während des Weltkriegs und auch danach vertritt, ist stimmig, denn das Papsttum hat als Friedensinstanz inmitten der Zerrissenheit Europas und der Welt, die sich auch im Katholizismus bemerkbar machte, schon im 19. und dann insbesondere im 20. Jahrhundert eine klare und aussagekräftige Position eingenommen. Der Weltkrieg ist eine in moralischer wie struktureller Hinsicht inakzeptable Situation für die katholische Kirche, die eine Internationale von Völkern mit dem Papsttum als supranationaler Leitung ist. Gerade hierin erweist sich die Bedeutung der Politik der Päpste nach 1870, die nicht gewillt war, den Heiligen Stuhl – und sei es auch unter noch so vielen Garantien und Sicherheiten – der Souveränität eines Staates zu unterstellen.

Der Papst, der Friede und die Friedensbewegungen

Jahrzehnte vor der 1963 veröffentlichten Enzyklika *Pacem in terris* von Johannes XXIII. veröffentlicht Papst Benedikt XV. mit dem Rundschreiben *Pacem, Dei munus* 1920 die erste Friedensenzyklika. Der Friede müsse auf der Eintracht unter den Völkern und auf der Grundlage einer gerechten internationalen Ordnung aufgebaut werden, so die zentrale Botschaft des Papstes. Er betont, »dass es der ganzen Menschheit zum schweren Nachteil gereichen würde, wenn nach Friedensschluss die geheimen Feindschaften und eifersüchtigen Spannungen unter den Völkern dennoch fortdauerten.« Und er fährt fort: »Die Mahnung zur Liebespflicht, die Wir soeben an jeden Einzelnen gerichtet haben, gilt gleicherweise für die Völker, die in den langwierigen Krieg verwickelt waren. Möchten sie doch die Konfliktgründe nach Möglichkeit aus dem Wege räumen und – natürlich unter Wahrung der Forderungen der Gerechtigkeit – wieder friedliche Beziehungen untereinander aufnehmen. Denn das Evangelium unterscheidet nicht zwischen einem Gesetz der Liebe für die Einzelmenschen einerseits und für die Staaten und Völker anderseits […]. Nach Beendigung des Krieges scheinen ferner die Verhältnisse nicht bloß auf Grund der Liebe, sondern fast zwangsläufig zu einer allgemeinen Versöhnung der Völker untereinander zu drängen.«[143]

Hier wurde den Völkern und den Staaten gleichsam eine Persönlichkeit oder Subjektivität zuerkannt. Ihre Beziehungen mussten, so die Formulierung des Papstes, im Kontext einer »Völkerfamilie« verstanden werden und das ist seither und bis zuletzt ein wiederkehrender Ausdruck im Wortschatz und Gedankengut des Heiligen Stuhls. Das führt uns zum Problem der Haltung des Heiligen Stuhls gegenüber der ersehnten, auf Vorschlag von Präsident Wilson gegründeten »Liga der Völker«, dem späteren Völkerbund.[144] Aus der vorsichtigen, aber aufrichtigen Sympathie, die der 1922 verstorbene Benedikt XV. dieser Institution entgegenbrachte, wird unter Pius XI. zunehmend eine zurückhaltende Position. Er betont, dass es dem Völkerbund an jenem Universalismus fehlt, den nur die Kirche einbringen kann.

Auf den katholischen Pazifismus, der sich nach dem Ersten Weltkrieg entwickelt, kann hier nicht näher eingegangen werden. Er ist jedoch symptomatisch für das Heranreifen eines Humanismus, der eben durch die Erfahrungen des Großen Krieges die Welt auf globale Weise zu sehen beginnt. In den Jahren nach dem Ersten Weltkrieg gab es etliche, wenngleich zuweilen kurzlebige, katholische pazifistische Initiativen: das Internationale Bureau der katholischen Organisationen, das Alfons Steger initiierte, um zwecks internationaler Zusammenarbeit die Beziehungen zwischen den Katholiken in den verschiedenen Staaten zu koordinieren; die *Internacio Katolika* (katholischer Bund) von Pfarrer Metzger in Österreich, der eine Bewegung des Friedens und der Solidarität mit Kriegsopfern im deutschen Sprachraum ins Leben rief; die Esperanto-Weltkongresse; die *Union catholique d'études internationales*, deren Ziel es war, das Studium des Völkerrechts zu fördern und die Präsenz der Katholiken im Völkerbund zu stärken; 1921 wurde die Vereinigung *Pax Romana* gegründet, die Studenten aus zwölf europäischen Ländern zusammenbringen wollte; ebenfalls 1921 veranstalteten Don Sturzo und Marc Sangnier (der bereits eine *Ligue internationale des sociétés catholiques pour*

---

143 Vgl. P. Cattin/H.Th. Conus, Heilslehre der Kirche, Dokumente von Pius IX. bis Pius XII., Paulus Verlag Freiburg Schweiz 1953, S. 610–625.

144 Vgl. A. Miranda, *Santa Sede e Società delle Nazioni. Benedetto XV, Pio XI e il nuovo internazionalismo cattolico*, Studium, Rom 2013.

la paix gegründet hatte) zwei Kongresse, auf denen die politischen Visionen der italienischen und französischen Katholiken miteinander in Einklang gebracht werden sollten; und schließlich förderte Kardinal Mercier, der unter anderem als zentraler Akteur der ökumenischen Gespräche mit den Anglikanern bekannt geworden ist, die *Union internationale d'études sociales*, die gesellschaftswissenschaftliche und internationalistische Ansätze verband.

In dieser ein wenig nüchternen Liste muss man das grundlegende Merkmal beachten, das all diesen Initiativen gemeinsam ist, und zwar die Intention, den Einzug der Katholiken in den Völkerbund zu unterstützen und mithilfe des Völkerrechts eine Kultur des Friedens zu entwickeln.

Nur in wenigen Fällen werden die Grenzen der katholischen Welt überschritten und die anderen christlichen Konfessionen einbezogen, was in einer Zeit der großen Entfremdung unter den Kirchen nicht einfach war. Erwähnt werden muss, dass Benedikt XV., wenn auch vorsichtig, Kontakte mit Nichtkatholiken anregte. Gleichzeitig stand der Papst, wie Barry schreibt, »unmittelbar nach dem Krieg an der Spitze einer Art internationaler katholischer Bewegung«.[145] Er hatte in der Einsamkeit des Ersten Weltkriegs erkannt, dass der Heilige Stuhl in seinem diplomatischen Handeln nicht isoliert bleiben durfte, sondern sich mit katholischen Akteuren verbünden musste, die für den Frieden eintraten. Diesen Ansatz hat das Pontifikat von Pius XI. jedoch nicht weiterverfolgt.

Im Kielwasser dieser Friedensvision verortet sich das Denken des italienischen Priesters Luigi Sturzo, der nicht nur der Gründer des *Partito Popolare Italiano*, sondern obendrein ein bedeutender Soziologe und Experte für internationale Fragen war. Er hatte den Kriegseintritt Italiens befürwortet, sich jedoch bald eines Besseren besonnen und begonnen, sich gegen den Krieg zu engagieren: »Ich war nie und bin auch jetzt kein Pazifist im landläufigen Sinne«,[146] erklärte er Ende der 1930er-Jahre. Dennoch entwarf er, wie Giovagnoli schreibt, einen mutigen Weg, um den Krieg als Instrument der Konfliktlösung

145 G. Barry, op. cit., Bd. 1, S. 202–214, hier S. 209.

146 A. Giovagnoli, *Luigi Sturzo e l'abolizione della guerra alla fine degli anni Venti*, in: *Universalità e cultura nel pensiero di Luigi Sturzo*, Rubettino, Soveria Mannelli (CZ) 2001, S. 425–442.

abzuschaffen, und zwar auch dann, wenn es sich um einen »gerechten Krieg« handelt, den es seiner Überzeugung nach für einen Christen gar nicht geben kann.

Don Sturzos Realismus ist mehr als bloß eine vage pazifistische Utopie: »Man muss daran glauben, dass […] der Krieg als legitimes Mittel zum Schutz der Rechte genauso abgeschafft werden muss, wie die Polygamie, die Sklaverei, die Leibeigenschaft und die Blutrache per Gesetz abgeschafft worden sind.«[147] Denn der Krieg hat heute »ein derartiges technisches und politisches Ausmaß angenommen, dass er zu einem unverhältnismäßigen Mittel der Verteidigung gleich welchen legitimen Rechts geworden ist, weil daraus nicht nur für die Kämpfenden, sondern für die ganze Welt so große und viele Übel erwachsen.«[148]

Volksfrömmigkeit und Humanismus der Armen

Ich möchte in einer Art Exkurs darauf hinweisen, dass die Ablehnung des Krieges nicht nur eine Sache von Gelehrten oder Amtsträgern des Katholizismus ist, sondern sich auch zutiefst im religiösen Empfinden der Völker zweigt, beispielsweise in der Volksfrömmigkeit. Man denke nur an die Erscheinung der Jungfrau von Fátima im Jahr 1917. Schwester Lúcia, eine der jungen Seherinnen, erzählt in ihrer vierten Erinnerung, dass sie die Gottesmutter gesehen und diese zu ihr gesagt habe: »Betet weiterhin jeden Tag den Rosenkranz zu Ehren Unserer Lieben Frau vom Rosenkranz, um den Frieden für die Welt und das Ende des Krieges zu erlangen, denn nur sie allein kann das erreichen!«[149] Die Gottesmutter wird als »Königin des Friedens« vorgestellt, wie es der Friedenssehnsucht der Menschen entspricht. Ihre Botschaft an die Seher lautet wie folgt:

> »Wenn man auf meine Wünsche hört, wird Russland sich bekehren und es wird Friede sein. Wenn nicht, wird es seine Irrlehren

147 L. Sturzo, *Nazionalismo e internazionalismo*, Zanichelli, Bologna 1971, S. 184.
148 *Ebd.*, S. 183.
149 Siehe https://www.kathpedia.com/index.php?title=Fatima (zuletzt abgerufen am 7.8.2023).

über die Welt verbreiten, wird Kriege und Kirchenverfolgungen heraufbeschwören. Die Guten werden gemartert werden, der Heilige Vater wird viel zu leiden haben, verschiedene Nationen werden vernichtet werden, am Ende aber wird mein Unbeflecktes Herz triumphieren. Der Heilige Vater wird mir Russland weihen, das sich bekehren wird, und der Welt wird eine Zeit des Friedens geschenkt werden.«[150]

Diese Form der Frömmigkeit ist eine indirekte und doch inhaltlich klare Antwort auf die Kriegspropaganda. Pius XII. nimmt im Zusammenhang mit dem Frieden häufig Bezug auf die Marienverehrung. Ähnliches begegnet uns nach dem Zweiten Weltkrieg, während des Kalten Krieges und nach 1989. Unter den Hunderten von Beispielen, die man anführen könnte, will ich hier nur an die Verehrung der *Madonna del Divin Amore* (Muttergottes von der göttlichen Liebe) erinnern, die Rom in den harten Monaten der deutschen Besatzung und in der Stunde der Befreiung beschützen sollte. Sie wurde nach Sant'Ignazio gebracht, wo Pius XII. ihr seine Verehrung bezeigte und ihr für ihren Schutz dankte.[151] In jüngerer Zeit hatten 1982 in Kibeho in Ruanda sechs Mädchen und ein Junge Marienerscheinungen; unter anderem wurden ihnen dabei brutale Kriegsszenen gezeigt, die man später mit dem ruandischen Völkermord des Jahres 1994 in Verbindung brachte.[152] Die Marienerscheinungen von Međugorje, die in den 1980er-Jahren begannen, wurden mit dem gewaltsamen Geschehen in Verbindung gebracht, das sich später in Bosnien-Herzegowina ereignen sollte. In einer ihrer Botschaften erklärte die Muttergottes: »Ich komme hier als Königin des Friedens, um allen zu sagen, dass der Friede notwendig ist für das Heil der Welt«.[153]

---

150 Siehe https://www.vatican.va/roman_curia/congregations/cfaith/documents/rc_con_cfaith_doc_20000626_message-fatima_ge.html (zuletzt abgerufen am 7.8.2023).

151 Vgl. N. Tommasini, *Il Divino Amore. Storia tradizione pietà popolare*, Ed. Divino Amore, Rom 2003.

152 Vgl. S. Gaeta, *Kibeho. La Madre del Verbo e il genocidio africano*, Edizioni San Paolo, Cinisello Balsamo (MI) 2018.

153 D. Manetti (Hg.), *Tutti i messaggi di Medjugorje 30 anni con la Regina della pace*, Marietti, Casale Monferrato 2011, S. 82; vgl. auch https://www.

Im Lauf des 20. Jahrhunderts vertieft sich die Verbindung zwischen der marianischen Volksfrömmigkeit und der Sehnsucht nach Frieden, während die öffentliche Meinung nicht zuletzt durch die autoritären Massenregime nach und nach breiter und nationaler wird. In Italien macht sich die Volksfrömmigkeit die Erwartung des Kriegsendes zu eigen. Dies kann als Folge eines gedemütigten Lebens der »armen Leute« angesichts der Schwierigkeiten des Alltags und der Nachrichten über Schlachten angesehen werden, an denen ihre eigenen Verwandten beteiligt sind. 1941 berichtet ein Gewährsmann der Polizei von einer vielköpfigen Prozession in einem vom Elend bedrängten apulischen Dorf, dessen junge Männer in den Krieg gezogen sind: »Am Ende der Prozession«, so der Gewährsmann, »ergoss sich das Volk in die Kirche, wo sich die üblichen Szenen abspielten, Schreie und Anrufungen, wie sie für diese ländliche Bevölkerung typisch sind. Vorherrschendes Thema der Veranstaltung: das Ende des Krieges. Den ganzen Abend lang [...] sprach man von nichts anderem, erflehte man nichts anderes.«[154]

Friede, Protestantismus und Einheit der Christen

In der nichtkatholischen christlichen Welt reift während des Ersten Weltkriegs eine starke Friedensbewegung heran. Der Pastor Albert Schweitzer, der in kein Schema passt, aus dem Elsass und mithin deutscher Staatsbürger, beschließt, nach Lambaréné in Gabun zu gehen und sich dort der Versorgung der Kranken zu widmen. Viele Jahre lang wirkte er als Arzt und Missionar in Afrika.[155] In Gabun wird er vom Ausbruch des Ersten Weltkriegs überrascht. Weil er Deutscher ist, verbietet man ihm die Berufsausübung und interniert ihn in Frankreich. In dieser Zeit verfasst er bedeutende Texte, die

---

medjugorje.de/botschaften/allgemeiner-ueberblick (zuletzt abgerufen am 9.8.2023).

154 F. Malgeri, *La Chiesa italiana e la guerra*, Studium, Rom 1980, S. 97.

155 Zu dem Arzt und Missionar s. die Biografie von P. Lassus, *Albert Schweitzer 1875–1965*, Albin Michel, Paris 1995; D. Mougin/S. Poteau/Ch. Wiss, *Albert Schweitzer – von Günsbach nach Lambaréné*, Gunsbach 2008; außerdem das Theaterstück des bekannten Schriftstellers G. Cesbron, *Il est minuit, Docteur Schweitzer* (1949).

in einem Sammelband mit dem Titel *Psychopathologie du nationalisme* erschienen sind;[156] darin diagnostiziert er das Scheitern der »patriotischen Religion« und ruft dazu auf, den Krieg als »Katastrophe« zu betrachten. Dieser außergewöhnliche protestantische Pastor, Arzt, Musiker, Missionar und Theologe ist beispielhaft für die evangelische Sensibilität, die von der Tragödie des Ersten Weltkriegs betroffen war. Bis zu seinem Tod im Jahr 1965 setzt er sich für den Frieden ein. 1952 erhält er für dieses Engagement und für seinen Kampf gegen Atomwaffen den Friedensnobelpreis.

Er steht nicht allein und findet, auch was sein Wirken in Afrika betrifft, Unterstützung beim Erzbischof von Uppsala Nathan Söderblom. Dieser verkörpert die christliche und lutherische Reaktion auf den Krieg mit einer Initiative, die ihn zu einer internationalen Bezugsgröße gemacht hat. Unterstützt von der nicht am Konflikt beteiligten schwedischen Gesellschaft verbindet er das Streben nach der Einheit der Christen mit dem Einsatz für den Frieden. Diese ökumenische und pazifistische Ausrichtung greift der Heilige Stuhl unter Benedikt XV. trotz dessen Aufmerksamkeit für die Nichtkatholiken nicht auf. Unter Pius XI. wird sie sogar explizit ad acta gelegt. In der protestantischen Welt hingegen entwickelt sich eine ökumenische Arbeit, die gerade in der Nachkriegszeit auch die sozialen Probleme und die Friedensthematik auf ihre Fahnen schreibt.

Am 1. August 1914 wurde der Weltbund für internationale Freundschaftsarbeit der Kirchen gegründet und 1919 bei einer Tagung ebendieses Weltbundes auf Drängen von Erzbischof Söderblom die *Life-and-Work*-Bewegung für das praktische Christentum ins Leben gerufen. Sie sollte eine Weltkonferenz der Kirchen vorbereiten, um über Fragen der Sozialethik und mithin auch über den Frieden zu debattieren. Diese Konferenz fand 1925 in Stockholm in Anwesenheit von Vertretern zahlreicher christlicher Kirchen, jedoch ohne Beteiligung der katholischen Kirche statt. In der Einladung zur Konferenz heißt es: »Die brennenden sozialen Probleme und die Spannungen unter den Völkern beweisen, wie ernst und dringlich

156 A. Schweitzer, *Psychopathologie du nationalisme*, ARFUYEN, Paris-Orbay 2016.

es ist, dass wir Christen [...] uns der Pflicht der Kirche im Leben des Volkes und der Völker bewusst werden.«[157]

Schon 1914 hatte Söderblom einen Friedensappell formuliert und die einzige Möglichkeit aufgezeigt, wie der Nationalismus für die Christen akzeptabel wäre: »Der Patriotismus muss in den Lobpreis Gottes hineingenommen werden, der gebietet: Liebt eure Feinde. Dann, und nur dann, wird er getauft und geheiligt.«[158] Der Erzbischof war eine Gallionsfigur der Friedensbewegung und übte unter anderem einen starken spirituellen Einfluss auf einen jungen Mann aus, der ein Freund der Familie war: den späteren UNO-Generalsekretär Dag Hammarskjöld, der 1961 im Zuge seiner Bemühungen um eine Lösung der Kongokrise bei einem schweren Flugzeugunglück ums Leben kam.[159] 1917 schlug er eine Konferenz vor, auf der die Verantwortlichen der neutralen Länder wie der Schweiz, Schwedens, der Niederlande, Dänemarks und Norwegens zusammenkommen sollten. Für ihn übersteigt »die Einheit der Kirche jedwede Nationalität«.[160] Er wünschte sich eine ökumenische Konferenz, weil er davon überzeugt war, dass »die Einheit der Christen in Christus überirdisch und übernational ist«.[161] Der Traum des Erzbischofs sollte sich 1918 in Uppsala erfüllen, wo es ihm gelang, nicht nur Protestanten, sondern auch Orthodoxe wie zum Beispiel den Exarchen Stefan I. von Bulgarien an einen Tisch zu bringen.

Bei dieser ethisch und praktisch basierten Annäherung zwischen den Christen war der Friede ein wesentliches Thema. Man ahnt, dass es für die Katholiken aufgrund ihrer überwiegend nach der Wahrheit fragenden theologischen Sichtweise, die sich später auch im ökumenischen Dialog wiederfand, schwierig war, die Ökumene unter dem

157 R. Kottje/B. Moeller (Hg.), *Storia ecumenica della Chiesa*, Morcelliana, Brescia 1981, S. 347 f.; vgl. T. Kaufmann/R. Kottje/B. Möller/H. Wolf (Hg.), *Ökumenische Kirchengeschichte, Band III: Von der Französischen Revolution bis 1989*, wbg Academic, Darmstadt 2007, S. 256.

158 B. Sundkler, *Nathan Söderblom. His Life and Work*, Uppsala 1968, S. 162.

159 Vgl. F. Giampiccoli, *Dag Hammarskjöld. Un credente alla guida dell'ONU*, Claudiana, Turin 2005; S. Pesenti, *Dag Hammarskjold. La pace possibile*, Brioschi, Mailand 2011; K. Beyschlag, *Grandi mistici. Dag Hammarskjöld*, Dehoniane, Bologna 2016; J. Hoffmann-Herreros, Dag Hammarskjöld: Politiker – Schriftsteller- Christ, Matthias-Gründewald-Verlag, Mainz 1991.

160 B. Sundkler, op. cit., S. 192.

161 *Ebd.*, S. 20.

Blickpunkt des Friedens anzugehen: »Die Lehre trennt, der Dienst eint«, lautete der Grundsatz von Erzbischof Söderblom.

Es ist hier nicht meine Aufgabe, daran zu erinnern, wie diese Strömung nach und nach mit der »Bewegung für Glauben und Kirchenverfassung« verschmolz, die sich eher mit Fragen der Bekenntnisse, der Ämter und der Sakramente befasste und damit die Voraussetzungen für den späteren Ökumenischen Rat der Kirchen schuf, der zum ersten Mal im Klima des Kalten Krieges in Amsterdam zusammentrat. Die Beteiligung der deutschen Protestanten an der ökumenischen Bewegung war wegen der Niederlage Deutschlands im Ersten Weltkrieg zunächst schwierig und wurde dann, nach der Machtergreifung der Nationalsozialisten 1933 aufgrund politischer Fragen und der Nazifizierung eines beträchtlichen Teils der evangelischen Welt gänzlich unmöglich trotz des von Bonhoeffers Bekennender Kirche geleisteten Widerstands.

Friede und Einheit der Christen

Auf der anderen Seite waren auch die Orthodoxen stark durch den nationalen Horizont beeinflusst. Auf dem Balkan hatten sich die Kirchen den Prozessen der nationalen Wiedergeburt angeschlossen und die Autokephalie von Konstantinopel erlangt. Dennoch begann man nach dem Ersten Weltkrieg bezeichnenderweise auch dort, über die Themen der Ökumene und des Friedens zu diskutieren. Willem Visser't Hooft, ein junger niederländischer Theologe, der 1938 Sekretär des Ökumenischen Rats der Kirchen wurde, besuchte den orthodoxen Metropoliten von Korfu Athenagoras, der bereits an einigen ökumenischen Versammlungen wie etwa dem Kongress des CVJM in Helsinki teilgenommen hatte und gemeinsam mit Söderblom im internationalen Leitungskomitee saß. Er war tiefbeeindruckt von dem Metropoliten, der 1948 Ökumenischer Patriarch von Konstantinopel wurde. Dieser Mann, den Paul VI. 1964 in Jerusalem umarmte,[162] sagte jetzt zu ihm: »Ist die Einheit nicht der Wunsch

---

162 Vgl. V. Martano, *Athenagoras, il patriarca (1886–1972). Un cristiano fra crisi della coabitazione e utopia ecumenica*, il Mulino, Bologna 1996; Dies., *L'abbraccio di*

Christi? […] Hängt der Friede der Welt nicht letzten Endes vom Zustand der Einheit unter den Jüngern Christi ab?«[163]

Das ist das neue Thema, das in Athenagoras seinen vielleicht prominentesten Unterstützer findet: der Zusammenhang zwischen der Einheit der Christen und dem Frieden und, wenn man so will, die Verantwortung der gespaltenen Christenheit für die Kriege. Schon 1902 wurde eben aus Konstantinopel ein Rundschreiben von Patriarch Joachim III. über das Problem der Wiederannäherung zwischen den Kirchen versandt. 1920 hatte derselbe Sitz eine weitere Enzyklika *An die Kirchen Christi in aller Welt* veröffentlicht und eine Art Völkerbund der Kirchen vorgeschlagen. Patriarch Meletios, zuerst Erzbischof von Athen, dann Patriarch von Konstantinopel und schließlich von Alexandrien, teilte diese Sensibilität und unterhielt derart enge Beziehungen zur angelsächsischen Welt, dass man ihn mit der Freimaurerei in Verbindung brachte. Diese irenischen und ökumenischen Initiativen wurden in weiten Teilen der Orthodoxie und insbesondere bei den Mönchen nicht gerne gesehen, da sie für den Erhalt und das Modell des orthodoxen Staates eintraten. Allerdings war das nicht überall der Fall, denn in Bulgarien beteiligte sich Exarch Stefan, ein Freund des Apostolischen Delegaten Roncalli und Beschützer der Juden gegen die Nationalsozialisten, an dieser Bewegung.

Vor allem die Frage der Haltung zu geschichtlichen Entwicklungen beschäftigte die orthodoxe Welt und dabei ging es vor allem um dramatische Erscheinungsformen der Geschichte, nämlich die weltweiten Kriege und Spaltungen. Der russische Patriarch Alexius seinerseits hob während des Sowjetregimes und der damit verbundenen Umwälzungen hervor: »Was immer sich auch um uns herum verändern mag, wir müssen dieselben bleiben wie vor Hunderten von Jahren. Unsere Unwandelbarkeit, die Unmöglichkeit, sich dem Zeitgeist anzupassen, soll ein Symbol für die Ewigkeit der Kirche sein.«[164]

Gerusalemme. A cinquant'anni dall'incontro tra Paolo VI e Athenagoras, Paoline, Mailand 2014. Zum Patriarchen s. auch Athenagoras, O. Clément, op. cit.

163 V. Martano, *Athenagoras, il patriarca*, op. cit., S. 74.

164 A. Roccucci, *Stalin e il patriarca. La Chiesa ortodossa e il potere sovietico*, Einaudi, Turin 2011, S. 372.

Athenagoras, der sich von den Tragödien der Geschichte und insbesondere des Krieges herausgefordert fühlte, vertrat eine andere Position. Er war durch die multiethnischen und multireligiösen Verhältnisse im Osmanischen Reich geprägt. Als junger Diakon hatte man ihn auf den Balkan, nach Monastir, ins heutige Bitola, geschickt, wo ihm der Konflikt zwischen der bulgarischen Orthodoxie und der gegenüber dem Phanar in Konstantinopel treuen Orthodoxie in Mazedonien (dieser hatte den kirchlichen Nationalismus als »Phyletismus« verurteilt) das ganze Ungetüm der balkanischen Nationalismen und ihre Auswirkungen auf die Kirche vor Augen geführt hatte. Die Nationalisierung Mazedoniens nach dem Ersten Weltkrieg hatte zur Beseitigung sämtlicher Spuren des Islams und zur »Serbisierung« der Orthodoxie geführt. Athenagoras erlebte aus nächster Nähe die Kämpfe zwischen Türken, Serben und Bulgaren und später den Ersten Weltkrieg. In Bitola befindet sich ein erschütternder Soldatenfriedhof mit den Gräbern von 16.000 gefallenen Franzosen. In diesem Schmelztiegel wurde ihm bewusst, dass die Kirche und der Friede eng miteinander verbunden sind. »Alle Völker sind gut«, wiederholte der Patriarch zeit seines Lebens bis zu seinem Tod 1972. Alle Völker, so sagte er außerdem, »müssen in der einen großen Menschheitsfamilie ihren Platz finden. Ich gehöre allen Völkern. Die Einheit der Christen muss zum Sauerteig der menschlichen Einheit werden.«[165] Der Patriarch äußerte seine Überzeugung: »Das lebendige Herz der menschlichen Einheit muss die christliche Einheit sein. Der Zusammenschluss der Menschheit ist zugleich der Ausdruck wie auch die Suche nach unserer vollkommenen Einswerdung in Christus.« Darin besteht die Herausforderung.

Nach dem Zweiten Weltkrieg hatte Athenagoras zudem den Eindruck, dass die Welt trotz des Kalten Krieges zusammenwuchs: »die Kriege sind zu Bürgerkriegen des Planeten geworden«. Daneben beobachtete er, dass die Kirchen gespalten und daher untätig blieben: »Wir leben in einer ›kosmogonischen‹ Zeit: Unter unseren Augen wird eine neue Welt geboren«, erklärte er gegenüber dem katho-

---

165 O. Clément, *Dialogues avec le patriarche Athenagoras*, Fayard, Paris 1976, S. 16; dt. Fassung: *Patriarch Athenagoras: Porträt eines Propheten*, Verlag Neue Stadt, München-Zürich-Wien 1982, S. 30.

lischen Ordensmann Antoine Wenger.[166] Die Christen sollten sich an der Schnittstelle zwischen der Globalisierungsbewegung und der eigenen nationalen Identität positionieren. Nur ein spiritueller Humanismus sei in der Lage, die Konflikte zu lindern und die Völker und Religionen unter Berücksichtigung ihrer jeweiligen Identität zur Einheit zu führen. Weil es gespalten sei, so der Patriarch, sei das Christentum im Begriff, seine Bedeutung im Kampf gegen den Krieg und bei jener grundlegenden Humanisierung, die Frieden heißt, ganz oder teilweise zu verlieren.[167]

Die Einheit der Christen, die Einheit des Menschengeschlechts und der Friede sind Themen, die im Christentum des 20. Jahrhunderts immer wieder zur Sprache kommen. Ein Hemmnis, das dieser Denk- und Aktionsrichtung im Wege steht, ist die Schwierigkeit, die verschiedenen christlichen Identitäten zu vereinen, deren Beziehungen sich gleichwohl verbessert haben. Ein Etappenziel ist in gewisser Hinsicht, was Johannes Paul II. 1986 in Assisi erreicht, als er die Vielfalt der Religionen zu einer weltumspannenden Friedensvision zusammenfasst: ein einzigartiges historisches Ereignis und die populärste religiöse Ikone des 20. Jahrhunderts. Für Pater Ernesto Balducci ist das Treffen von Assisi trotz seiner kritischen Einstellung zum Wojtyła-Pontifikat »mit keinem anderen zu vergleichen«, weil es einen globalen Humanismus zum Ausdruck bringt, der von Frieden und Miteinander kündet.[168] Ich will hier nicht näher auf diese so reiche und komplexe Zeit eingehen, sondern lediglich daran erinnern, dass auch Wojtyła in Polen den Krieg auf besonders brutale Weise erlebt hatte.[169]

Eine direkte, ehrliche und persönliche Begegnung mit der Tragödie des Krieges ist nämlich nach dem Ersten wie nach dem Zweiten Weltkrieg und zu allen Zeiten die entscheidende Voraussetzung dafür, dass ein echter Humanismus entstehen kann, der die Grundlagen für ein friedliches Zusammenleben in der Vielfalt der Identitäten zu

166 A. Wenger, *Les trois Rome. L'Eglise des années soixante*, Paris 1991, S. 59.

167 S. hierzu auch mein Buch *Il professore e il patriarca. Umanesimo spirituale tra nazionalismi e globalizzazione*, Jaca Book, Mailand 2018.

168 E. Balducci, *L'evento di Assisi*, in *L'uomo planetario*, Fondazione Balducci, S. Domenico di Fiesole 1994, S. 166 f.

169 Vgl. A. Riccardi, *Johannes Paul II. Die Biografie*, Echter, Würzburg 2012.

schaffen vermag. Ein solcher Humanismus des Friedens ist fähig, die nationalen Identitäten zu vereinen, damit sie in einem globalen Kontext zusammenleben. Er beginnt mit der Anerkenntnis, dass auch der Feind ein Mensch ist, dessen Menschsein sich mit dem eigenen und dem der anderen zur einen Menschheit der Welt verbindet. Das ist das uralte christliche Geheimnis, das die Kirchen bewahren, auch wenn sie gespalten dastehen und trotz all ihrer Bemühungen, die Spaltung zu überwinden, nicht zur Einheit gelangt sind.

Der bekannte deutsche Schriftsteller Erich Maria Remarque, der als Soldat im Ersten Weltkrieg gekämpft hat und sinnbildlich für eine ganze von diesem Konflikt gezeichnete Generation steht, legt in seinem Roman *Im Westen nichts Neues* einem 19-jährigen Soldaten, der das Menschsein seines Feindes erkennt, folgende Worte in den Mund:

> »Kamerad, ich wollte dich nicht töten. [...] Warum sagt man uns nicht immer wieder, dass ihr ebenso arme Hunde seid wie wir, dass eure Mütter sich ebenso ängstigen wie unsere und dass wir die gleiche Furcht vor dem Tode haben und das gleiche Sterben und den gleichen Schmerz –. Vergib mir, Kamerad, wie konntest du mein Feind sein. Wenn wir diese Waffen und diese Uniform fortwerfen, könntest du [...] mein Bruder sein.«[170]

170 E.M. Remarque, *Im Westen nichts Neues*, Kiepenheuer & Witsch, Köln ^{7}2016, S. 198.

Kapitel IX
Ein leidenschaftlicher Friedenssucher: Giorgio La Pira

Tiefengeschichtsschreibung

Über Giorgio La Pira ist viel veröffentlicht worden: Dokumente, Memoiren, Texte, Erinnerungen, Legenden [...]. Die Palette reicht von wissenschaftlicher bis hin zu erbaulicher Literatur. Viele Kongresse wurden abgehalten. Doch es muss eine Frage zu La Pira beantwortet werden, wenn wir wollen, dass sich sein Andenken und seine Botschaft nicht wie so oft auf ein bloßes Zeugnis aus einem Umfeld von Anhängern und Nostalgikern beschränkt. Es ist eine Frage aus der Welt nach 1989, die von vielen Konflikten zwischen Kulturen, Religionen und anderen Lebensbereichen geprägt ist, in der es die 1955 in Bandung entstandene Bewegung der Blockfreien Staaten nicht mehr gibt, die Entkolonialisierung scheinbar einen Teil ihrer Ziele verfehlt hat, die Identität gilt mehr als der Dialog und der Islam nicht mehr nur das tolerante und heroische Gesicht des Sultans von Marokko Mohammed V. trägt, während der Bürgermeister von Florenz ihn in seiner Stadt bereitwillig aufgenommen hat, und in der der Kommunismus nicht mehr existiert. Die Liste ließe sich fortsetzen. Hat das Denken Giorgio La Piras in dieser so anderen Welt noch einen Platz oder ist es nur mehr ein spirituelles Zeugnis aus einer vergangenen Zeit?

Im Grunde lässt sich La Pira mit seiner edlen Gesinnung in die Zeit der Hoffnungen und Träume einordnen, die dem Zweiten Vatikanischen Konzil vorausging, in der nach den finstersten Jahren des Kalten Krieges die Entspannung vorbereitet und von ihm miterlebt wurde. Man könnte ihm nicht nur Naivität zuschreiben, die ihm von nicht wenigen seiner Zeitgenossen vorgeworfen wurde, sondern bei ihm auch einen gewissen Optimismus vorfinden, mit dem er die Geschichte, ihre Protagonisten und die beteiligten Akteure betrachtete. Ein solcher Optimismus findet sich ebenso auf den Seiten der

1965, am Ende des Zweiten Vatikanischen Konzils, verabschiedeten Konstitution *Gaudium et spes* über die Kirche in der Welt von heute. Die angestrebte Vereinigung der Welt, über die das Konzil sprach und die La Pira ersehnte, hat sich in Wirklichkeit als eine Globalisierung erwiesen, die von starken Vereinheitlichungstendenzen, aber auch von zahllosen Konflikten bestimmt ist. Bei aller Offenheit für den Süden der Welt, für den Islam und für Asien war La Piras Vision allerdings noch immer deutlich eurozentristisch geprägt. Man denke nur an seine Überlegungen zur Rolle Frankreichs in der Welt der 1950er- und 1960er-Jahre, das in seinen Augen als katholisches Land imstande war, die Weltgeschichte maßgeblich zu beeinflussen.

Es handelt sich hier nicht um anachronistische und ahistorische Fragen, denn es versteht sich von selbst, dass mit den Jahren und mit der Veränderung der geopolitischen Gegebenheiten früher oder später alles veraltet und unzeitgemäß ist. Man könnte sich auf das Zeugnis des Christen La Pira konzentrieren. Dass der Christ ein Mensch des Friedens sein muss, braucht wohl nicht eigens erwähnt zu werden. La Pira war ein Mann des Friedens, weil er Christ war. Das Problem ist ein anderes: Hatte der Christ La Pira, der aufgrund seines christlichen Glaubens den Frieden liebte, die Tiefenströmungen in der damaligen Welt erkannt, die in gewisser Weise bis in unsere Zeit reichen? In einem Interview mit Domenico Sassoli, dem Vater von David Sassoli, erklärt der Bürgermeister 1976: »Haben Sie jemals an die Möglichkeit einer Tiefengeschichtsschreibung gedacht? Sie wissen, dass die Meeresströmungen präzisen Gesetzen folgen. An der Oberfläche wirkt das Wasser aufgewühlt und lässt ein Bild des Chaos, einer verworrenen und unkontrollierbaren Kräften ausgelieferten Entwicklung entstehen. Doch in der Tiefe gibt es mächtige und rätselhafte Strömungen, die den Lauf des Wassers lenken. Auch in der Tiefe der oberflächlich so aufgewühlten Menschheitsgeschichte gibt es vielfältige und rätselhafte Strömungen, die in eine ganz präzise Richtung treiben: der Einheit und dem Frieden entgegen. Man muss in der Lage sein, sie zu erkennen.«[171]

---

171 G. La Pira, *Il fondamento e il progetto di ogni speranza*, hg. v. C. Alpigiano/ P. Andreoli, Editrice Ave, Rom 1992, S. 375.

Ist das der metahistorische Optimismus eines Gläubigen, der wie im Buch der Apokalypse auf ein eschatologisches Endziel vertraut? Diese Dimension ist bei La Pira zweifelsohne präsent oder besser, sie liegt seinem Denken und Handeln zugrunde. Und doch hat die Kultur für ihn die erhabene Funktion, eine Tiefengeschichtsschreibung zu betreiben und zwar auch im Bezug zu Politiken, »die ihre Augen auf die Oberfläche gerichtet halten und nicht sehen, was in der Tiefe vor sich geht«.[172] Es sei beispielsweise auf die Beziehung zwischen dem Visionär La Pira und dem Politiker Amintore Fanfani hingewiesen. War La Pira in der Lage, die Grundzüge einer Tiefengeschichtsschreibung zu entwerfen?

In den Beziehungen zum kommunistischen Osten, der Sowjetunion oder Russland, wie er es beharrlich nannte, weil ihm bewusst war, dass Russland trotz des Sowjetimperiums weiterlebte, und Polen, war La Pira nicht nur ein Befürworter des Dialogs, sondern hatte zugleich eine präzise Vorstellung von der Zukunft dieser Welt. Was Polen anging, hatte er erkannt, dass das Land trotz seiner Zugehörigkeit zum imperialen Sowjetsystem aufgrund der starken Präsenz der Kirche in der Gesellschaft womöglich ein schwaches Glied in der Kette war. So schrieb er im November 1958 nach dem Tod von Pius XII. an Bischof Domenico Tardini, dem Johannes XXIII. das Staatssekretariat anvertraut hatte: »Trotz ihrer Armseligkeit nehmen meine Liebe und mein Gebet für das katholische Polen und seinen großen Kardinalprimas von Tag zu Tag zu. Ich glaube, dass diese Nation als Zeugin für Christus! die Brücke ist, die der Herr baut, um Seiner Kirche und Seiner Gnade den Übergang zu den unermesslichen Weiten des »Reiches Babylon« zu ermöglichen: einem Raum, in dem eine Milliarde Menschen leben«.[173]

In seinen Briefen spricht Giorgio La Pira häufig von »Nationen«, auch wenn die italienische Kultur nach dem Zweiten Weltkrieg diesen Begriff kaum verwendete, weil sie 20 Jahre lang im Faschismus schwierige Erfahrungen damit gemacht hatte. Für den Bürgermeister aber sind die Nationen noch immer die Protagonisten der Geschichte: »Sie ist ein Auftrag für die Kirche und auch für die

172 *Ebd.*.
173 La Pira an Tardini, 14. November 1958, Kopie beim Verfasser.

Nationen und Kulturen«, schreibt er in dem bereits zitierten Brief und spielt damit auf die drei Pole seiner geopolitischen Weltsicht an: Kirche, Nation und Kultur. Auf den florentinischen Kongressen wird deutlich, welche Rolle er den Nationen zuschreibt. 1952 trägt der Kongress den Titel »Konzil der christlichen Nationen oder von denen, die im allgemeinen Orbit des Christentums leben«. Für La Pira sind die Nationen Subjekte der Geschichte und auch während der kommunistischen Eiszeit unterschwellig aktiv. Was die florentinischen Kongresse betrifft, so wundert man sich ein wenig darüber, wie schwer es dem Bürgermeister fiel, sich bewusst zu machen, dass es eine andere religiöse Welt gibt, in der das Christentum wenig Relevanz besitzt oder nicht so grundlegend ist, wie von ihm angenommen. Tatsächlich handelt es sich hierbei um eine Sensibilität, die auf seinen Reisen und durch die Kontakte mit anderen Welten erst nach und nach heranreift.

Jenseits des Kalten Krieges: Konflikte und Kämpfe der Kulturen

La Pira ist überzeugter Antikommunist, das heißt, er verortet den Kommunismus als Gegenspieler par excellence in einem anderen Universum als dem der Kirche und des Westens. Chruschtschow oder Mao Tse-tung sind in seinen Augen »Banditen«. Als Stalin 1953 stirbt, schreibt er an Pius XII.: »Der Kommunismus siegt nicht mehr, weder in Italien noch außerhalb. Seine ›Endpunkt‹ ist erreicht: Jetzt haben wir den Endpunkt schon überschritten.«[174] Für La Pira muss der Kampf weniger durch Abgrenzung als vielmehr durch »Anziehung« geführt werden. Dies ist ein Schlüsselbegriff in der Strategie des Bürgermeisters. In der Tiefe der Geschichte – auch dies eine Konstante seines Denkens – gibt es eine einigende Bewegung, der man sich trotz aller Widerstände der Politik nur schwer entziehen kann. So gesehen hat die Wiedervereinigung Europas die Funktion, die Blöcke zu überwinden. »Dieser Weg führt zur Einheit und Aussöhnung des ganzen Europa (des ganzen: vom Atlantik bis zum

174 Brief vom 15. Juni 1953, in: G. La Pira, *Beatissimo Padre. Lettere a Pio XII*, hg. v. A. Riccardi/I. Piersanti, Mondadori, Mailand 2004, S. 71. Siehe auch meine Einleitung zu besagtem Buch, ebd., S. 15–41.

Ural)«, schreibt er 1966 an Fanfani gut 20 Jahre vor dem Fall der Berliner Mauer.[175] Eine paneuropäische Vision, wie sie in Zeiten des Kalten Krieges sonst nur noch bei General de Gaulle, dem berühmten Gesprächspartner La Piras, und bei Johannes Paul II. zu finden ist (der Bürgermeister stirbt jedoch kurz vor dessen Amtsantritt). Im Kontext dieser Vision wird auch das Zweite Vatikanische Konzil als ein großes paneuropäisches Ereignis wahrgenommen, das es tatsächlich gewesen ist. 1959 schreibt der Bürgermeister an Don Loris Capovilla, den Sekretär von Johannes XXIII.:

> »Das Konzil geht also nicht nur die Kirche an: Es ist (in der Tiefe gesehen) ein Ereignis von äußerstem Interesse für die Völker, die Nationen (besonders in Europa: Man darf nicht vergessen, dass Russland ein wesentlicher Teil Europas ist: dass sein christliches Heilsschicksal an Europa gebunden ist: so, wie Konstantinopel an Rom gebunden ist!)«.[176]

Für La Pira ist es unvorstellbar, Russland außerhalb von Europa zu denken. Das Konzil hat umfassende Auswirkungen auf die Beziehungen zwischen den Völkern und entwirft gleichsam deren zukünftige Geografie. La Piras »Tiefengeschichtsschreibung« ist, wenngleich von starken spirituellen Spannungen durchzogen, nicht auf die spirituelle oder moralische Ebene beschränkt, sondern erfasst auch längerfristige Bewegungen. Man denke nur an die Rolle, die er ungeachtet der Ideologien und Imperien des Kalten Krieges den Nationen zuweist. Er ist der Meinung, dass Polen und der dortige Katholizismus einen Beitrag dazu leisten können, das sowjetische System ins Wanken zu bringen, und erkennt gleichzeitig die Fragilität des Moskauer Regimes und die bevorstehende Krise des Kommunismus. Hinzuzufügen wäre auch die mehrfach erklärte Notwendigkeit einer Lösung des Konflikts zwischen Israelis und Palästinensern als Schlüssel zum Frieden im Nahen Osten und zu einer neuen Beziehung Europas und des Westens zur arabischen Welt und zum Islam.

---

175 Brief vom 28. April 1966, in *Caro Giorgio… Caro Amintore*, Polistampa, Florenz 2003, S. 301.

176 La Pira an L. Capovilla, 10. Mai 1959, Kopie beim Verfasser.

Der Friede muss durch direkte Gespräche zwischen Israelis und Palästinensern gesucht werden. Das erklärte La Pira in einer Zeit, als diese Hypothese nicht einmal von ferne am Horizont der politischen Debatte zu ahnen war. Er war der Meinung, dass der Friede im Heiligen Land und in Jerusalem die Region in das Epizentrum einer positiven Ansteckung verwandeln würde, die auf den gesamten, zu einem »Friedensraum« erhobenen Mittelmeerraum übergreifen kann. Das sind die sogenannten Thesen von Florenz und der Mittelmeerkolloquien ab 1958. Die florentinische These befasst sich mit der Palästinenserfrage, deren Lösung »nur politisch sein [kann]; der mögliche politische arabisch-israelische Dialog ist [...] nur mehr als Dreiecksgespräch vorstellbar: zwischen Israel, Palästina und den anderen arabischen Staaten«.[177] Die Botschaft ist klar: Die arabische Seite kann die Existenz Israels nicht einfach ignorieren, aber die Israelis müssen auch mit den Palästinensern und den Arabern sprechen.

La Pira war ein großer Israelfreund, der sich für die Sicherheit des israelischen Staates starkmachte. Er war der Gründer der *Amicizia ebraico-cristiana* (jüdisch-christlichen Freundschaft) und brachte dem Judentum große Wertschätzung entgegen, auch weil er sich, allerdings aus christlicher Perspektive, mit dessen heiligen Texten auseinandersetzte. Dieser Mann, dessen Reisepass das Sichtvermerk sowohl des israelischen als auch des ägyptischen Staates trug – was damals ein Unding war und es noch heute für einige arabische Länder ist –, erkannte die wichtige Präsenz des Islams auf der internationalen Bühne und fühlte sich auf religiöser Ebene von diesem »Mysterium« herausgefordert.

Durch seine Zusammenarbeit mit der französischen Zeitschrift *Études méditerranéennes* und dem großen Islamwissenschaftler Louis Massignon und auch über den Florentiner Franziskanerpater und Orientalisten Giulio Basetti Sani übernahm der Bürgermeister von Florenz schon bald die in der damaligen italienischen Kultur kaum verbreiteten Ansichten und Analysen jener französischen Katholi-

177 Vgl. *La strada di Isaia*, Vortrag auf dem Mittelmeerkongress des IPALMO, Januar 1973; dt. Fassung: *»Einheit der Familie Abrahams und Friede der Mittelmeervölker«. Internationaler Mittelmeerkongress – Cagliari 1973*, in: A. Cortesi/ M.P. Giovannoni/P.D. Giovannoni (Hg.), *Giorgio La Pira. Evangelium und politisches Engagement*, Herder, Freiburg i. Br. 2022, S. 245–253, hier S. 252.

ken, die sich mit dem Islam auseinandergesetzt hatten. Kurzum, ihm waren die Komplexität und die Glaubensverwurzelung der Muslime schon in einer Zeit bewusst, als man noch dachte, dass diese Religion durch Säkularisierung und Moderne früher oder später an Bedeutung verlieren würde.

Diese Fragen sind in den vergangenen Jahren im Zusammenhang mit der politischen Rolle des Islams wieder neu aufgeworfen und aufgegriffen worden. In der Debatte über den Kampf der Kulturen wird darüber diskutiert und die maßgebliche Rolle der Religionen bei der Legitimierung von Identitäten anerkannt.[178] In der französischen Kultur war dies jedoch schon damals nichts Neues mehr. Die *Semaines sociales* der französischen Katholiken ist eine Einrichtung, die auf das Jahr 1904 zurückgeht und versteht sich als ein Forum für katholische Laien in der Kirche. 1936 wurde auf einer ihrer Sitzungen in Versailles zum Thema *Les conflits de civilisation* diese Problematik ausgiebig behandelt. Bei dieser Gelegenheit wurden die Bereiche der Welt anhand von Kulturen gekennzeichnet: die muslimische (Vortragender war Massignon), die hinduistische, die sowjetische, die buddhistische etc. Dabei wurde die Frage gestellt, welchen Platz die katholische Kirche unter diesen Kulturen einnimmt. Wenngleich man anerkannte, dass sie an einigen Bereichen der Welt und der Kulturen unmittelbaren Anteil hat, waren die Arbeiten der *Semaines sociales* zu dem Ergebnis gekommen, dass der Katholizismus grenzüberschreitend zu verstehen ist und keine ausschließliche Blockbildung in der einen oder anderen Kultur bewirkt. Das waren die Vorstellungen, die im Frankreich der Zwischenkriegszeit und der Zeit nach dem Zweiten Weltkrieg kursierten.

Unter den Teilnehmern bei der Versailler *Semaines* finden sich einige von La Piras Gesprächspartnern wie Jacques Maritain, Jean Guitton oder Louis Massignon. Die Antwort von Versailles war eindeutig und von Maritain hellsichtig formuliert worden: Der Katholizismus müsse eine treibende Kraft der Zusammenarbeit zwischen Völkern und Kulturen sein.[179] Die Texte von damals sind insbesondere für die Debatte von großem Interesse, die ein halbes Jahrhun-

178 Vgl. S. P. Huntington, *Kampf der Kulturen: die Neugestaltung der Weltpolitik im 21. Jahrhundert*, Europa-Verlag, München-Wien 1996.

179 Semaines Sociales de France, *Les conflits de civilisations*, Paris-Lyon 1936.

dert später durch Samuel Huntingtons These vom Kampf der Kulturen ausgelöst wurde.

Im Übrigen war dies auch der Standpunkt des päpstlichen Lehramts und das in einer Zeit, da der Kalte Krieg einen echten Kampf der Kulturen, nämlich zwischen der sowjetisch-östlichen und der westlichen Zivilisation darstellte. Papst Pacelli hatte den Kommunismus als einen neuen, eroberungswilligen Islam bezeichnet. Zu Pius XII. unterhielt La Pira in den Zeiten des Kalten Krieges komplexe und wichtige Beziehungen, die ich mit der Veröffentlichung der Briefe des Bürgermeisters an den Pontifex veranschaulichen wollte.[180] Auch wenn die politischen Entscheidungen des Bürgermeisters nicht immer mit denen des Papstes übereinstimmen, dem vor allem der Kommunismus Sorgen bereitete, gibt es im Denken der beiden wesentliche Gleichklänge. Anders ist nicht zu erklären, dass sich Pius XII. auf eine so dicht gedrängte Korrespondenz vonseiten des Bürgermeisters eingelassen hat und diesen sogar wissen ließ, dass er dessen Texte durch seine Mitarbeiter zur Kenntnis nahm.

Ebendieser Pius XII. hatte 1946 unmittelbar nach der Krise des Zweiten Weltkriegs erklärt, worin der substanzielle Unterschied zwischen der Kirche und den Imperien besteht. Er fragte sich, ob nicht selbst eine auf geistliche Werte gegründete Herrschaftsausübung »vielleicht der Gefahr anderer Art Vorschub leistet, nämlich allem Eigenen einen übertriebenen Wert, eine ausschließliche Beachtung beizumessen, sodass dem Fremden keine Wertschätzung entgegengebracht werden kann oder dieses nicht einmal wahrgenommen wird?« Kurz gesagt, würde das Imperium im Gegensatz zur Kirche die Andersartigkeit ablehnen.

»Wenn zu bestimmten Zeiten und an bestimmten Orten«, so der Papst, »diese oder jene Kultur, diese oder jene völkische Gruppe oder gesellschaftliche Schicht mehr als andere ihren Einfluss auf die Kirche geltend machten, bedeutet das keineswegs, dass sie bei irgendjemand lehenspflichtig wird, noch dass sie sich in einem

180 Vgl. G. La Pira, *Beatissimo Padre*, op. cit.; siehe auch A. Riccardi/A. D'Angelo (Hg.), G. La Pira, *Il sogno di un tempo nuovo*, Edizioni San Paolo, Cinisello Balsamo (MI), 2009. Ders., *Abbattere muri, costruire ponti*, hg. v. A. Riccardi, A. D'Angelo, Edizioni San Paolo, Cinisello Balsamo (MI) 2015.

bestimmten Augenblick der Geschichte sozusagen versteinert, gegenüber der weiteren Entwicklung sich abkapselt.«

Abschließend sagte er: »Das allumfassende Verstehen der Kirche hat nichts mit sektenhafter Enge zu tun, noch mit der seiner Tradition verhafteten Ausschließlichkeit eines Imperialismus.«[181] Bestimmte Akzente im Lehramt von Pius XII. finden gerade bei La Pira starken Anklang. Der Konflikt zwischen unterschiedlichen Welten ist ein Thema, über das der Katholizismus schon seit langem nachdachte und der sich nicht in der Auseinandersetzung zwischen Ost und West erschöpft. Für La Pira war klar, dass sich seit den 1950er-Jahren neue Lebenswelten herausbilden: die entkolonialisierten Länder, die blockfreien Staaten, China und andere. Schon unter Pius XII., doch dann vor allem unter Johannes XXIII. ist der Heilige Stuhl sorgsam darauf bedacht, diese Welten mit ihrer Bedeutung anzuerkennen. Er erneuert die Episkopate in den ehemaligen Kolonien, die ihre Unabhängigkeit erlangt haben, und ist bestrebt, einheimische Bischöfe zu ernennen. Wie La Pira in zahlreichen Beiträgen und auch durch sein Handeln deutlich macht, ist er sich der Tatsache bewusst, dass es außer dem Westen noch viele andere Lebenswelten, religiöse und politische Sphären und Kulturen gibt, die berücksichtigt werden müssen.

Im Übrigen betont der Bürgermeister den tiefgreifenden Einfluss der Religionen auf die geschichtlichen Prozesse, was heute selbstverständlich erscheinen mag. Man könnte diese Vorstellung von Religion als fideistisch abtun. Dass er von dieser Einsicht fest überzeugt war, steht außer Frage, tut ihrer Bedeutung aber keinen Abbruch. La Pira ist gerade im Rahmen einer Tiefengeschichtsschreibung von einer einschneidenden Funktion der Religionen überzeugt. Das ist keine Kleinigkeit in einer Zeit, als die Kultur auch, aber nicht nur unter dem Einfluss des Marxismus dazu tendierte, die historische Bedeutung der Religionen unterzubewerten. Allerdings muss betont werden, dass La Pira auch die Bedeutung wirtschaftlicher Faktoren

181 Pius XII., *Discorsi e radiomessaggi di Sua Santità Pio XII*, Vatikanstadt 1964, Bd. VII, S. 390 f.; dt. Fassung: *Ansprache an das Heilige Kollegium aus Anlass der Inthronisation der neuen Kardinäle, 20. Februar 1946*, in: F.-F. Utz/F. Groner (Hg.), *Aufbau und Entfaltung des gesellschaftlichen Lebens*, Bd. 2, Freiburg (Schw) 1954, S. 2106–2120, hier S. 2112 f.

und Entwicklungen im Blick hatte, um die er sich in einigen Fällen unmittelbar bemühte. Er fürchtete, dass der Algerienkrieg einen Graben zwischen dem Islam und Europa aufreißt. Massignon, der die muslimische Welt aus eigener Anschauung kannte, schreibt: »Der Islam droht, sich an die Spitze eines allgemeinen Aufstands der Ausgebeuteten gegen die überlegene technische Unterdrückung zu stellen.«

Anziehung ausüben, Gespräche führen, Brücken bauen

La Pira war davon überzeugt, das Christentum könne einen großen Beitrag dazu leisten, Europa in den Augen der Welt Anerkennung zu verschaffen und die Grenzen der abendländischen Zivilisation zu überschreiten. 1958 schreibt er an Pius XII.: »Was hat der sogenannte freie Westen den Völkern des Islams, die sich um ihre Moscheen scharen und beten, den Völkern Asiens, die sich ihrer ›metaphysischen‹ und kontemplativen Wurzeln bewusst werden, der kommunistischen Welt, die von einer falschen Mystik der sozialen Gerechtigkeit und menschlichen Geschwisterlichkeit beseelt ist, entgegenzusetzen?«[182]

Im geopolitischen Rahmen des Kalten Krieges will La Pira Brücken zwischen diesen Lebenswelten bauen und zu diesem Zweck die mögliche Rolle einiger Länder ausloten. Auch dank einer Reise nach Marokko gelangt er zu der Überzeugung, dass dieses Land die Beziehungen zwischen Europa und dem Islam stärken könnte. Genau wie Polen im Hinblick auf den Osten. Die »Brücken« ermöglichen ein müheloseres Sich-Entfalten einer politischen Anziehungskraft, die ein zentraler Bestandteil seiner Vision ist. Im August 1958 schreibt er an Pius XII. (der Papst stirbt jedoch, ehe La Pira den Brief abschicken kann):

> »Was muss man tun, um das kommunistische System zu ›besiegen‹? Das liegt auf der Hand: den Orbit der (nicht-kommunistischen) Völker Asiens und Afrikas mit dem Orbit des Westens verbinden (aber eines Westens mit christlichem und nicht bloß technischem

182 Brief vom 18. April 1958, in: G. La Pira, *Beatissimo Padre*, op. cit., S. 252.

und mechanischem Antlitz!). Je mehr diese Anziehung wächst, je wirkungsvoller sie ist und je fester sie die beiden Orbits (die gleichwohl verschieden bleiben) mit spirituellen und wirtschaftlichen Wurzeln aneinander bindet, desto mehr wird der kommunistische Orbit (Russland, China, die Satellitenstaaten) geschwächt werden. Diese Schwächung, die auf eine solche Anziehung folgt, wird ein Faktum von immenser Tragweite sein. Das muss mit wachsender Sorgfalt vorangetrieben werden, ohne Kosten zu scheuen.«[183]

Das ist La Piras großartige Strategie gegenüber anderen Lebenswelten neben dem Westen und dem Osten. Es ist seine Strategie gegenüber der kommunistischen Welt. Der Krieg ist keine Option, denn er würde in einen nuklearen Konflikt ausarten. So schreibt La Pira 1961 an Johannes XXIII.: »Krieg kann und darf nicht geführt werden; es gilt, den Frieden aufzubauen. Ein fest gebauter Friede ist nur dann möglich, wenn das christliche Europa und der christliche Westen Russland nicht zurückstößt, sondern an sich bindet.«[184] Gibt es dazu eine Alternative?

»Wie? Mit Bomben? Nein: durch Attraktivität [...]. Wie lässt sich diese Anziehung bewerkstelligen? Ich weiß: die Frage ist dramatisch« – hatte er 1958 an Pius XII. geschrieben –, »das Problem scheint fast unlösbar; und doch muss man zu irgendeiner, wenn auch nur anfänglichen und annähernden Lösung gelangen. Unterdessen ist eines gewiss: Diese Kommunisten sind untereinander gespalten [...] China hat Streit mit Russland und Angst vor ihm; Russland hat Streit mit China und Angst vor ihm. Und diese beiden Staaten sind darauf angewiesen, sich auch in wirtschaftlicher, kultureller und politischer Hinsicht mit den anderen Teilen der Welt zu arrangieren«.

La Pira ist davon überzeugt, dass Russland geschwächt werden muss, um sich Europa anzunähern: »Sodann hat Russland den tödlichen Ballast der Satellitenstaaten, die sich in ständigem Aufruhr befinden.

183 *Ebd.*, S. 313.

184 Brief vom 22. November 1961 an Johannes XXIII. in: G. La Pira, *Il sogno di un tempo nuovo*, op. cit., S. 295 f.

Was ist zu tun? Diese kommunistischen Staaten muss man einzeln an sich binden, wie es mit Jugoslawien geschehen ist. Schritt für Schritt sollte dies auch mit China und den anderen Satellitenstaaten durchgeführt werden. Russland muss Schritt für Schritt isoliert werden, damit Russland die eigene Schwäche immer deutlicher spürt und schließlich der befreienden Anziehungskraft des christlichen Westens erliegt«.[185]

Die gewaltige und weit entfernte chinesische Alterität ist sehr präsent in La Piras Visionen, lange bevor er sich mit Vietnam beschäftigt. La Pira hat schon ein sehr deutliches Gespür für die Entfremdung zwischen der Kirche und der Volksrepublik China und nimmt sie im Hinblick auf das Potenzial der chinesischen Gesellschaft als eine Tragödie wahr. China ist die Zukunft, so glaubt der Bürgermeister, während er die Entwicklung dieses Landes und sein demografisches Gewicht aufmerksam beobachtet. Nur wenige wissen, dass sich La Pira dafür einsetzte, dass die chinesischen Bischöfe, die für Rom nicht mehr erreichbar waren, die Einladung zum Konzil erhalten konnten. Mons. Capovilla hat mir erzählt, er sei von Substitut Bischof Angelo Dell'Acqua darüber in Kenntnis gesetzt worden, dass La Pira einen Weg gefunden habe, die Einladungen (vermutlich mit der Hilfe der Ägypter) über die chinesische Botschaft in Kairo zuzustellen. Man dachte daran, die vor der Einrichtung der sogenannten Volkskirche ernannten und die *in statu necessitatis* geweihten chinesischen Bischöfe nach Rom kommen zu lassen. Amleto Kardinal Cicognani, der Staatssekretär, war wenigstens zum Teil damit einverstanden, es auf diesem Wege zu versuchen.

Der Papst wollte jedoch nicht persönlich über La Piras Vorschlag entscheiden und legte ihn der Kongregation für außerordentliche kirchliche Angelegenheiten vor, die den Vorschlag mit drei zu neun Stimmen ablehnte (dagegen stimmten unter anderem Alfredo Ottaviani und Pietro Ciriaci). Dell'Acqua und Capovilla appellierten an den Papst, der jedoch schließlich dagegen entschied: »Die Unfehlbarkeit ist nicht mein Besitz. Ich kann mich nicht über diese Abstimmung hinwegsetzen. Ich stehe an der Spitze der Institution, die die Mitglieder ernannt hat. Ich fühle mich nicht dazu imstande«.

185 G. La Pira, *Beatissimo Padre*, op. cit., S. 314.

So erinnert sich Capovilla an die Ablehnung von Papst Johannes.[186] Für La Pira war das Konzil ein Ereignis, das über die institutionellen Grenzen der katholischen Kirche hinweg einen Dialog zwischen den Lebenswelten einleiten konnte. Die Anwesenheit der chinesischen Bischöfe hätte zu einer Annäherung geführt.

Lange vor der Enzyklika *Ecclesiam suam* Pauls VI. betrachtete La Pira den Dialog über dieses Thema als das geeignete Mittel, um eine Anziehungskraft auszuüben und Brücken zu bauen. Was die kommunistische Welt betrifft, denkt der Bürgermeister nicht einfach an ein Aufweichen oder einen Ausverkauf der in den Jahren des Kalten Krieges gereiften Politik. In einem Brief an Johannes XXIII. schreibt er 1959 über Fanfani und den Osten: »Er habe mit Chruschtschow einen harten, aber ehrlichen und konstruktiven Dialog etablieren können.«[187] Keinem anderen als Fanfani hatte er 1957 erklärt, wie er sich einen solchen Dialog vorstellte: »Dieser Wille zu verhandeln, Lösungen zu finden, den Bezug zu den realen Gegebenheiten herzustellen, ist eine Grundlage, die als Voraussetzung jedweden Handelns beachtet werden muss.«[188] Das ist La Piras Realismus, der sich aber nicht im Pessimismus verschließt. Der Bürgermeister fällt ein positives Urteil über die Gespräche zwischen Chruschtschow und Kennedy 1959 und präzisiert, dass man »den politischen Dialog zwischen Amerika und Russland nicht ohne eine ›metapolitische‹ Basis führen dürfe, dass man somit die grundlegende, nämlich metaphysische und religiöse Frage nicht unberücksichtigt lassen könne.«[189] Realismus und religiöse Geschichtsbetrachtung gehen bei ihm Hand in Hand.

La Pira wußte, dass sich die internationale Bühne in eine größere Anzahl von Welten untergliedert, auch wenn sich die öffentliche Meinung auf die Konfrontation zwischen den Vereinigten Staaten und der Sowjetunion konzentrierte. Daher müsse eine sehr breit angelegte Dialogpolitik mit allen Bereichen der Welt verfolgt werden. Im Gespräch mit dem US-amerikanischen Diplomatiker Adlai Ste-

---

186 Gespräch des Verfassers mit Mons. Loris Capovilla.

187 Brief vom 18. Mai 1959 in: G. La Pira, *Il sogno di un tempo nuovo*, op. cit., S. 133.

188 Brief vom 4. März 1957, in: *Caro Giorgio… Caro Amintore*, op. cit., S. 218.

189 Brief vom 31. Juli 1959 in: G. La Pira, *Il sogno di un tempo nuovo*, op. cit., S. 154.

venson erklärte er, dass man sich insbesondere nicht in einen globalen Flächenbrand hineinziehen lassen dürfe. Stattdessen müssten die schwelenden Konfliktherde gelöscht werden, ehe sie die jeweiligen Grenzen überschreiten: »Ich habe meinen Standpunkt mit äußerster Offenheit dargelegt. Alles, was zum Frieden hinstrebt, ist richtig; alles, was zum Krieg hinstrebt, ist falsch; Russland in den christlich-westlichen Orbit einbeziehen und zwar auf zwei Wegen: dem ›technischen‹ und dem ›mystischen‹; Israel und Ismael aussöhnen; den Algerienkrieg beenden«.[190]

Ein Christ und leidenschaftlicher Friedenssucher

Die Konflikte im Nahen Osten und in Algerien sind auch wegen ihrer möglichen Auswirkungen auf die Beziehungen zwischen verschiedenen Bereichen der Welt riskant. La Pira möchte vor allem mit Überzeugung erklären, dass ein Krieg zwischen den Großmächten kein gangbarer Weg ist. »Dem Frieden kann (wenn die Erde nicht zerstört werden soll) keine andere Alternative gegenübergestellt werden als der Friede.« An diesem Punkt »gilt es mithin zu verhandeln, und zwar auch mit Russland (einer Raumfahrtnation und Atommacht erster Ordnung); es muss in die Lebenswelt des Westens (insbesondere Italiens) einbezogen und ihm müssen seine christlichen Wurzeln und seine christliche Berufung bewusst gemacht werden«. La Pira stellt sich den »Kreuzzugpredigern« in den Weg. Für ihn »gibt es keine andere historische und politische Lösung: Es gibt sie nicht, weil die ›militärische‹ Lösung, die die Politik der Staaten bis gestern bestimmt hat, heute (und für alle Zeiten) auszuschließen ist«.[191]

Auf der Grundlage realistischer Erwägungen führt La Pira die Utopie des Friedens ein, um den Krieg aus der Geschichte zu verbannen. Doch der Friede ist zutiefst mit dem Dialog zwischen Völkern, Kulturen und Religionen verbunden. Erneut sei betont, dass La Pira in einer Zeit, als das Nachdenken über internationale Gleichgewichte die Religionen großenteils aussparte, den intellektuellen Mut

190 Brief vom 30. Juli 1959, *ebd.*, S. 152.
191 Brief vom 22. November 1961, *ebd.*, S. 296.

aufbrachte, sie als ein Element von großer Bedeutung zu betrachten. So gibt es für ihn keinen Frieden ohne Religionsfreiheit. Es ist interessant zu sehen, dass er seinen sowjetischen Gesprächspartnern schon bei den frühesten Kontakten zuerst das Problem der Religionsfreiheit vorlegt, die den Bewohnern der kommunistischen Länder verweigert wird. Aufschlussreich ist in dieser Hinsicht ein Brief, den La Pira 1954 an den sowjetischen Botschafter (in Rom von 1954 bis 1957 und von 1959 bis 1963) Alexander Bogomolow schreibt: »Die Kirche erwartet dringend einen großen Akt des Friedens seitens der volksdemokratischen Regierungen und zwar die Freilassung des Kardinalprimas von Ungarn, des Kardinalprimas von Polen, des Primas der Tschechoslowakei, aller Bischöfe und Priester: dass ihnen die freie Ausübung ihres Apostolats der Gnade, der Liturgie, der Wahrheit und der Liebe zurückgegeben werden möge! Exzellenz, dieser Akt – wenn er kommt, wie ich hoffe! – wird immense Auswirkungen auf alle Kontinente und auf alle Völker haben. Er wird der wahre Regenbogen sein, der den wahren Frieden zwischen den Nationen ankündigt. Denn das Fundament des Friedens und seine wesentliche Voraussetzung ist der Religionsfriede.«[192]

War ein derart direktes und explizites Ansinnen kaum mehr als einen Monat nach Stalins Tod opportun? Doch so war La Pira: zuversichtlich, nicht von vorneherein feindselig, klar und direkt. Ohne Religionsfreiheit gibt es keinen Frieden. Man sieht deutlich, dass seine spirituelle Textur, seine Erfahrung dem Weltgeschehen und sein Realismus ihn weder zu einem Träumer noch zu einem Amateurpolitiker, sondern zu einem Mann mit Visionen gemacht haben. Bislang habe ich viel über La Piras Strategie und seine geopolitischen Lesarten und weniger über seine Spiritualität gesprochen. Doch ich glaube, dass die Spiritualität sein Format als ein Mann mit Visionen wesentlich prägt. Und seine Visionen waren sowohl für die politische Kultur seiner Zeit als auch für die kirchlichen Kreise zuweilen durchaus gewagt.

Was die kirchliche Welt betrifft, so muss La Piras Kirchentreue auch nach dem Konzil und in konfliktträchtigen Situationen inner-

---

192 G. Spinoso/C. Turrini, *Giorgio La Pira: i capitoli di una vita*, Florenz 2022, S. 904.

halb des florentinischen Katholizismus (etwa im Fall des *Isolotto*, als die von Ermenegildo Kardinal Florit vorgebrachte Lösung ihn zunächst nicht überzeugen konnte[193]) hervorgehoben werden. Er war nie ein Katholik, der den Konflikt suchte. Das zeigt sich beim Referendum über die Ehescheidung, wo er Positionen vertrat, die den Richtlinien der Kirche entsprachen. Es gibt ein sehr bezeichnendes Zeugnis einer leider in Vergessenheit geratenen Persönlichkeit, über deren Rolle man nachdenken müsste. Es ist Marcella Glisenti, die 1971 gemeinsam mit La Pira eine Reise nach Chile unternahm. Sie schreibt über La Piras feste Verwurzelung in der Kirche auch in Situationen, die Ratlosigkeit hervorriefen: »Man hat schon mehr als einmal beobachtet, dass Katholiken, die in dieser Art von Auseinandersetzungen verwickelt waren, sich oft von der Kirche entfernten. Doch La Pira lehrte mich, an die tiefe Sensibilität der Kirche für alle echten Probleme des Menschen zu glauben. ›Wir machen weiter, weil es so richtig ist. Ohne Angst. Die Kirche weiß, dass wir Recht haben. Die Kirche ist einverstanden. Auch wenn sie uns das nicht wieder und wieder sagen kann.‹ Auch ich möchte meinerseits«, so Glisenti abschließend, »bezeugen, dass sein Glaube an die mütterliche und vornehme Geistesart der Kirche [...] viele von uns gelehrt hat, nicht in die fruchtlosen Streitereien jener – zwar vornehmen und großzügigen, aber vertrauenslosen – Menschen zu verfallen, die das Schweigen Roms häufig als eine tragische Mittäterschaft angesehen haben.«[194]

Giorgio La Piras Verwurzelung im christlichen Glauben und in der Aktualität der Kirche war einer der Gründe, die ihn veranlassten, andere, verschiedene und ferne Welten kennenzulernen und sich mehr und mehr mit nichtchristlichen oder nichteuropäischen Kulturen vertraut zu machen. Giuseppe Dossetti, der sich gewissermaßen der Größe und gleichsam Überlegenheit seines früheren Kollegen bewusst war, schreibt überaus treffend: »Er hat sich bis zur völligen Erschöpfung seiner Kräfte mit dem Amt identifiziert, um für die Einheit der Völker, für die friedliche Koexistenz gegensätz-

193 Es handelt sich um eine Auseinandersetzung um den pastoralen Einsatz in diesem Stadtviertel von Florenz.

194 M. Glisenti, »Ricordo di un viaggio a Santiago con Giorgio La Pira«, *Testimonianze* (1978), Nr. 4–5–6–7, S. 441–451.

licher Ideologien und Systeme und für den Aufbau der Einheit einer Welt des Zusammenlebens und des Friedens zu sprechen und zu wirken.«[195]

Abschließend ist festzuhalten, dass La Pira jene »Tiefengeschichtsschreibung« praktizierte, die auch in Zeiten des Kalten Krieges die Ausprägung der verschiedenen bis dato unterdrückten religiösen und zivilen Identitäten vorantrieb. Neben der Herausforderung eines atomaren Konflikts zwischen den beiden Supermächten achtete er auf alle Arten von Spannungen, die womöglich neue Konflikte auslösen würden. Verhandlungen und Gespräche – die alte Lösung, die die Päpste des 20. Jahrhunderts angesichts des Krieges immer und immer wieder vorgeschlagen haben – stellten in seinen Augen die Waffe dar, mit der der Friede bewahrt, der Krieg ausgelöscht, aber auch neue Formen des Austauschs zwischen den Welten aufgebaut werden konnten. Der politisch-militärische Aspekt des Dialogs war somit nur ein Teil eines Austauschs, der außerdem religiös und kulturell sein muss. Das beweisen seine florentinischen Kongresse. Seine Spiritualität wird also durch sein Handeln anschaulich gemacht.

Das Vertrauen in den Dialog zwischen den verschiedenen Bereichen der Welt brachte ihn zu einem breiten Verständnis des Konzepts der »friedlichen Koexistenz«, wie es sich insbesondere im Hinblick auf die militärischen und politischen Probleme am Horizont der Ost-West-Beziehungen abzeichnete. Die »friedliche Koexistenz« war für ihn nur ein erster Schritt jener Koexistenz, die durch gegenseitige Zuwendung, Brücken und Dialog zwischen den Welten verwirklicht werden muss. 1969 schreibt er: »Es geht nicht bloß darum, die vorhandenen Atombomben verschwinden zu lassen und keine neuen zu produzieren. Es geht darum, die Struktur der Welt in qualitativer Hinsicht zu verändern [...]. Es geht nicht nur darum, keine Kriege zu führen, es geht darum, die Zivilisation der Welt qualitativ zu verändern, von einer Zivilisation, die in Erwartung des Krieges aufgebaut worden ist, zu einer anderen Zivilisation überzugehen, die in Erwartung des Friedens aufgebaut wird.«[196]

---

195 G. Dossetti, *Prefazione*, in *Il fondamento e il progetto di ogni speranza...*, op. cit, S. IX.

196 *Ebd.*, S. 132.

Vor diesem Hintergrund denkt er über die Kunst und die Art des friedlichen Zusammenlebens nach. Das ist für ihn der Weg zu einer Kultur des Friedens. Ihm ist bewusst, dass neben dem Westen und der kommunistischen Welt andere Universen am internationalen Horizont auftauchen und ihre Rolle spielen wollen. Wer sein Handeln und seine Vorschläge verfolgt, gewinnt den Eindruck, dass Giorgio La Pira die Fundamente für eine echte Kultur des Zusammenlebens zwischen Nationen, Welten und Religionen gelegt hat. Es sind seine Idee zum Frieden inmitten der Unterschiede und des weltweiten Einigungsprozesses.[197] Einen tragfähigen Frieden erreicht man nicht durch die Logik des Kampfs, sondern durch den Aufbau einer Kultur des Zusammenlebens. Vorausschauend erfasst La Piras Tiefengeschichtsschreibung die Bewegungen der Gegenwartswelt und schlägt einen Horizont – wenn nicht gar eine Methode – vor, in den sich die entstehenden und konfliktiven Wirklichkeiten einordnen lassen: den Horizont einer Kultur des Zusammenlebens. Die vielen Reden, Beiträge, Aktionen und Reisen sind nicht bloß die Splitter einer aus Versuchen, Misserfolgen und dem einen oder anderen Erfolg bestehenden Biografie, sondern vor allem Ausdruck einer robusten, in seinem Glauben verwurzelten Vision von der zukünftigen Welt und der Zivilisation. Diese Vision wurde durch seine beständige Auseinandersetzung mit der Wirklichkeit und durch sein Forschen in den Tiefen der Gegenwartsgeschichte gefestigt. Um den Frieden zu erreichen, muss man lernen, mit dem zusammenzuleben, der anders ist, und das allein ist schon eine Form von Zivilisation.

---

197 S. hierzu mein Buch *Convivere*, Laterza, Rom-Bari 2006.

Kapitel X

Die Flagge, das Symbol einer Schicksalsgemeinschaft*

Auf die Flagge zu blicken heißt, auf Italien zu blicken, auf seine tausendjährige Geschichte als Nation und als geografische, kulturelle und sprachliche Region. Es ist ein Blick auf den Staat Italien, der 1861 Einheit und Unabhängigkeit erlangt. Der Staat ist Ausdruck einer seit Jahrhunderten bestehenden Gemeinschaft. Über sie schreibt Francesco Bruni: »Dante fügt dem geografischen Italien eine neue Dimension hinzu [...]. Es ist eine überaus kühne intellektuelle Errungenschaft, die das Bild des geografischen Italien von da an bereichert und um die Spracheinteilung eines *Volgare del sì* entsprechend ergänzt, das man später passenderweise Italienisch nennen wird«.[198]

Die Flagge als Symbol einer Schicksalsgemeinschaft

Schon bei ersten Anfängen in Reggio Emilia waren die Symbole der Flagge ein Aufruf zur Einheit der aufgesplitterten italienischen Bevölkerungsgruppen. Sie hat die Generationen, die für die Einheit gekämpft haben, ebenso inspiriert wie Dantes berühmte Verse im sechsten Gesang des *Purgatorio*:

> Wehe Italien, knechtisch Land des Elends,
> ein steuerloses Schiff bist du im Sturm,
> ein offnes Haus und keine Herrscherin!

Dante hat eine literarische und politische Tradition von »Klageliedern« – so möchte ich sie einmal nennen – über Italien begründet,

---

* Auszug aus der Lectio magistralis zur »Festa del Tricolore« (Tag der italienischen Flagge) in Reggio Emilia, 7. Januar 2023.

198 F. Bruni, *Italia. Vita e avventure di un'idea*, il Mulino, Bologna 2010, S. 76; als *Volgare del sì* wird der romanische Dialekt bezeichnet, der als Vorgänger der modernen italienischen Sprache gilt.

die dem nationalen Bewusstsein Nahrung geben sollten. Die »Klagelieder« sind seit der Bibel eine literarische Gattung, die den Schmerz über eine oft unerträgliche Situation und die Hoffnung auf Wiedergeburt auszudrücken vermag. Dieser Geist befeuerte die Begeisterung und die Leidenschaft derer, die sich aufopferten, um eine nationale Schicksalsgemeinschaft zu schaffen. Das war das emotionale und politische Klima, in dem der Kult der Trikolore entstand.

Die Flagge steht seit 1861 als Symbol zunächst für das Königreich und später für die Republik. Seit über eineinhalb Jahrhunderten repräsentiert sie trotz aller politischen Brüche die Kontinuität: Staat, Land, Schicksalsgemeinschaft. Das Flattern der Flagge im Wind ist zuweilen wie ein festliches Schwingen, das von Freiheit kündet.

Mein Vater hat mir erzählt, dass er im Zweiten Weltkrieg mit 19 Jahren als Leutnant und später mit dem Gramsci-Bataillon als Partisan in Albanien gekämpft hat und anschließend von den Albanern an die Deutschen ausgeliefert und von diesen nach Deutschland in ein Lager deportiert wurde. Er war einer von 600.000 Militärinternierten ohne Schutz durch die Genfer Konvention, die sich aus Treue zu König und Flagge weigerten, den Truppen der Italienischen Sozialrepublik beizutreten. Und so blieben sie im Lager.

Nach zwei langen Jahren der Haft kam 1945 die Befreiung. In einfachen Worten und ohne jede Rhetorik erzählte mir mein Vater von dem ersten Gefühl der Freude, das er nach dem mühseligen Heimweg empfand: »Nach dem Krieg und der Gefangenschaft, als ich den Brenner überquerte und die Trikolore im Wind flattern sah, nach alledem, war ich glücklich und fühlte mich frei und zuhause!« Er hatte einen steinigen Lebensweg vor sich: ein Studium, das beendet werden wollte, eine Arbeit, die es zu finden galt, eine Familie, die in Schwierigkeiten war, das alles in einem besiegten und unsicheren Land. Doch der Anblick der Flagge gab ihm das Gefühl der Freiheit und den optimistischen Blick in die Zukunft zurück.

Flagge, Vaterland, Nation

Die Flagge ist Ausdruck eines »Wir« und mit der Vorstellung von einem Vaterland und mit dem Gefühl der Heimat verbunden. Federico

Chabod war ein großer Historiker und Politiker aus dem Aostatal, der sich für die Autonomie seiner Heimat und gegen ihre Annektierung durch Frankreich einsetzte. Er hat das unübertreffliche Buch *L'idea di nazione* geschrieben, in dem er die Ergebnisse einer zwischen 1943 und 1944 gehaltenen Universitätsveranstaltung zusammenfasst: »Die Nation wird zum Vaterland: Und das Vaterland wird zur neuen Gottheit der modernen Welt«.[199]

Im italienischen Denken ist die Nation eine Willensentscheidung und nicht an natürliche Gegebenheiten gebunden. Diese Vorstellung findet sich schon bei Mazzini. Die Nationalität ist dem Ausdruck des Bürgerwillens nicht vorgeordnet. Demgegenüber vertraten die Deutschen die Meinung, dass das Elsass aus Gründen der Rasse, der Sprache und der Tradition zu Deutschland gehöre: eine »unbewusste Nationalität«. Für die Italiener und die Franzosen spielten diese Faktoren keine große Rolle. Die Nationalität wurde durch das Bewusstsein eines Volkes bestimmt. Das ist die Vorstellung des *Risorgimento*,[200] die der deutschen Vorstellung von einer auf Blut und Boden gegründeten Nation diametral gegenüberstand.

Die Generation meines Vaters ist in der Zeit des Wiederaufbaus mit den Begriffen »Vaterland« und »Nation« sehr sparsam umgegangen. Es handelt sich um die größte Sozialrevolution der italienischen Geschichte, verwirklicht von den politischen Parteien und insbesondere von der »Partei der Nation«: der *Democrazia Cristiana*.[201] Das hatte vermutlich damit zu tun, dass diese beiden Begriffe mit dem Entzug der Freiheit assoziiert wurden, der zum Faschismus, zum Äthiopienkrieg und schließlich dazu geführt hatte, dass Italien an der Seite von Nazideutschland in den Zweiten Weltkrieg eingetreten war. In der italienischen Verfassung wird das Wort »Vaterland« nur zweimal erwähnt, wo von der Verteidigung des Vaterlandes und von den Senatoren die Rede ist, die »dem Vaterland Ruhm und Ehre eingebracht haben«. Das Wort »Nation« kommt dreimal vor, im Kontext des historisch-künstlerischen Erbes, im wichtigen Zusammenhang

199 F. Chabod, *L'idea di nazione*, Laterza, Bari 1972, S. 61.

200 Epoche der Entstehung des italienischen Einheitsstaates zwischen 1815 und 1870.

201 Vgl. A. Giovagnoli, *Il partito italiano. La Democrazia cristiana dal 1942 al 1994*, Laterza, Rom-Bari 1996.

mit den Parlamentsabgeordneten, die die Nation vertreten, und in Bezug auf die öffentlichen Angestellten, die ihr dienen.

Ich weiß noch, dass viele Italiener sich unbehaglich fühlten, als Johannes Paul II. 1978 gewählt wurde und von Vaterland und Nation zu sprechen begann. Für einen Polen war die Nation in jenen Jahren jedoch etwas anderes als ein Staat und eine echte Alternative zu ihm, da dieser – wie der Primas von Polen Stefan Kardinal Wyszyński immer sagte – mit seiner Unterwerfung unter die Herrschaft der Sowjetunion zum »Sklaven« geworden war.[202]

Der Begriff der Nation schien vor allem durch die Vorstellungen des Rassismus »verunreinigt«. Im *Manifest der rassistischen Wissenschaftler* von 1938 heißt es: »Diese uralte Reinheit des Bluts ist der größte Adelstitel der italienischen Nation«.[203] Es folgten die Rassengesetze, der Ausschluss der Juden aus der Gesellschaft – Voraussetzung für die Judenrazzien –, der 8. September 1943 und die Beteiligung des Landes an der Shoah mit ca. 8.000 italienischen Todesopfern.[204]

Ich erinnere an die Geschichte der *Società Dante Alighieri*, deren Vorsitzender ich bin und die 1889 von Giosuè Carducci gegründet wurde, um unsere Sprache zu verbreiten und unter den Emigranten zu bewahren. Die Dante-Gesellschaft hat den Juden überaus viel zu verdanken. Nachdem sie 1938 zu einer Organisation des Regimes geworden war, wurden die Juden jedoch ausgeschlossen und nach dem Krieg nicht wieder aufgenommen. Erst vor Kurzem wurden ihre Nachfahren symbolisch zu Ehrenmitgliedern ernannt.

Gleichwohl gehört der Gebrauch der Begriffe »Nation« und »Vaterland« mit vollem Recht zur zivilen Sprache des *Risorgimento.* In seiner Rede zur Einhundertjahrfeier der Trikolore am 7. Januar 1897 nennt Carducci das Vaterland die »höchste Religion des Herzens, des Verstandes und des Willens«.[205]

---

202 S. hierzu mein Buch *Johannes Paul II.: die Biografie*, op. cit.

203 *Il Manifesto della razza*, in: »Il Ponte«, Nr. 11–12/1978, S. 1508. S. auch: F. Cassata, *La difesa della razza. Politica ideologia e immagine del razzismo fascista*, Einaudi, Turin 2008.

204 Vgl. G. Rigano/A. Riccard (Hg.), *La svolta del 1938. Fascismo cattolicesimo e antisemitismo*, Guerini e Associati, Mailand 2020.

205 G. Carducci, *Discorso nel centenario della nascita del Tricolore*, 7. Januar 1897, in https://appelloalpopolo.it

Was in Carduccis Ansprache auffällt, ist das friedliche Bild des Trikolore: »Nicht greifende Adler und Löwen, nicht übermächtige Raubtiere zeigt das heilige Banner; sondern die Farben unseres Frühlings und unseres Landes […], den Schnee auf den Alpen, den April in den Tälern, die Flammen der Vulkane. Unvermittelt sprechen jene Farben zu den großmütigen und freundlichen Seelen.« Carducci ist der Dichter der nationalen Erinnerung. Das Gedenken ist die Erinnerung an eine Geschichte. Wiederholung ist nicht ermüdend, wenn sie eine Erinnerung von Generation zu Generation auf authentische Weise wiederaufleben lässt. Das Judentum zeigt uns, wie durch die im biblischen Text vorhandene und immer wieder treu ausgelegte Erinnerung neue, gegenwarts- und zukunftsweisende Bedeutungen erschlossen werden. Wer eine Zukunft haben will, braucht die Erinnerung. Wir sind darauf angewiesen, dass die Erinnerung und die Kultur tiefer in unser Leben eindringen, um der Scheidung von Kultur und Politik entgegenzuwirken, die sich in den Zeiten der Kommunikationsmittel und der sozialen Medien vollzogen hat.

Auf der Gedenkfeier 1897 in Reggio fordert Carducci die Welt von morgen heraus. Für das Volk des Trikolore steht die Zukunft auf dem Spiel: »Auf der Erde ist Italien für sich selbst und für die Welt wiedererstanden. Um zu leben, braucht es eigene Ideen und Kräfte, muss es eine eigene zivile und menschliche Aufgabe wahrnehmen, muss es in moralischer und politischer Hinsicht wachsen.« Italien braucht Ideen. Das gilt auch heute, denn es braucht ein weitsichtiges Denken, das ihm »eine eigene zivile und menschliche Aufgabe« in der Welt zuweist. In der geopolitischen Zeitschrift *Limes* warf Lucio Caracciolo in weniger poetischen Worten die Frage auf: »Wozu ist Italien nutze?«[206] Um die Zukunft zu verstehen, muss man es in einen geopolitischen Rahmen hineinstellen.

Da ist zunächst einmal das europäische Italien. Das Italien des *Risorgimento* hegt keinen aggressiven Nationalismus, sondern fügt sich in den Rahmen der europäischen Nationen ein. Das ist eine alte Idee à la Mazzini. Ich komme noch einmal auf Chabod zurück: Das

206 L. Caracciolo, »Editoriale: A che serve l'Italia?«, *Limes* 4/2017.

Prinzip, »das mit dem der Nation einherging, war europäisch ausgerichtet«.[207] Es ist ein europäisches, das heißt mit den unterdrückten Nationen solidarisches Italien, und zwar im 19. Jahrhundert mit Polen, das Russland, Österreich-Ungarn und Deutschland unter sich aufgeteilt hatten.[208] Heute mit der Ukraine, die europäisch sein will, die jedoch von Russland angegriffen und in ein Schlachtfeld verwandelt wurde. Doch leider – erlauben Sie mir die Bemerkung – verflachen die solidarischen wie beispielsweise humanitären Initiativen unter der Last der Krise. Dass der Trikolore neben der europäischen Flagge weht, ist heute zwar vor allem durch die Ächtung des Zweiten Weltkriegs motiviert, steht aber keineswegs im Widerspruch zur nationalen Geschichte. Gemeinsam symbolisieren die beiden Flaggen ineinander verflochtene wirtschaftliche und politische Schicksale, Solidarität, die Vermischung von Bevölkerungen und jungen Menschen. Der Trikolore ist im Licht der italienischen Verfassung (s. Art. 11) eine Flagge des Friedens und Ausdruck einer starken Berufung. Es ist die Flagge der Friedensmissionen mit ihren Gefallenen, wie ich es zum ersten Mal 1982 im vom Krieg zerstörten Libanon mit anderen Augen und mit Stolz gesehen habe.

Ein Land von so bedeutenden Dimensionen wie das unsere, das nicht über andere herrschen will, kann den Unterschied ausmachen. In Mosambik herrscht seit 30 Jahren Friede, nachdem das Land durch einen Krieg verwüstet worden war, der eine Million Todesopfer forderte und hierzulande meist unbemerkt blieb. Aber nicht in Reggio Emilia: Die Region zeigte auf großzügige Weise ihre Solidarität mit dem mosambikanischen Unabhängigkeitskampf. Der 1992 unterzeichnete Friedensvertrag, der von Matteo Zuppi und mir im Namen der Gemeinschaft Sant'Egidio, einem Vertreter der italienischen Regierung und einem mosambikanischen Erzbischof vermittelt wurde, hat dem blutigen, das Land vernichtenden Krieg zwischen Regierungs- und Guerrillatruppen ein Ende bereitet und die Fundamente für einen friedlichen Wiederaufbau gelegt.[209] In Mosambik und auch

---

207 F. Chabod, *L'idea di nazione*, op. cit., S. 79.

208 Vgl. J. Plumyène, *Le nazioni romantiche. Storia del nazionalismo del XIX secolo*, Sansoni, Florenz 1982.

209 Vgl. R. Morozzo della Rocca, *Mosambik – Frieden schaffen in Afrika*, Echter, Würzburg 2003.

andernorts habe ich in den letzten 30 Jahren gesehen, welchen Unterschied Italien ausmachen kann.

Trikolore und Globalisierung

Nach dem Fall der Berliner Mauer wurden die nationalen, ethnischen und religiösen Identitäten durch die Globalisierung gedrängt, sich neu zu definieren. Vernachlässigte nationale Identitäten hatten nun wieder das Bedürfnis, auf den Plan zu treten. In der Welt des Ostens erlangten nach 1989 nicht nur diejenigen Nationen ihre Unabhängigkeit zurück, die der sowjetischen Herrschaft unterstanden hatten, auch aus der UdSSR selbst gingen neue und alte Nationen hervor. Die Ukraine und nicht nur sie. Es bestätigte sich, was Benedikt XV. während des Ersten Weltkriegs gesagt hatte: »Die Nationen sterben nicht«.[210]

In der globalen und in gewisser Hinsicht aufdringlichen Welt haben sich nicht nur die Nationen, sondern auch die Religionen neu ausgerichtet, sodass wir es heute mit fundamentalistischen und aggressiven Auswüchsen zu tun haben. Die globale Welt hat mit dem Fall der Grenzen, wie auch durch die Annäherung der Völker, der Märkte und der Kulturen Orientierungslosigkeit hervorgerufen. Es gibt keine homogenen Völker mehr. Man denke nur an das Migrationsphänomen, das mit dem Globalisierungsschub einhergeht und das nicht so sehr aus der Not geboren wurde, wie man in unseren Tagen angenommen hat, sondern das beinahe schon struktureller Natur ist. Wir Europäer haben den Eindruck, dass die Migranten vor allem zu uns kommen, aber die Zahl der Migranten und Geflüchteten, die sich innerhalb von Afrika und Lateinamerika oder von Mittelamerika in die Vereinigten Staaten bewegen – von Asien gar nicht zu reden –, ist weitaus größer.

Seit 30 Jahren entsteht ein Bedürfnis nach Identität und Nation, ein Bedürfnis nach Heimat, aus dem hier und da die Forderung aufkommt, eine Festung zu errichten. Allerdings widerspricht dies scheinbar der Globalisierungslogik, doch es ist eine Tatsache. Die

210 Benedikt XV., *Apostolisches Schreiben Allorché fummo chiamati* in www.vatican.va.

globale Welt zwingt die Nationen, sich neu aufzustellen. Italien hat dies mit Verspätung getan: in der politischen Krise am Ende der von Pietro Scoppola so genannten »Parteienrepublik«.[211]

Das Fest des Trikolore wurde per Gesetz vom 31. Dezember 1996 eingeführt. Präsident der Republik war damals Oscar Luigi Scalfaro. Er reiste zur Zweihundertjahrfeier der Nationalflagge nach Reggio. Für Scalfaro war die Flagge Ausdruck der Einheit Italiens gegenüber den regionalen Bestrebungen oder sezessionistischen Tendenzen. Nach und nach entwickelte sich eine besondere Beziehung zwischen dem Präsidenten der Republik, dem Quirinal und dem Trikolore: im Namen der Einheit – einer nicht bloß territorialen oder politischen Einheit, sondern der Einheit einer zivilen, sozialen und wirtschaftlichen Schicksalsgemeinschaft. Auf diese Weise festigte sich die Stellung des Präsidenten als Symbol und Schiedsrichter *super partes* im nationalen Bewusstsein. Trikolore und Präsident künden von einem gemeinsamen Schicksal jenseits aller politischen Konflikte und schlagen eine Brücke zwischen lebendiger Demokratie und Einheit.

Der 1999 gewählte Carlo Azeglio Ciampi gab der Verbreitung des staatsbürgerlichen Flaggenkults – die Trikolore als Symbol der Republik – einen besonderen Impuls. Er brachte einen Wunsch zum Ausdruck, in dem Artikel 12 der Verfassung und somit der letzte der grundlegenden Rechtssätze Gestalt annahm: »Die dreifarbige Flagge soll in unseren Häusern aufgehängt und sorgfältig aufbewahrt werden. Sie ist ein lebendiges und aktuelles Symbol, das die Bürgermeister, die die dreifarbige Schärpe tragen, den Brautleuten und jedem italienischen Neubürger überreichen sollten«. Viele Italiener haben seinen Vorschlag aufgegriffen und heute weht unsere Flagge über zahlreichen und nicht nur öffentlichen Gebäuden.

Beharrlich hat Ciampi die Worte »Vaterland« und »Nation« wieder in den italienischen Wortschatz eingeführt, nachdem sie wie erwähnt nach Faschismus und Krieg ziemlich unbeachtet geblieben waren. Salvatore Satta hatte in einem Buch über die Zeit zwischen 1940 und 1945 vom »Tod des Vaterlandes« gesprochen. Ernesto Galli della Loggia griff den Ausdruck 1996 im Titel eines seiner Essays auf, in dem

211 Vgl. P. Scoppola, *La Repubblica dei partiti. Evoluzione e crisi di un sistema politico 1945–1996*, il Mulino, Bologna 1997.

er die These vertrat, dass die Verfinsterung des Vaterlandes durch den Faschismus und den 8. September 1943 das demokratische Italien an der Entwicklung einer nationalen Identität gehindert habe.[212]

Genau das war es jedoch, was sich Ciampi in einer globalen Welt wünschte. Übrigens verfügte der Präsident über alle nötigen Eigenschaften, um diese Wiederentdeckung der eigenen Identität anzuführen. Seine Schulbildung an der *Normale* in Pisa hatte ihn ganz und gar mit dem klassischen italienischen Humanismus und somit mit der »voritalienischen« Kultur vertraut gemacht. Seine Kriegserlebnisse spiegeln Italiens tragischen Zusammenbruch unter den Faschisten wider. Ciampi kämpfte in Albanien und schloss sich nach der Flucht der Monarchie am 8. September 1943 dort den Partisanen an. Schließlich trat er dem italienischen Heer bei, das sich im Süden neu formierte. Seine einzige politische Erfahrung ist der *Partito d'Azione*; danach wird er ein humanistischer Bankier.[213] Der Trikolore war für Ciampi ein Symbol für die Geschichte und für die Italiener unserer Tage. Die Geschichte ist kein Flussbett, durch das eine Masse von Ereignissen strömt, sondern – so seine Botschaft – Ausdruck einer grundlegenden Kontinuität in der Vielfalt: der Kontinuität zwischen *Risorgimento*, der Verfassung und der Entscheidung für Europa.

Eine Flagge für alle

Bei der Zweihundertjahrfeier des Trikolore 1997 in Reggio sagte der Dichter Mario Luzi: »Das Banner der Nation wehte über den Einsätzen der Truppen, die den Befehl hatten, Streiks, Forderungen und Proteste zu unterdrücken, es wurde willkürlich über den Bürgern aufgepflanzt [...]. Unglückseligerweise begleitete es Unterfangen nicht der Freiheit, sondern der Unterdrückung im Dienst einer Sache, die nicht die seine war«. Und doch war es unsere Flagge: im Mut und im Opfer der Soldaten, im Sinn der Einheit und Freiheit, in den schönen und in den düsteren Momenten des italienischen Lebens.

212 E. Galli della Loggia, *La morte della patria*, Laterza, Rom-Bari 1996; S. Satta, *De profundis*, Adelphi, Mailand 1980.

213 Vgl. A. Puri Purini, *Dal Colle più alto. Al Quirinale con Ciampi negli anni in cui tutto cambiò*, Il Saggiatore, Mailand 2012.

Luzi erklärte abschließend: »Es ragte auf über den Wogen der Geschichte unserer Nation und unseres Volkes. Es wurde mehr als bloß ein Symbol. Es gehört materiell ebenso zu uns wie als Metapher«.[214]

In Reggio Emilia durch die Initiative von Träumern entstanden, rief die italienische Flagge die Italiener während des *Risorgimento* zusammen. Ein Teil von ihnen folgte dem Ruf und ein Staat entstand. Andere, die Katholiken etwa, hielten sich in jenen Jahren zurück, weil sie sich nicht so sehr mit diesem Staat identifizierten. Das Zensuswahlrecht, das nach der Höhe des Einkommens gewährt wurde und einer Ideologie entsprach, der zufolge nur die Besitzenden staatsbürgerliche Verantwortung tragen, schloss viele Männer von den Wahlen aus. Frauen waren ohnehin nicht wahlberechtigt. 1912 kam das allgemeine Wahlrecht für Männer (die Zensusgrenzen fielen jedoch erst 1918). Beim Referendum von 1946 konnten auch die Frauen über die Staatsform mitentscheiden. Die Zahl der Italienerinnen und Italiener, die sich in der Flagge wiedererkannten, wuchs von Generation zu Generation: durch die Schulpflicht und die Bildung, durch die Wahlen als politische Beteiligung, durch die leidvollen Kriege, das zivile und lokale Leben, Arbeit, Sport, Militärdienst, Kundgebungen, politisches oder gewerkschaftliches Engagement und anderes mehr. »Für uns existiert das Wort Vaterland«, sagte Luzi. Für eine wachsende Zahl von Italienern existiert das Vaterland und die Flagge.

Neue Italienerinnen und Italiener, Söhne und Töchter anderer Kulturen, Gläubige von Religionen, die unserer Geschichte fern sind, sind gekommen, um als unsere Mitbürger bei uns zu wohnen oder mit uns zu leben. Andere Gesichter als die aus unserem Viertel schauen zur Trikolore auf und betrachten sie als ihre Flagge. Leider besitzen nicht alle die Staatsangehörigkeit. Vor einiger Zeit traf ich bei einem Festakt mit syrischen Geflüchteten zusammen, die über die humanitären Korridore nach Italien gekommen waren. Ein neunjähriges Mädchen begrüßte mich in perfektem Italienisch und sagte mir, wie gut es ihr und ihrer Mama hier gehe. »Willst du zurück nach Syrien?«, fragte ich sie. »Nein!«, antwortete sie erschrocken, »Italien

---

214 Mitschnitt eines Interviews mit Mario Luzi, Reggio Emilia, 7. Januar 1997, in: www.lenguamedra.org/ archivio-post/tricolore-2021. Transkription des Verfassers.

ist schön!« Diese Kinder, diese Teenager, die in ihrem Leben nichts als Krieg gesehen haben, können unseren Jugendlichen, aber auch uns Erwachsenen, die wir zuweilen etwas übersättigt, müde und pessimistisch sind, erklären, wie schön Italien ist. Die Flagge ist für sie eine Garantie des Friedens und einer unbeschwerten Zukunft.

Die italienische Identität ist mit den Jahren vielfältiger geworden. Sie umfasst nun auch Menschen mit einer anderen Geschichte und beweist damit, dass Italien über eine robuste und differenzierte nationale Kultur verfügt. Die Dante-Alighieri-Gesellschaft zählt und vernetzt rund 700 italienisch schreibende ausländische Schriftsteller. Mit bewegenden Worten beschreibt die Autorin Edith Bruck, eine ungarische Jüdin, die nach Auschwitz und in andere Lager deportiert worden war, als sie 1954 in Italien ankam: »Für mich war Italienisch die Sprache der Freiheit.« Was für eine Ehre für unsere Sprache, unsere Nation und – warum nicht? – unsere Flagge!

Heute erscheint Italien klein, kleiner als früher in einer globalen Welt der politisch-ökonomischen Riesen und angesichts neu aufflammender Konflikte und einer zerfahrenen internationalen Politik. Doch unser Land ist getränkt von Arbeit und Unternehmungsgeist, von Spannkraft zum Neuen hin und vor allem – in einem Maß, das weltweit einzigartig ist – von Geschichte, Kultur und Schönheit. Das ist ein unschätzbar wertvolles Erbe, das vor den Zerstörungen in anderen Ländern großenteils bewahrt geblieben ist.

Ohne Kultur und ohne Liebe zur Schönheit ist Italien nicht zu verstehen. Und doch überschatten uns zuweilen Pessimismus und Niedergang. Schweigen bedeckt die eigentlichen Fragen, während über die weniger wichtigen lauthals gestritten wird. Mario Luzi hat in Reggio gesagt: »Die Seele unseres Volkes ist planerisch, vielleicht utopisch, dynamisch, jedenfalls nicht apodiktisch. Die Identität ist nichts Gegebenes, sondern ein Punkt, der erreicht, der angestrebt werden muss«.

Der Blick auf die Flagge bedeutet, sich als Teil einer Geschichte zu fühlen. Vor allem aber heißt es, nach oben zu blicken, auf eine Zukunft in Würde für die Italienerinnen und Italiener, die der großen Welt Nutzen bringt. Die Zukunft ist noch nicht aufgeschrieben, nichts davon. Der Krieg in der Ukraine hat uns schmerzlich überrascht. Es gibt keine Garantien. Aber Sicherheit besteht ebendarin, gemeinsam als Land Italien die Zukunft anzupacken und zwar mit starken und angesehenen Institutionen, die eine politische Auseinandersetzung ermöglichen. Nicht als viele einzelne, individuelle »Ichs«, die in einer Welt haltlos sind, in der man praktisch alles kaufen und verkaufen kann, in der man jedoch außerstande ist, sich in einem »Wir« wiederzufinden. Ein solches »Wir« wird auch in Köpfen und Herzen geboren, die mit Ideen, mit Glauben, mit Leidenschaften, mit Gedanken angefüllt sind. Diversität und Pluralität sind nicht leer. In früheren Zeiten hat die Flagge ein »Wir« zusammengerufen. Heute tut sie das erneut in einer komplexen und technologisierten Welt, in einer Welt, die anders geworden ist, wie auch wir anders geworden sind, sicherer und behüteter als in der Vergangenheit – zumindest in diesem Land, das sich Italien nennt.

Kapitel XI

Gemeinschaft: vom Ich zum Wir

Vom Wir-Traum zur Ich-Wirklichkeit

Heutzutage scheint es entscheidend zu sein, von Gemeinschaft zu sprechen. Doch die so lange Geschichte der Menschheit ist ein weites und kompliziertes Arbeitsfeld, die in unerforschlichen Zeiten wurzelt, aber auch in den Sehnsüchten und Geschichten der Männer und Frauen ihre Spuren hinterlässt. Gemeinschaft: ein Bedürfnis, Drama und eine Leidenschaft so vieler und in so vielfältigen Formen. In unserem Europa der heutigen Zeit ist dies ein eher unattraktives Thema. Auch wenn der Traum von der Überwindung der Spaltungen unter den europäischen Ländern in einem historischen Abschnitt nach der Vereinigung des Marktes und vor der EU als Europäische Wirtschaftsgemeinschaft oder Europäische Gemeinschaft bezeichnet wurde.

Gemeinschaft! Welcher Art? Die Gemeinschaft Sant'Egidio, zu deren Gründung 1968 und zu deren Wachstum ich beitragen durfte, besteht seit über 50 Jahren. Es ist die besondere Geschichte einer Schicksals- und Solidaritäts-, vor allem aber einer Erfahrungsgemeinschaft: Erfahrungen der Menschlichkeit in verschiedenen Ländern der Welt und in unmittelbarem Kontakt mit Situationen, die von Krieg oder Leid geprägt sind.

Die Geschichte von Sant'Egidio führt zurück in die 1960er-Jahre. Damals war »Gemeinschaft« ein Wort, ein Traum, eine Sache, die sehr in Mode war. Es gab – zumindest in den europäischen Ländern und insbesondere unter den Jugendlichen – einen verbreiteten Drang zur gemeinschaftlichen Sozialisation. 1968 ist eine Geschichte, die derart zur Kategorie geworden ist, dass heute angesichts gesellschaftlicher Verwerfungen gefragt wird, ob sich die 68er-Jahre wiederholen sollten. Gemeinschaft, Kommune, Wohngemeinschaft, Kollektiv, Versammlung … – das alles sind Erfahrungen, die mit den unterschiedlichsten Motivationen und Inspirationen begeistert gelebt wurden. Diese Erfahrungen und Ambitionen prägten die 68er-Generation, die sich gegen die autoritären Modelle des Patriarchalismus wie auch des wettbewerbsorientierten Individualismus auflehnte, vor allem gegen die traditionellen Institutionen: Schule, Universität, Familie, Streitkräfte, Polizei, Kirche und so fort. Man revoltierte gegen das, was man als bourgeoisen, familiären, karrieristischen Individualismus betrachtete, und träumte davon, ein neues »Wir« zu schaffen und zwar ein anderes »Wir« als das, das man von der Tradition und Gesellschaft des nach dem Zweiten Weltkrieg neu zusammengesetzten Westeuropa geerbt hatte.

Tabula rasa mit der Vergangenheit sozusagen, um dann ganz neu anzufangen ... Das alles ist lange her. Aus der 68er-Bewegung gingen verschiedene, gegensätzliche Strömungen hervor. Auf der einen Seite eine gemeinschaftliche Sozialisation, in der die Freude am Zusammenleben zum Ausdruck kam, wie die Entstehung kollektiver Erfahrungen oder Organisationen beweist; und auf der anderen Seite ein ausgeprägter und anderer Individualismus, wie in einem Slogan auf einer der Mauern der Sorbonne zu lesen stand: »Wir werden einen guten Lehrer haben, wenn jeder sein eigener Lehrer ist.«[215] Viele glauben – und ich bin derselben Meinung –, dass die Ursachen für den Individualismus unserer Zeit paradoxerweise zum Teil in der 68er-Bewegung zu finden sind.

Der Lebensüberschwang der 68er-Jahre hatte kein allzu großes Bedürfnis, in den abgelehnten Kategorien der Vergangenheit oder der Kultur Erklärungen zu finden. »Ich habe etwas zu sagen, aber ich weiß nicht, was«, stand auf der Mauer eines Pariser Gymnasiums zu lesen. All das rief bei einer Generation von gebildeten und auch aufgeschlossenen Menschen Verwirrung hervor, die aber nicht gewillt war, auf die Debatte zu verzichten. Der französische Professor Olivier Clément hat mir vom dramatischen Verlauf der Gespräche berichtet, die er 1968 mit seinen Studenten führen wollte und die von diesen abgebrochen wurden, weil sie ihm, dem Dozenten und Vertreter der Institution, voreingenommen begegneten.

215 *Journal mural. Mai 68. Sorbonne, Odeon, Nanterre, etc.*, hg. v. J. Besançon, Paris 1968, S. 32.

Die Achtundsechziger wollten die Zukunft beim Schopf packen: »Seid realistisch, verlangt das Unmögliche«, lautete der bekannteste Slogan. Mario Perniola, ein Philosoph meiner Generation, führt einen Großteil der Populismen und des Irrationalismus auf das Erbe der 68er-Bewegung zurück.[216] Wir können diese These hier nicht erörtern. Ich möchte aber daran erinnern, dass das Klima jener Jahre vom »Wir«, vom Kollektiv und Gemeinschaftlichen geprägt war, als ob die gemeinschaftliche, zwischenmenschliche Ebene des »Wir« durch den Bürokratismus oder die Politik der Institutionen beseitigt worden war. In der brodelnden Vitalität des nachkonziliaren Katholizismus entwickelten sich Alternativen zu den Institutionen und eine Welt der Basisgemeinden, die in den 1960er-Jahren aufblühten und in Lateinamerika und allgemein auf der Südhalbkugel verbreitet waren. Es war gleichsam eine andere Kirche mit einem gemeinschaftlichen Antlitz.[217]

Damals war es für die heranwachsenden Generationen normal, von Gemeinschaft, Zusammenleben und Kollektiv zu sprechen. Heute wird uns bewusst, wie fremd uns diese Welt geworden ist. Wir leben in einer Zeit, die sich auf einem gegensätzlichen Weg als den der gemeinschaftlichen Sozialisation befindet. Vincenzo Paglia hat vor einigen Jahren in einem Buch, das nicht zuletzt wegen seines Titels recht erfolgreich war, vom »Zusammenbruch des Wir« gesprochen.[218] Die verbreitete Freude an der Gemeinschaft oder der gemeinschaftlichen Sozialisation existiert nicht mehr, weil wir – nicht nur in Europa, sondern mehr oder weniger und mit unterschiedlicher Ausprägung auf allen Breitengraden in einer ausgeprägt individualistischen Epoche leben. So sehr, dass der Individualismus sich sogar in den afrikanischen Gesellschaften mit ihren starken Familien- und Clanstrukturen Bahn bricht. Und der Zusammenhang mit dem Vordringen des »Konsummenschen« und des Markts ist kaum zu übersehen. Seit einem halben Jahrhundert kehrt sich die Tendenz um: von der Gemeinschaft zum Individuum.

---

216 Vgl. M. Perniola, *Berlusconi o il ›68 realizzato*, Mimesis, Mailand 2011.

217 Vgl. A. Giovagnoli (Hg.), *1968 fra utopia e Vangelo. Contestazione e mondo cattolico*, Rom 2000.

218 V. Paglia, *Il crollo del noi*, Laterza, Rom-Bari 2017.

Das ist vielleicht allzu pauschal gedacht, weil in allen Epochen, in jedem Einzelnen und in jeder Kultur verschiedene Strömungen gleichzeitig am Werk sind. Wir müssen aber die Gesamtsituation in den Blick nehmen. Der Psychoanalytiker Luigi Zoja, den ich sehr schätze, hat in dem kleinen Band, *La morte del prossimo* (»Der Tod des Nächsten«), eine wichtige Analyse vorgelegt.[219] Zahlenmäßig betrachtet, schreibt Zoja, ist die Kategorie des Nächsten auf viele Personen angewachsen, doch gleichzeitig haben die Beziehungen an Stabilität verloren und ihre Umrisse verschwimmen am Horizont. Der Tod des Nächsten führt auch zum Ende der gemeinschaftlichen Lebensformen, die, wenngleich immer schillernd, das Dasein begleitet, ihm als Hintergrund gedient und ein Netzwerk gebildet haben.

Vor allem in den vergangenen Jahrzehnten hat sich ein weiteres Phänomen breit gemacht: die Vielzahl der Nächsten in einer entgrenzten Welt, die zum globalen Dorf geworden ist.[220] Die Erfahrung einer intensiven und virtuellen Kommunikation hat uns mit – auch tragischen – Bildern aus fernen Ländern in Berührung gebracht, mit Bildern von Not und Gewalt, auf die man kaum reagiert, weil man meint, dass man ja ohnehin nichts tun kann. Im globalen Zeitalter lösen humanitäre Tragödien oder Kriege keine heftigen Reaktionen mehr aus, obwohl sie uns insofern sehr nahe sind, als wir viel über sie wissen. Kurzum, die Nachbarschaft ist nicht mehr geografisch definiert und mein Nächster kann weit entfernt sein. Die Bindungen sind nicht mehr die der Zugehörigkeit zu einer Gemeinschaft angesiedelt, sondern sind einfach nur menschliche Bindungen geworden.

Wer ist mein Nächster?

»Und wer ist mein Nächster?«, fragt der Schriftgelehrte Jesus im Lukasevangelium, als er ihn auf die Probe stellen und das Engagement der Liebe, das der Rabbi von ihm gefordert hatte, infrage stellen will. Im Evangelium handelt es sich um eine derart grundlegende Frage,

219 L. Zoja, *La morte del prossimo*, Einaudi, Turin 2009.

220 Vgl. M. McLuhan, F. Quentin, *Krieg und Frieden im globalen Dorf*, Econ-Verlag, Düsseldorf-Wien 1971.

dass der Rabbi in Form eines Gleichnisses die Geschichte vom barmherzigen Samariter erzählt, der – anders als der Priester und der Levit – als Einziger bei einem halbtoten Mann am Wegesrand stehenbleibt. Am Ende des Gleichnisses fragt Jesus: Wer von diesen dreien meinst du, ist dem der Nächste geworden, der halbtot an der Straße zwischen Jericho und Jerusalem lag?

Wer ist mein Nächster in dieser unüberschaubaren Welt? Einer Welt ohne Nächsten in der Nachbarschaft und mit zu vielen Nächsten in der Ferne. Zoja hat Recht: Die Bindungen innerhalb der Familie, der Gemeinschaften oder des Umfelds werden schwächer, die verschiedenen Formen der Nachbarschaftsbeziehungen weniger eng. Natürlich zeigt sich darin auch ein Zug der aufregenden Freiheit. Doch in Europa ist für die meisten nicht die (wenngleich nie ganz verwirklichte) Emanzipation das Problem: »In einer Gesellschaft, in der Bindungen als Zwang oder als vertragliche Verpflichtung erlebt werden« – schreiben Miguel Benasayag und Gérard Schmit –, »ist die Selbstständigkeit des Einzelnen eine hoch geschätzte Eigenschaft.«[221] In der patriarchalischen, die Person gänzlich vereinnahmenden afrikanischen Gesellschaft sind die Bindungen noch stark. Wir in Europa sind heute freier, aber auch einsamer. Die Verherrlichung des Wettbewerbs – die in der Erziehung vor allem unserer Jugendlichen gefördert wird – lässt ein Zuviel an Bindungen als Hemmnis erscheinen, das der individuellen Verwirklichung im Wege steht. Doch hemmungsloser Wettbewerb fordert einen menschlichen Preis, über den nur selten gesprochen wird.

Ich möchte jedoch auf die Krise der gemeinschaftlichen Bindung, auf den Tod des Nächsten als tiefe und schmerzliche Einschränkung der Gesellschaft eingehen. In den europäischen Gesellschaften wird über die Radikalisierung junger Islamisten diskutiert, die Kinder von Einwanderern sind. Hier geht es um die Peripherien als fruchtbarer Boden für eine Radikalisierung durch persönliche Kontakte mit islamistischen Netzwerken oder durch das Internet. Wir müssen also auf die Peripherien schauen, die einen großen Teil unserer heutigen

---

221 M. Benasayag/G. Schmit, *Die verweigerte Zukunft: nicht die Kinder sind krank, sondern die Gesellschaft, die sie in Therapie schickt*, Kunstmann, München 2007, S. 125.

Welt ausmachen. 2006 haben zum ersten Mal in der Geschichte mehr Menschen in der Stadt als auf dem Land gelebt.

Unsere Welt ist so städtisch wie nie zuvor. Eine städtische Welt ist sehr oft ein Universum aus Peripherien. Die Slums – Stadtrandviertel mit behelfsmäßigen Behausungen, in denen sich eine verstädterte Bevölkerung und Menschen drängen, die nichts aneinander bindet – beherbergen 31,6 % der Weltbevölkerung. Das ist die sogenannte Verslumung, ein Phänomen, das in Afrika extreme Formen annimmt. Die Mehrheit der Afrikanerinnen und Afrikaner lebt in der Peripherie. Im subsaharischen Afrika wohnen 71,9 % der Bevölkerung in Slums. Peripherie ist tendenziell gleichbedeutend mit einem Mangel an gemeinschaftlichen Bindungen. Das gilt besonders für Afrika, wo die Verstädterung die ländlichen, gemeinschaftlichen und traditionellen Bande auflöst.

Doch sprechen wir über die europäischen Peripherien. Der Stadtrand von Rom mit seinen *Borgate* (Slumvierteln), den ich Ende der 1960er-Jahre kennengelernt habe und den Pasolini beschrieben hat, war eine arme und harte Welt, die aber damals noch Gemeinschaftsformen und Bindungen kannte. Es gab große Netzwerke, die von politischen oder religiösen Freiwilligenvereinen und von den Gruppen der Post-Achtundsechziger ins Leben gerufen worden waren. Die politischen Parteien, allen voran die Kommunisten, organisierten das Leben mit einer Engmaschigkeit, die nur noch von der Pfarrgemeinde übertroffen wurde, während Gewerkschaften und Komitees wichtige Bindungen aufbauten und Solidarität stifteten. Es war eine arme Welt, doch nirgends herrschte völlige Einsamkeit. Das alles ist seit über zwei Jahrzehnten oder länger schon vorbei.

Heute sehen sich die Peripherien mit den Migranten konfrontiert. Eine Integration wird nicht so sehr von Institutionen oder anonymen Strukturen, sondern durch die Schule und durch Gemeinschaften geleistet. Teile des Integrationsprozesses sind in Italien recht gut verlaufen, weil eine hohe Zahl von Migranten (insbesondere Frauen) in der Pflege oder in häuslichen Dienstleistungen beschäftigt sind und sich mithilfe der Familie und des familiären Beziehungsgeflechts integrieren konnten. Gerade das Zusammentreffen mit neuen Gesellschaftsgruppen wie den Migranten offenbart aber, wie zerbrechlich das menschliche Gewebe in den Stadtrandgebieten ist, wo eine Integration nur partiell oder gar nicht stattfindet. Ein soziales Vakuum, in das bezeichnenderweise mafiose Netzwerke vordringen.

Auch die Pariser Banlieue, wo verschiedene Radikalisierungen zu beobachten sind, ist heute, was die gemeinschaftlichen Bindungen betrifft, eine Wüste (wenn man einmal von den ethnischen Gruppenbildungen absieht), während hier noch vor einigen Jahrzehnten ein umfangreiches Netzwerk aus Gewerkschaften und Parteien, Vereinen und Ordensgemeinschaften zuhause war. Nicht, dass es damals keine Probleme gegeben hätte, aber in der Banlieue waren Bewegungen aktiv, die in gewisser Weise ein gemeinsames Schicksal repräsentierten und Solidaritätsräume anboten. Die Verstädterung hat die traditionellen und ländlichen Beziehungsnetzwerke aufgelöst und die durch politische, soziale und religiöse Freiwilligenarbeit entstandenen Bindungen sind nach und nach verschwunden. Jenseits der Schule oder der zerbrechlich gewordenen Familien besteht das Problem der Jugendlichen in einem Mangel an Bezugsgemeinschaften, die nicht virtuell oder auf scharf abgegrenzte Ghettos beschränkt sind. Jede Peripherie hat ihr besonderes Profil und ihre Geschichte; aber im Großen und Ganzen herrschen Einsamkeit und die Nichtexistenz von Netzwerken vor.

Der Mangel an Gemeinschaft zeigt sich noch in einer weiteren sozialen Realität unserer Zeit: der Situation der alten Menschen. Die Verlängerung des Lebens hat einen uralten Menschheitstraum wahrwerden lassen und ist das Ergebnis verbesserter Lebensbedingungen. Kehrseite ist jedoch oft die Einsamkeit der Senioren, weil – mit den Jahren – nicht nur das soziale und familiäre Umfeld verschwindet, sondern auch, weil ein alter Mensch, der in seinen eigenen vier Wänden bleiben will, dringend einen Nächsten braucht. Es ist schwierig, ja beinahe unmöglich, im Alter allein zu leben. *Anche la regina ha bisogno della vicina*, sagt ein italienisches Sprichwort – »auch die Königin braucht eine Nachbarin«.

Die Lebenssituation der alten Menschen ist meiner Meinung nach ein Indikator für die Qualität einer Gesellschaft oder Zivilisation. Sie offenbart heute einen widersprüchlichen Prozess: Die Errungenschaft des langen Lebens ist ein wahrgewordener Traum, aber auch etwas sehr Zerbrechliches. Ich denke da etwa an die Frage der Altersbezüge, die in vielen afrikanischen Ländern nur an Staatsbedienstete ausgezahlt werden. Ein alter Mensch, der sich seinen Lebensunterhalt nicht selbst verdienen kann, wird zu einer Last und zuweilen hilft man sich, indem man ihn verjagt oder unter dem Vorwurf der Hexerei sogar im physischen Sinne eliminiert. Kein Mensch – ich wiederhole mich – und vor allem kein alter Mensch kann allein leben. Der alte Mensch verkörpert ein tiefes Bedürfnis nach Gemeinschaft oder menschlicher Vernetzung. Auch die Armen sind in der Regel allein. Armut und Einsamkeit gehen Hand in Hand. Wobei die Einsamkeit den, der noch nicht arm ist, in der Regel arm oder ärmer macht.

Ich habe vom Übergang zu einer Gesellschaft des Individuums gesprochen. Diese und andere tiefgreifende Veränderungen haben sich nicht zufällig ereignet. Zwischen dem Ende des letzten und dem Beginn unseres jetzigen Jahrhunderts hat eine tiefgreifende Revolution stattgefunden, denn die globale Welt ist stillschweigend und unaufhaltsam zur Realität geworden. Die menschlichen und anthropologischen Auswirkungen dieses Prozesses haben wir oft nicht bemerkt oder nicht beachtet und unterdessen haben sich sämtliche Proportionen verändert, sind die Mauern unserer Lebenswelt gefallen und wir selbst Winden ausgesetzt, die aus der Ferne kommen. Früher fühlten wir uns von einer Umfassungslinie wie dem Horizont oder der Gemeinschaft oder dergleichen geschützt. Der Durchbruch der globalen Welt und der neue Individualismus sind Realitäten, die Zygmunt Bauman in *Die Krise der Politik* beschrieben hat.[222] Alain Touraine hat in *La globalizzazione e la fine del sociale* (Die Globalisierung und das Ende des Sozialen) auf die menschlichen Auswirkungen des Globalisierungsprozesses hingewiesen, dessen Folgen auf existenzieller Ebene bislang wenig erforscht worden sind.[223]

Touraine schreibt: »Familie, Freunde, schulisches oder berufliches Umfeld scheinen überall in eine Krise geraten und lassen das Individuum, jung oder alt, Ausländer oder Einwanderer, ohne Ehepartner oder Familie in einer Einsamkeit zurück, die in die Depression oder dazu führt, dass es sich künstliche oder gefährliche Beziehungen

222 Z. Bauman, *Die Krise der Politik: Fluch und Chance einer neuen Öffentlichkeit*, Hamburger Edition, Hamburg 2000.

223 A. Touraine, *La globalizzazione e la fine del sociale. Per comprendere il mondo contemporaneo*, Il Saggiatore, Mailand 2004.

sucht.«[224] Touraine hat die Auswirkungen der Globalisierung auf die Gemeinschaft schon sehr früh erkannt und den Prozess der Individualisierung des Konsumbürgers hervorgehoben: online zunehmend vernetzt, aber ohne soziales und menschliches Netzwerk …

Die große Veränderung und die Reaktionen darauf

Während die Netzwerke nach und nach zerfielen, zeigte sich das Problem unserer Unfähigkeit, uns auf die große anthropologische und ökonomische Revolution vorzubereiten, die die Globalisierung mit sich brachte. Vielen erschien sie als eine von Natur aus positive Entwicklung, mit der man sich nicht auseinandersetzen müsse. Gleichsam ein Produkt der Vorsehung. Und wie soll man sich auseinandersetzen, wenn man allein ist? Und wenn das Alleinsein nicht als Beschränkung wahrgenommen wird? Die großen sozialen Bewegungen – auch die Protestbewegungen – haben sich in Teilen aufgelöst und wir stehen der globalen Revolution noch einsamer gegenüber.

Im Grunde war die Geschichte der zweiten Hälfte des 20. Jahrhunderts auch eine Geschichte der großen Friedensbewegungen, die hier und da sogar stark genug waren, auf die politischen Entscheidungen einzuwirken. Denken wir nur an den Vietnamkrieg. Der Protest gegen den amerikanischen Irakkrieg 2003 führte in 800 Städten der Welt 30 Millionen Demonstranten auf die Straße. Angesichts des seit 2011 andauernden Syrienkriegs müssen wir konstatieren, dass die kollektiven Bewegungen träge auf die Grausamkeiten in diesem Land reagieren, das von einem sinnlosen Konflikt verschlungen wird. Man kann dagegenhalten, dass die politische Situation in Syrien komplex und dass es nicht einfach ist, Partei zu ergreifen. Doch das Phänomen enthüllt eine verbreitete Unfähigkeit, sich zu einem Volk, einer Gemeinschaft oder einer Bewegung zusammenzuschließen und gemeinsam auf ein Ziel zuzubewegen. Der Krieg in Syrien zeigt die Schwäche der öffentlichen Meinungen und einer internationalen Gemeinschaft, die sich in vielerlei Hinsicht scheinbar heraushalten. Schließlich waren einige Folgen jenes

224 *Ebd.*, S. 93.

Krieges – ich denke etwa an die syrischen Geflüchteten – auch in Europa zu spüren, das jedoch teilweise mit Blockaden und Mauern reagiert hat, statt sich mit der eigentlichen Frage, nämlich der Zerstörung eines ganzen Landes, zu befassen.

Vielleicht haben sich so viele Netzwerke aufgelöst, weil sie nicht wussten, wie sie auf den Siegeszug der Globalisierung reagieren sollten, oder weil sie veraltet waren angesichts dieser neuen Horizonte, die man anfangs mit Optimismus betrachtete. Die Ängste des Kalten Krieges und die historischen Grenzziehungen waren nun in weite Ferne gerückt. Außerdem – das dürfen wir nicht vergessen – bot die Social-Media-Revolution allen, die nicht mit den digitalen Technologien großgeworden sind, die Möglichkeit, neue Bindungen einzugehen, ohne sich unmittelbar und physisch auf ihr Gegenüber einlassen zu müssen.

In Wirklichkeit haben wir die globale Revolution – und das nicht selten unbewusst – über uns ergehen lassen. Wir haben ihr zugeschaut, ohne sie als zusammenhängenden Prozess zu begreifen, und lediglich die eine oder andere Auswirkung wahrgenommen, wenn unser Dasein zufällig darüber stolperte. Der Globalisierungsoptimismus, der nicht zuletzt als Ergebnis einer allgemeinen Trägheit einige Jahre lang verbreitet war, ist von zahllosen Ängsten abgelöst worden, die den globalen Menschen begleiten. Angst vor der großen Geschichte der globalen, von unsichtbaren Händen gelenkten Welt, die wie ein Tsunami unsere kleine schutzlose Welt in den Untergang reißen kann. Und wirklich hat die Sicherheitsfrage Priorität in jedem politischen Entwurf, den man den Wählern verkauft, obwohl unsere europäischen Städte im Durchschnitt sicher geworden sind. Wer im Zusammenhang mit den italienischen Städten von Unsicherheit spricht, zeigt damit nur, dass er keine Ahnung hat, wie das Leben in den Städten auf der Südhalbkugel aussieht.

Letztlich vermögen Antworten auf der Grundlage der Sicherheit die tiefsitzende Angst des Menschen nicht zu beschwichtigen. Diese Angst betrifft Phänomene, die allzu gewaltig erscheinen: die Migrationen vor allem, die wie eine regelrechte Invasion dargestellt wird. Man verliert das Vertrauen in die komplexen Prozesse der Demokratie, die, so die Wahrnehmung, zu langsam und unwirksam sind, und wendet sich stattdessen dem Dezisionismus starker Persönlichkeiten und Politiken zu.

Die Angst ist übrigens nichts Neues, schon in der Bibel zählt der Satz »Fürchte dich nicht« zur Aufforderung, die von Anfang bis Ende am häufigsten wiederkehrt. Die Politik schickt sich an, Antworten zu geben, indem sie Gestalten ausmacht, die für die Gesellschaft eine Bedrohung darstellen; und indem sie behauptet, man müsse die Kontrolle über die eigene Lebenswelt zurückgewinnen, um sich in der globalen Welt zu schützen. Die bedrohlichen Gestalten – damit sage ich nichts Neues – sind die Ausländer, die Einwanderer, die Sinti und Roma (der Beweis, dass Letztere eine Gefahr darstellen, steht noch aus; meiner Ansicht nach entlarvt dies lediglich die Unfähigkeit der Sozialpolitik, für einige tausend vor allem junge Menschen geeignete Maßnahmen zu ergreifen). Die politische Erzählung betont den Schutz des nationalen Raums. Das zeigt sich in den Ländern des Ostens, angefangen bei Ungarn, das eine Mauer gebaut hat, um sich vor Einwanderern zu schützen. Und es ist vor allem im Osten die Erzählung von – weißen und christlichen – europäischen Identitäten, die angeblich durch ausländische und muslimische Invasionen bedroht werden.

Das Wiederaufleben der rassischen Kategorie des Weißen, die in unseren Ohren einen absurden Klang hat (man bedenke etwa, dass die Zahl der Auslandsadoptionen weltweit nur in den USA höher ist als in Italien), ist keine Seltenheit, wie die Geschichte nicht weniger europäischer Länder belegt. In Italien wurde 1938 im Anschluss an das Rassenmanifest die Existenz einer arischen Rasse nordischer Abstammung postuliert, der die Italiener angeblich angehören, dann wurden die Rassengesetze gegen die Juden in Anwendung gebracht. Das faschistische Regime ging hart gegen die Vermischung mit Äthiopiern und Eritreern vor und warnte vor der Gefahr einer Verunreinigung. Und ich muss an dieser Stelle auch an das Massaker an Afrikanern erinnern, das italienische Kolonialtruppen 1937 in der Nähe von Addis Abeba anrichteten, als sie für ein Attentat Vergeltung übten und sämtliche Bewohner des nahegelegenen Klosters Debre Libanos – etwa 2000 Menschen – abschlachteten, um ihrer Verachtung für die »Unmenschen« Ausdruck zu verleihen.[225]

225 P. Borruso, *Debre Libanos 1937. Il più grave crimine di guerra dell'Italia*, Laterza, Rom-Bari 2020, S. IX.

Nur am Rande möchte ich die jedoch wichtige Tatsache erwähnen, dass der Verteidigungsminister Lorenzo Guerini 2020 bezeichnenderweise die italienische und faschistische Verantwortung für diese traurigen Episoden anerkannt hat, in die auch unsere Streitkräfte verwickelt waren. Und Kardinal Bassetti hat im Namen der italienischen Bischöfe das Verhalten der italienischen Kirche angesichts dieser Tragödie der Aggression und Unterdrückung eines freien Landes wie des äthiopischen durch die Faschisten als gefühllos bezeichnet.

Italien wurde im Zweiten Weltkrieg unter anderem durch afrikanische Truppen befreit, die für Frankreich kämpften. Vielleicht waren es Verwandte jener Senegalesen, die heute als Einwanderer bei uns leben. In Deutschland empfand man es nach dem Ersten Weltkrieg als Schande, von Truppen afrikanischer Herkunft besiegt worden zu sein, die in Diensten Frankreichs standen, und ergriff denkbar harte Maßnahmen – wie Kastration und Lagerinternierung – gegen die wenigen im Land verbliebenen Afrikaner. Nur wenige wissen, dass in den Lagern der Nazis auch Afrikaner interniert waren.[226]

Die Angst vor dem schwarzen Mann ist ein uralter Archetypus, das lehren uns Historiker, die sich mit langen Zeiträumen befassen. Um auf die Ängste des globalen Menschen zu reagieren, muss eine Identität entworfen werden, die sich oft durch Abgrenzung und ein »gegen den anderen« definiert und dabei heterogene Elemente zusammenbringt. Es geht nicht um den Aufbau oder Wiederaufbau einer Gemeinschaft, sondern darum, sich als Teil eines Stammes zu fühlen, der verschwunden ist und als von jeher existent postuliert wird. Für viele Menschen, die zu einem Anführer aufschauen oder bedrohliche Gestalten fürchten/hassen, ist es beruhigend, sich als ein Stamm/Volk zu fühlen. Womöglich in Abgrenzung gegen andere. Die Welt der europäischen Individuen läuft Gefahr, sich – durch die neue Politik der starken Männer und der Populismen – zu Stämmen zu formieren, die Feinde bekämpfen oder sich gegen Feinde verteidigen müssen, aber oft keine existentiellen Erfahrungen von neuen

226 Vgl. S. Bilé, *Das schwarze Blut meiner Brüder: vergessene Opfer des Nationalsozialismus*, Claassen, Berlin 2006.

und beruhigenden Bindungen ermöglichen. Diese neuen Stämme bestehen aus einsamen Individuen.

Maurizio Molinari hat von der Rückkehr der Stämme gesprochen.[227] Der Stamm beruhigt und schafft Abhilfe gegen das Beziehungsvakuum. Oft handelt es sich jedoch um eine vertikale Identifikation, mit der kein entsprechendes menschliches Netzwerk aus Vereinen und Gemeinschaften einhergeht. Eine von der Kultur losgelöste, auf ein Fußballevent reduzierte Politik – sagen Giuseppe De Rita und Antonio Galdo –, die aus Schmähungen, Verleumdungen und verrohter Sprache, aus Freunden und Feinden besteht.[228] Zwischen der Rückkehr der Stämme und dem Neo-Individualismus drängt sich die Frage auf, ob nicht die Idee der Gemeinschaft selbst überholt ist und der Vergangenheit angehört, ob sie eine Frucht der Nostalgie oder der Utopie darstellt.

Eine gemeinschaftliche Revolution?

Martin Buber, der jüdische Denker mit osteuropäischen, deutschen und israelischen Wurzeln, der die Lebensbühne des Daseins in der Zwischenmenschlichkeit verortet, hat uns das Bild der chassidischen Welt (der im mystischen und im volkstümlichen Sinne frommen Juden des Ostens) hinterlassen, die von der Shoah verschlungen wurde. Sein literarisches Werk ist eine Neuinterpretation dieser Welt und entwirft ein Bild dieser besonderen Gemeinschaften, die er in seiner Jugend aus eigener Anschauung kennengelernt hatte: »Nie hat in Europa eine große Gemeinschaft aus dem Volk – nicht ein Orden Abgeschiedener, nicht eine Bruderschaft Auserwählter, sondern eine Gemeinschaft aus dem Volk in all ihrer geistigen und sozialen Vielfältigkeit, in all ihrer bunten Zusammensetzung – das gesamte Leben als eine Einheit so sehr auf das innerlich Erkannte gegründet.«[229]

---

227 Vgl. M. Molinari, *Il ritorno delle tribù. La sfida dei nuovi clan all'ordine mondiale*, Rizzoli, Mailand 2017.

228 G. De Rita, A. Galdo, *Prigionieri del presente. Come uscire dalla trappola della modernità*, Einaudi, Turin 2018, S. 69ff.

229 M. Buber, *Chassidismus II: Theoretische Schriften*, Gütersloher Verlagshaus, Gütersloh 2019, S. 42f.

Dieses Bild beeindruckte den jungen Buber. Es ist eine Wirklichkeit, die die Massaker der Nazis während des Zweiten Weltkriegs für immer zerstört haben. Buber jedoch denkt sein Leben lang – nicht zuletzt im Hinblick auf die Kibbuzim vor und nach der Gründung des Staates Israel – über das Thema der Gemeinschaft nach. Der Kibbuz erscheint ihm als eine Antwort auf den Individualismus und auf den Kollektivismus, aber auch auf die Übermacht der internationalen Kräfte und den illusorischen Mythos vom unendlichen Fortschritt. Es handelt sich nicht um ein pauschal anwendbares Modell, sondern um eine gemeinschaftliche Dimension, die es zu begreifen und zu pflegen gilt. Buber schlussfolgert: »Unsere Gemeinschaft will keine Revolution: Sie *ist* die Revolution«.[230] Mit anderen Worten, das Streben nach Gemeinschaft gleich welcher Art ist ein Sauerteig, der die Wirklichkeit verändert.

1930 schreibt Buber angesichts der aufstrebenden Totalitarismen: »Die Welt selbst hat die Sehnsucht, Gemeinschaft zu werden«.[231] Aber was heißt Gemeinschaft? Ist sie ein historisches, religiöses oder kollektivistisches Modell? Tatsächlich verfolgt Buber in Auseinandersetzung mit solchen Modellen die Idee, dass das Streben nach Gemeinschaft im menschlichen Leben für die Person grundlegend und für die Gesellschaft überlebenswichtig ist. »Das ist Gemeinschaft, das wollen wir«, schreibt er als junger Mann.[232] Reife und freie Frauen und Männer, die sich in einer Logik der Wechselseitigkeit vom Fluss des Gebens und Nehmens tragen lassen. Mit den Jahren bricht sich die gemeinschaftliche Dimension des Daseins als Wirklichkeit und Utopie, in der die Erwartung des Messias auch Erwartung der Gemeinschaft wird, mit aller Macht Bahn. Bubers gemeinschaftlicher Messianismus verdichtet sich in der Formel: »das Mögliche tun und das Unmögliche begehren«.[233]

---

230 Zitiert nach M. Buber, *Sentieri in utopia. Sulla comunità*, hg. v. D. Di Cesare, Marietti, Genua-Mailand 2009, S. 18.

231 M. Buber, *Wie kann Gemeinschaft werden?*, in: *Martin Buber Werkausgabe 8: Schriften zu Jugend, Erziehung und Bildung*, hg., eingel. u. komm. v. J. Jacobi, S. 185–199, hier S. 185

232 M. Buber, *Alte und neue Gemeinschaft*, in *Martin Buber Werkausgabe 2.1: Mythos und Mystik. Frühe religionswissenschaftliche Schriften*, hg., eingel. u. komm. v. David Groiser, S. 61–66, hier S. 61.

233 M. Buber, *Pfade in Utopia*, in: *Martin Buber Werkausgabe 11.2: 1938–1965*, hg. u. komm. v. M. De Villa, eingel. v. F. Ferrari, S. 117–259, hier S. 167.

Wird das gemeinschaftliche Ideal heute zu einem antiglobalen Traum? Zu einer nostalgischen Vorstellung, die im Grunde verlangt, dass man der Welt den Rücken kehrt? So predigen es einige traditionelle katholische und andere Christen in den Vereinigten Staaten und sie nennen es die Benedikt-Option: die Entscheidung des heiligen Benedikt, der außerhalb der Stadt Rom eine Gemeinschaft von Mönchen gründete.[234] Schon oft in der Geschichte haben sich Männer und Frauen durch die scheinbare Herrschaft des Chaos aufschrecken oder von einem Traum anziehen lassen und versucht, »Gemeinschaften als Festung« zu gründen. Verlorene Paradiese, Festungen, Höllen? Eine Gemeinschaft darf nicht aus der Welt fliehen, die Weltflucht war von jeher nur die Option für eine Handvoll Träumer. In der christlichen Welt wurde die *Fuga mundi* seit dem 4. Jahrhundert von den Mönchen praktiziert, als Flucht vor einem durch das Leben und die städtischen Sitten korrumpierten Christentum.

Um uns herum und in uns gibt es eine Sehnsucht nach Gemeinschaft, schreibt Bauman. Und er hat Recht. Es ist etwas Tiefes, das von ferne kommt, wie wir im Buch Genesis lesen. Als Gott den Menschen anschaute, den er geschaffen hatte, sagte er: »Es ist nicht gut, dass der Mensch allein ist. Ich will ihm eine Hilfe machen, die ihm ebenbürtig ist« (Gen 2,18). Weder in den wilden Tieren noch im Vieh noch in den Vögeln des Himmels hatte der Mensch eine Hilfe gefunden, die ihm ebenbürtig war. Deshalb erschuf Gott die Frau. Der französisch-bulgarische Intellektuelle Tzvetan Todorov hat gezeigt, dass der Mensch vom Miteinander mit den anderen lebt und ihre Beachtung braucht.[235]

Es gibt das Bedürfnis, die globale Welt auf eine weniger anonyme, weniger isolierte Weise zu gestalten. Es gibt eine gemeinschaftliche Dimension, die wir pflegen und wachsen lassen müssen, die nicht bloß als Erbe der Vergangenheit bewahrt, sondern neu erfunden werden muss. Die gemeinschaftliche Dimension ist ein Traum, ein Vorhaben oder ein Streben, eine Verbundenheit, ein Gewebe der Wechselseitigkeit, ein Modell, wie Paglia schreibt: »Die Globalisie-

---

234 R. Dreher, *Die Benedikt-Option: eine Strategie für Christen in einer nachchristlichen Gesellschaft*, fe-medien, Kißlegg 2018.

235 Vgl. T. Todorov, *Nous et les autres, La reflexion française sur la diversité humaine*, Éd. du Seuil, Paris 1989.

rung hat uns zu einem einzigen Wir zusammengebracht: einer einzigen Menschheit. Und doch scheint dieses Wir seine Kraft eingebüßt zu haben, ja mehr noch: Es scheint zusammengebrochen zu sein.«[236]

Emmanuel Mounier sprach – im 20. Jahrhundert – davon, dass eine personalistische und gemeinschaftliche Revolution benötigt wird. Heute erfordert das Wohnen in der globalen Welt, dass wir die gemeinschaftliche Dimension im Rahmen unserer Beziehungen und unseres Daseins entwickeln müssen. Ich sage es noch einmal: Angesichts der Notwendigkeit, die globale Welt zu gestalten, herrscht ein verbreitetes Bedürfnis, das Gemeinschaftsleben wiederaufzubauen, auch wenn es eine große Fähigkeit braucht, andere zu integrieren, um eine Gemeinschaft zu verwirklichen oder danach zu streben.

Nur durch die gemeinschaftliche Dimension können wir jene grenzenlose Erfahrung des gemeinsamen Menschseins erfassen und besser verstehen, was uns mit dem Nächsten in der Ferne verbindet. Um sich für die globale Menschheit zu öffnen, ist andererseits die Erfahrung eines gemeinsamen Wir oder das Streben danach die Voraussetzung. Gemeinschaftliche Beziehungen in der Nähe machen nicht verschlossen, sondern offen für eine globale Welt, ja mehr noch: Sie sind die Voraussetzung für erweiterte Horizonte.

De Rita und Galdo beenden ihre Analyse über eine Welt von Ichs, die Gefangene der Gegenwart sind, mit einem Vorschlag, der simpel oder geradezu elementar erscheinen mag. Wir müssen wieder neu vom Ich ausgehen, vom bewussten Subjekt, ja sogar vom Individualismus und das nicht, um den Horizont der Einzelnen auf Wohlstand oder Selbstzufriedenheit zu reduzieren, sondern um wieder ein Wir aufzubauen. Ist das eine Sisyphusarbeit in dieser so komplexen Welt? Die Autoren fahren fort: »Das Leben ändert sich immer im Strom der gesellschaftlichen Prozesse und nicht auf externen Abkürzungen«.[237]

In Worten, die fast schon simplizistisch anmuten, macht Bauman in seinem Essay *Retrotopia* den Vorschlag, im Alltagsleben wieder eine dialogische und gemeinschaftliche Dimension zu pflegen,[238] und verknüpft seinen Diskurs dabei mit den Aussagen von Papst Franziskus über die zentrale Bedeutung einer Kultur des Dialogs und der Be-

---

236 V. Paglia, *Il crollo del noi*, op. cit., S. 22.
237 G. De Rita, A. Galdo, *Prigionieri del presente*, op. cit., S. 86.
238 Z. Bauman, *Retrotopia*, Suhrkamp, Berlin 2017.

gegnung: »Diese Kultur ist möglich, wenn alle an ihrer Ausgestaltung und ihrem Aufbau teilhaben.« Bauman schreibt: »Die Absicht hinter Franziskus‹ Botschaft ist es, die Auseinandersetzung mit den Problemen des friedlichen Zusammenlebens, der Solidarität und Kooperation nicht dem verschwommenen und dunklen Bereich der ›aus dem Fernsehen bekannten‹ hohen Politik zu überlassen, sondern sie auf die Straße zu bringen, in die Werkstätten und Büros, Schulen und öffentlichen Räume, in denen wir, die gewöhnlichen Menschen, einander treffen und miteinander sprechen; den Huntington'schen Oberbefehlshabern das Problem, die Hoffnung und das Schicksal der Integration der Menschheit aus den Händen zu nehmen – und es in die Obhut der alltäglichen Begegnungen von Nachbarn und Arbeitskollegen zu geben, [...] in denen wir einander als mitfühlende oder herzlose Eltern, treue oder illoyale Partner, hilfreiche oder wenig generöse Nachbarn, angenehme oder nervtötende Zeitgenossen gegenüberstehen – nicht als Repräsentanten wechselseitig fremder Zivilisationen, Traditionen, Bekenntnisse oder Ethnien.«[239]

So sieht ein Leben in der globalen Welt aus: nicht zu Stämmen zusammengeballt, sondern innerhalb einer gemeinschaftlichen Dimension, in der das Ich, das Subjekt, das Individuum als Baumeister und nicht als Konsument wieder die Initiative ergreift und durch die Erfahrung der Begegnungen zum Wir hinstrebt. Unter den zahlreichen Beobachtern unserer Zeit, die übereinstimmend von der Notwendigkeit sprechen, wieder vom Ich auszugehen – meinem Ich und dem des anderen –, will ich hier an Pankaj Mishra erinnern, der erklärt, dass wir ein Denken brauchen, das das Ich und das Wir zu verändern imstande ist.[240] Wieder vom Ich auszugehen, ist eine Entscheidung, die mir niemand verweigern kann, die aber mit anderen Entscheidungen einhergeht und weiterführend ist.

---

239 *Ebd.*, S. 201.

240 Vgl. P. Mishra, *Das Zeitalter des Zorns: eine Geschichte der Gegenwart*, S. Fischer, Frankfurt a. M. 2017.

Kapitel XII
Ein Blick hinter die Mauer des Unmöglichen

Der Mensch leidet vor allem unter dem Mangel an Visionen

In der Gesellschaft herrscht ein verbreiteter Bedarf an Visionen. Wie ich als Historiker der religiösen Phänomene sehr wohl weiß, gibt es alle Arten von Visionen: laikale, religiöse, politische, unternehmerische ... Doch das Problem unserer Zeit ist der Mangel an Visionen. Wir sind Gefangene der Gegenwart, einer oft von Mauern umgebenen Gegenwart und diese Mauern sagen uns, dass die Zukunft nicht möglich oder dass sie zu gefährlich ist. Unser Horizont ist eine ewige Gegenwart: »zu wenig und zu kurz, um wieder zu wachsen«, wie Giuseppe De Rita und Antonio Galdo am Ende ihres Buchs *Prigionieri del presente* (Gefangene der Gegenwart) schreiben.[241]

Mir ist ein Vers von Karol Wojtyła in den Sinn gekommen, einem Mann, der nicht in erster Linie als Dichter berühmt geworden ist. Doch er schrieb in den bedrückenden Jahren seines Lebens im kommunistisch regierten Polen: »Mir scheint, dass der Mensch vor allem unter dem Mangel an Visionen leidet.«

Es sind die 1960er-Jahre. Am Horizont ist keinerlei Veränderung abzusehen, die Geschichte des Landes ist wie eingefroren, Gesellschaft und Politik werden engmaschig von den Sowjets kontrolliert. Für Wojtyła und viele andere Menschen wie ihn waren die Aussichten düster und es gab keine Hoffnungsvisionen, was ihn zur Aussage veranlasste, dass der Mensch unter dem Mangel an Visionen leidet. Das mag übertrieben wirken, doch dahinter steht der Gedanke, dass schwierige Zeiten besser zu ertragen sind, wenn man nach Visionen sucht, denn Visionen sind Ikonen der Hoffnung, sind beinahe Zukunftspläne oder teilweise Lichter am Ende eines Tunnels.

241 G. De Rita/A. Galdo, *Prigionieri del presente. Come uscire dalla trappola della modernità*, op. cit.

Auch wir leiden in diesen Zeiten unter dem Mangel an Visionen, wenngleich nicht auf dieselbe Weise. Heute ist die Geschichte eine ganz andere als in den Jahren, da Wojtyła jene Worte schrieb. Wir Historiker sprechen noch von zeitgenössischer Geschichte, doch heute könnte man sagen, dass die Geschichte post-zeitgenössisch, ja mehr noch, dass sie seit 1989 global geworden ist. Auch was die Situation des globalen Mannes und der globalen Frau betrifft, muss diese Dimension erst noch genauer erforscht werden. Denn es hat sich vieles geändert.

In den 1960-Jahren war Polens Horizont verschlossen: Nur ausgewählte Informationen kamen ins Land. Im Westen war es anders, aber auch bei uns war der Horizont nicht so entgrenzt wie heute. Fakten und Nachrichten waren zumeist national geprägt, während das eigene Land ruhig zwischen seinen Grenzen vor sich hinlebte, vom Osten getrennt und eingebettet in die (west)europäische Landschaft. Es war eine andere Welt, die Welt vor der Globalisierung. In der globalen Welt von heute hat man hingegen das Gefühl, alles zu sehen, ganz gleich, wie weit es entfernt ist. Fakten und Ereignisse aus weiter Ferne erreichen uns und die Nachrichten vervielfachen sich. Die Ferne bricht in unseren Horizont ein, und immer häufiger wird der Immigrant zum Inbegriff dieser hereinbrechenden Ferne. Dass uns so viele Nachrichten zugänglich sind, heißt nicht, dass es einfach wäre, ein Denken oder eine Vision zu entwickeln. Was wir allerdings feststellen, so möchte ich sagen, ist, dass wir keine Vision haben.

Man kann viel und man kann weit sehen. Doch wie soll man die Fülle an Informationen filtern? Wie sie ordnen und organisieren? Manche sprechen von Überinformation. Ich bin kein Experte auf diesem Gebiet, aber ich mache selbst diese Erfahrung. Und so reagieren wir auch auf internationaler Ebene fassungslos auf große Tragödien, über die wir viel wissen, deren Bilder wir gleichsam aus der Nähe sehen und von denen wir hören. Doch was sollen wir tun? Ich will nicht auf die tragische Geschichte des Krieges in Syrien eingehen, über den wir ausführlich gesprochen haben. Er ist kein Einzelfall. Aber es seien zumindest noch zwei Beispiele erwähnt, die sich beide im globalen Zeitalter zugetragen haben: Der Völkermord in Ruanda, 100 entsetzliche Tage, die 1994 eine halbe Million Todesopfer gefordert haben: Wie soll man in einem ethnischen Krieg zwischen Hutu und Tutsi Stellung beziehen? Wir haben die grauenvollen Bilder noch immer vor Augen … Und die Geschichte der Kriege im ehemaligen Jugoslawien, auf die die öffentliche Meinung ebenfalls mit großer Verwirrung reagierte.

Verglichen damit war ein weit entfernter Konflikt wie der Vietnamkrieg in den 1970er-Jahren sehr viel klarer: Wer auf der Seite des Westens war, war für den Süden, die anderen waren für den Norden. Alle Bilder und Informationen wurden durch eine ideologische Sichtweise gefiltert. Die Ideologie war ein Werkzeug, mit dem sich Informationen effizient verarbeiten und ordnen ließen.

Doch die Zeit der in den ideologischen Labors erzeugten, an die Politik weitergereichten und von dieser manipulierten Informationen ist vorbei. Für immer. Das sagen wir ohne Bedauern. Wir haben Jahre nicht nur der Horizonterweiterung, sondern auch der Entmystifizierung erlebt. Heute jedoch haben wir angesichts so vieler Informationen das Gefühl, in der Falle der Mauer des Unmöglichen, der Mauer unserer Gegenwart im Hier und Jetzt zu leben. Ich stelle Orientierungslosigkeit fest. Der französisch-bulgarische Schriftsteller Tzvetan Todorov hat vom »Homme dépaysé«, vom heimatlosen Menschen gesprochen.[242] Er ist nicht im Dunkel einer Welt, die nichts sieht, sondern im Gegenteil im Licht, in einem Zuviel an Licht verloren. Man hat unzählige Informationen und entzündet unzählige mediale Lichter. Der englische Kunstkritiker John Ruskin schreibt: »Das Übermaß an Licht macht das Leben von heute durch und durch trivial.«

Unsere Gegenwart ist häufig öde und leer, weil es zu viel Licht gibt. Oft sind es nur Blitzlichtgewitter: viele Lichteffekte, aber sehr wenige Visionen. Wer vieles und auch weit Entferntes sieht, nährt nicht automatisch eine Vision. In kommunikativer Hinsicht sind das Sehen und Hören oft etwas, das auf uns einstürmt. Dieses unausgesprochene Leiden des heutigen Menschen schlägt sich auch in den Debatten zwischen den politischen Gruppierungen nieder, die sich zusammentun und wieder auseinanderfallen. Mangelnde Visionen weisen oft darauf hin, dass es an einer fruchtbaren Beziehung zwischen Politik und Kultur fehlt, nachdem die Beziehung zwischen Ideologie und Politik der zwischen Politik, Medien und sozialen

242 T. Todorov, *L'homme dépaysé*, Le Seuil, Paris 1996.

Medien Platz gemacht hat. Das Klima, das dadurch entsteht, ist häufig aggressiv wie zwischen den Anhängern verschiedener Fußballteams und weniger wie unter Menschen, die gemeinsam um Ideen oder Zukunftspläne ringen. Doch das Problem betrifft nicht nur die Politik. Diese Frage geht alle an: Es ist schwierig, eine Vision heranreifen zu lassen. Und doch leidet man darunter.

Keine Visionen, aber entgrenzte Horizonte

Ist diese Situation nicht durch die komplexen Zeiten bedingt, in denen wir leben? Gestern waren die Horizonte auf die Nation, die Region oder die Stadt beschränkt; kann man in der heutigen Zeit mit ihren entgrenzten und globalen Horizonten überhaupt eine Vision entwickeln? Ist die Suche nach einer Vision nicht Teil einer an die Formen des 20. Jahrhunderts gebundenen Kultur und Politik? Denken wir nicht in veralteten Kategorien? Verbirgt sich dahinter nicht eine heimliche Sehnsucht nach einer ideologischen Weltsicht? Damit stellt sich die Frage, ob wir uns nicht eher nach Mythen als nach Visionen sehnen.

Ich frage mich: Suchen wir heute nicht nach Antworten auf Bedürfnisse, die in der Vergangenheit entstanden sind und die wir in einer anderen Zeit noch in uns tragen? In diesem Sinne glaube ich – und das habe ich auch schon gesagt –, dass unsere Generation, die vor der globalen Welt geboren und aufgewachsen und durch diese so besonderen Jahrzehnte hindurchgegangen ist, so etwas wie eine »Exodus-Generation« ist. Eine Generation, die eine andere Zeit als die heutige erlebt hat, die Zeit vor der Globalisierung, in der gleichwohl eine tiefgreifende Umwälzung der Räume, Möglichkeiten und Perspektiven stattfand. Es lohnt sich, für einen Moment noch einmal auf den Dichter Wojtyła zurückzukommen, der seine Überlegungen folgendermaßen weiterführt:

»Wer aus Mangel an Sehen leidet –
muß durch die Zeichen hindurch
zu dem, was ihn tief bedrückt,
was im Wort heranreift als Frucht.

Ist etwa das jene Last,
die Jakob empfand in Gedanken,
als müde Sterne in ihm,
wie Augen von Schafen, versanken?«[243]

Die Situation, die Wojtyła beklagt und die er bei etlichen gläubigen und nichtgläubigen Intellektuellen und einflussreichen Persönlichkeiten des europäischen Ostens der 1960er-Jahre diagnostiziert, war von einer extremen Armut an Visionen, aber auch vom Schweigen der Worte und Debatten gekennzeichnet. Ich habe den polnischen Historiker jüdischer Herkunft Bronislaw Geremek gekannt. Er war rund zehn Jahre jünger als Wojtyła, dem er eine entscheidende Rolle zuschrieb, auch wenn er seine religiöse Sichtweise nicht teilte. Mir ist aufgefallen, dass sein Denken und Forschen in den Jahren gereift ist, in denen er sich von der ideologischen Sichtweise des Kommunismus befreite, gegen sie opponierte und nicht zuletzt auf dem Wege seiner historischen Studien nach einer anderen Zukunftsvision suchte. Und er hat sie gefunden: zuerst in der Geschichtsforschung und dann im politischen Kampf der 1980er-Jahre und in der Solidarność-Bewegung.

Wer die Geschichte liebt, ist davon überzeugt, dass sie der Gegenwart etwas zu sagen hat und beim Blick in die Zukunft hilft. Umberto Eco hat gesagt, dass man das alte Sprichwort, *Historia magistra vitae*, nicht unterschätzen sollte. Wobei dieses Dictum nicht im oberflächlichen oder scholastischen Sinne zu verstehen ist, als wäre die Geschichte eine Lektion für die Zukunft. Vielmehr weist die Geschichte darauf hin, dass die Zeiten immer komplex sind, die Vergangenheit ebenso wie die Gegenwart oder die Zukunft.

Die historische Erinnerung mit ihrer Komplexität ist gewiss ein wirksames Mittel gegen Vereinfachungen – manche davon, etwa die Gegenüberstellung Freund/Feind, sind entsetzlich –, die die Vereinfacher unserer Zeit uns unterschieben wollen. Emotionale Darstellungen der Wirklichkeit …

243 K. Wojtyła, *Der Gedanke ist eine seltsame Weite. Betrachtungen. Gedichte*, Herder, Freiburg i. Br. 1979, S. 73.

Anders als Geremeks oder Wojtyłas Situation im kommunistischen Osten ist die Situation eines heutigen Europäers nicht vom Schweigen oder von einem Mangel an Debatten oder Informationen geprägt. Und doch ist, so mein Eindruck, ein tiefes Unwohlsein zu spüren, das durch den Mangel an Visionen nicht nur in unserem Land ausgelöst wird, sondern in ganz Europa, das es in seiner langen Geschichte immer wieder verstanden hat, Zukunftsvisionen und – wirtschaftliche, kulturelle, politische, koloniale, zivilisatorische … – Hinwendung zur Außenwelt über die eigenen Grenzen hinaus miteinander zu verknüpfen.

Auch die europäische Auswanderung war das Ergebnis einer Zukunftsvision, die in gewisser Weise mit der Vorstellung von einem besonderen (gleichsam gelobten) Land wie Amerika oder anderen Weltgegenden zusammenfiel. Man möchte fragen, was die Einwanderer, die heute aus dem Süden der Welt kommen, für eine Vision von Europa haben. Ich denke zum Beispiel daran, wie sich Afrikaner unser Europa vorstellen, das sie auf langen Reisen durch die Wüste und über das Meer erreichen wollen: Visionen von Europa. Und wie wirkt sich die Begegnung mit der Wirklichkeit auf diese Visionen aus? Ich habe mit Ergriffenheit und Schmerz die Geschichten der Migranten gelesen, die unter unmenschlichen Bedingungen in Libyen festgehalten werden. Ich habe gesehen, wie ihre naiven Träume in einer Welt zerbrochen sind, die sich in nichts von der der Konzentrationslager unterscheidet.

Paolo Prodi, ein Historiker, der sich intensiv mit der modernen und zeitgenössischen Geschichte unseres Kontinents auseinandersetzte, hat sich in seinen letzten Beiträgen vor seinem Tod mit dem Ende der Visionen befasst, die unsere Welt antreiben. In seinem Essay *Il tramonto della rivoluzione* (Das Ende der Revolution)[244] schreibt er, dass in der modernen europäischen Geschichte nichts jemals stabil gewesen ist, ja mehr noch: Die Instabilität war ein Motor für das europäische Wachstum. Die jüdisch-christliche Vorstellung von der Geschichte als einem Heilsweg hat den zyklischen Verlauf der Zeit etliche Male aufgebrochen, Elemente und Impulse des Fortschritts und Bruchs mit einer bleiernen Gegenwart eingeführt und Vorwärtsbewegungen ermöglicht.

244 P. Prodi, *Il tramonto della rivoluzione*, il Mulino, Bologna 2015.

Das ist das große Thema der Prophetie, das ausgehend von der Bibel in der christlichen Welt und darüber hinaus fortwirkt. Der Prophet spricht durch Visionen, die die Gegenwart erhellen und Blicke in die Zukunft eröffnen. Das biblische Buch Jesus Sirach bezeichnet den Propheten Jesaja (unter diesem Namen wurden mehrere prophetische Autoren zusammengefasst) als »groß und glaubwürdig [...] durch seine Vision« (Sir 48,22). Gewiss, auch in der Geschichte des biblischen Israel gibt es Zeiten, in denen es an Propheten und Visionen mangelt. Die christliche Bibel endet mit der Apokalypse, was Offenbarung bedeutet, einem Buch der Visionen, das uns in einer harten und düsteren Gegenwart das Licht der Zukunft erahnen lässt. Heute dagegen wird dieser Begriff nur noch als Bezeichnung für ein katastrophales Ereignis verwendet.

Ausgehend von ihrem Bezug auf den Gott der Bibel hat die Prophezeiung oder die Prophetie tief in die europäische Gesellschaft hineingewirkt. Dabei hat sie einen weiten Weg zurückgelegt und das Flussbett der religiösen Überlieferung zuweilen auch verlassen, ohne jedoch ihren mobilisierenden Antrieb zu verlieren. Im Lauf der Jahrhunderte und der verschiedenen historischen Entwicklungen hat das prophetische Bestreben in den Utopien seine weltliche Ausprägung gefunden und nicht mehr bloß die Erlösung am Ende der Welt, sondern auch den Beginn eines besseren Zeitalters des Wohlstands, der Gerechtigkeit, einer neuen Menschlichkeit, des Fortschritts, der Freiheit, kurzum: eine alternative Gesellschaft verkündet. Das ist der tiefe Zusammenhang zwischen Vision und Utopie ... Das zur revolutionären Utopie verweltlichte prophetische Streben führt dazu, dass sich der Messianismus in die politische Sphäre verlagert.

Die typische Schaffensfreude der modernen europäischen Geschichte beruht auf der Verflechtung von Prophetie und Utopie.

Die Wiederaneignung der Geschichte als ein Weg zur Vision der Zukunft

Ausgehend von den *Remarques sur l'histoire* (Anmerkungen zur Geschichte – 1740), in denen Voltaire über die Welt schreibt, dass »alles uns betrifft und alles für uns gemacht ist«, erklärt Paolo Prodi, dass wir heute »die Seele Europas« wiederentdecken müssen, »wie sie auf den Seiten Voltaires zum Leben erwacht«. Sein Diskurs hat etwas zutiefst Lebendiges, er durchquert alle Bereiche des europäischen Lebens in den letzten Jahrhunderten. Prodis Intention ist es, noch einmal einen roten Faden der europäischen Geschichte auszumachen, um ihn wiederaufzugreifen oder um den endgültigen Bruch zu konstatieren:

> »Diese Seele Europas«, so Prodi, »nennt [Voltaire] ›permanente Revolution‹. Das Zentrum der langfristigen europäischen Geschichte bildet der Entwicklungsprozess des politischen Pakts, doch dieser Prozess wurzelt in dieser revolutionären Spannung.«[245]

Revolutionäre Spannung (nicht nur politische Revolutionen, sondern der Drang zur Veränderung), Prophetie, Utopie und Vision sind unentwirrbar miteinander verflochten. Darüber zu sprechen könnte nostalgisch erscheinen im heutigen Europa, das allergisch auf Unternehmungsgeist reagiert; das fürchtet, von der großen Geschichte, die uns umgibt, wieder neu infrage gestellt zu werden; und das oft glaubt, sich in sich selbst verschließen zu müssen. Heute – das sagt Prodi, aber es ist für alle sichtbar – haben wir es mit der Tatsache zu tun, dass dieses Streben, wie auch immer man es nennen mag, das Zukunftsvisionen hervorbringt, verschwindet. Dieses Fazit zieht er selbst in seinem gemeinsam mit Massimo Cacciari verfassten Buch *Occidente senza utopie* (Der Westen ohne Utopie).[246]

Mir ist durchaus bewusst, dass der Westen diesen Klagegesang vom Ende der Visionen, Utopien und Träume schon vor hundert Jahren angestimmt hat. Doch die Klage ist auch eine Möglichkeit, eine Vision zu beschwören oder vorzubereiten. Vor über 100 Jahren hat Oswald Spengler den ersten Band von *Der Untergang des Abendlandes* veröffentlicht.[247] Man schrieb das Jahr 1918, Deutschland hatte soeben den Ersten Weltkrieg verloren und Spengler ahnte voraus, dass sich auch durch die spirituelle Krise Europas bedingt ein Zyklus seinem

245 *Ebd.*, S. 54 f.

246 P. Prodi/M. Cacciari, *Occidente senza utopie*, il Mulino, Bologna 2016.

247 O. Spengler, *Der Untergang des Abendlandes – Umrisse einer Morphologie der Weltgeschichte*, C.H. Beck, München 1963 (vollst. Sonderausg. in einem Bd.).

Ende entgegenneigte. Dennoch hatte Europa gerade in der Tragödie des Zweiten Weltkriegs eine Vision von der Zukunft und gleichzeitig von der Stellung Europas in der Welt: die Vision eines gemeinsamen Schicksals seiner Volkswirtschaften und Demokratien, das sich in der Europäischen Union erfüllen sollte.

Worin aber besteht heute die gemeinsame Zukunftsvision der Menschen? Unter den Jüngeren findet sich verbreitet die Wahrnehmung, dass die Zukunft in gesellschaftlicher und wirtschaftlicher Hinsicht nicht besser sein wird als die der vorangegangenen Generationen. Das ist die Wirklichkeit eines Teils der Welt – der europäischen Länder –, die im 21. Jahrhundert ein sehr viel geringeres Gewicht auf die Waage der Geschichte bringt als noch im 20. Jahrhundert. So gesehen trifft es zu: Es fehlt an Zukunftsvisionen. Doch es trifft auch zu, dass wir in einer Zeit der Emotionen leben. Der französische Politologe Dominique Moïsi hat in seiner Analyse zur tragenden Rolle der Emotionen in der heutigen Politik sogar von einer »Geopolitik der Emotion« gesprochen.

Doch was sind das für Emotionen? Unter den häufigsten würde ich die Angst erwähnen, ein uraltes und doch in der entgrenzten Welt der Globalisierung so aktuelles Gefühl. Diese Angst zerfrisst die Motivation und die hoffnungsvolle Arbeit an Visionen, weil sie ans unmittelbare Geschehen fesselt und in die Defensive drängt. Visionen erfordern Hoffnung, Fantasie, Wagemut, Glauben, Zuversicht, eine Investition in die Zukunft … In unseren Gesellschaften wohnt die Angst, ein Gefühl, das gewisse Politiken geschickt zu nutzen wissen. Zygmunt Bauman bezeichnet sie als flüssige Angst und beschreibt sie als einen Dämon, der in den Falten der Gesellschaft nistet. Und so fragt man sich unwillkürlich, ob sie nicht zumindest in Europa eines der zentralen Gefühle ist, die die globale Geschichte begleiten. Die Angst braucht keine Visionen oder Prophezeiungen oder Utopien, im Gegenteil: sie fürchtet ihren destabilisierenden Unternehmungsgeist. Die Angst will beschwichtigt, getröstet und beschützt werden.

Dann ist da der Zorn, der Pankaj Mishra in *Das Zeitalter des Zorns* als Interpretationsschlüssel dient.[248] Mir sprechen vor allem seine

248 P. Mishra, *Das Zeitalter des Zorns: eine Geschichte der Gegenwart*, S. Fischer, Frankfurt a. M. 2017.

Seiten über die verheerende Faszination des Selbstmitleids aus der Seele, das die europäischen Gesellschaften verseucht. Gemessen an den europäischen Gesellschaften der Vergangenheit oder an den anderen Gesellschaften der heutigen Welt ist ihre Lage trotz aller Probleme und des verbreiteten Unbehagens gar nicht so bedauernswert oder unsicher. Der Mangel an Visionen hat im Zusammenhang mit der Angst nach und nach ein starkes Gefühl der Unmöglichkeit hervorgebracht. Doch insbesondere erscheint das Bedürfnis, sich gegen eine Welt verteidigen zu müssen, die allzu groß und allzu invasiv geworden ist. Vor allem hier wird die Idee einer »Mauer« geboren oder wiedergeboren.

Nach 1989 schien es, als hätte die Weltgeschichte selbst mit dem Fall der Berliner Mauer und dem Ende des Kommunismus und der Zweiteilung Europas das Konzept der Mauer abgeschafft.[249] Wir erinnern uns an die bewegenden Bilder vom Fall der Berliner Mauer, die mit großer Begeisterung das Zeitalter der Globalisierung einläuteten, als sähe man einer Epoche umfassender Einigungsprozesse entgegen. Einige aus der Zeit des Kalten Krieges ererbte Mauern blieben jedoch bestehen: die zwischen den beiden Koreas etwa oder die Mauer in Nikosia auf der Insel Zypern.

Doch es gibt auch eine »Mauer des Unmöglichen«. Dieser suggestive Begriff verweist auf neue materielle und immaterielle Barrieren. Er steht für eine Realität unserer Gegenwart, eine lähmende Barriere, eine kulturelle, menschliche und gesellschaftliche Tatsache und für ein Bedürfnis nach größerem Schutz. Die Mauer des Unmöglichen befindet sich in den Köpfen und Herzen, in den Kulturen und in den Diskursen. Sie macht das Fortschreiten unmöglich. In den vergangenen Jahren haben wir mitangesehen, wie einige europäische Staaten Mauern errichteten, um sich zu schützen oder den Zustrom von Geflüchteten und Migranten zu unterbinden. Diese Bollwerke stellen sich den globalen Bevölkerungsströmen in den Weg.

Seit 2015 soll eine Mauer zwischen Ungarn und Serbien die Flüchtlinge aufhalten, die die Balkanroute nehmen. Der brasilia-

249 Die Mauer, die als »antifaschistischer Schutzwall« definiert wurde, war 1961 errichtet worden, um den Verkehr der Ostberliner über die Grenze nach Westberlin zu unterbinden. Der Ausdruck »Eiserner Vorhang« wurde hingegen seit 1946 von Churchill verwendet.

nischen Tageszeitung »*Folha de São Paulo*« zufolge gab es 2001 weltweit 15 Mauern – heute sind es 70 –, um die Migranten aufzuhalten oder die Armen zu verstecken. In den 1990er-Jahren haben die Vereinigten Staaten mit dem Bau einer Mauer entlang der mexikanischen Grenze begonnen, um den Migrationsdruck aus dem Süden abzuwehren. Und man muss nur nach Marokko reisen, um die spanische Mauer von Ceuta zu sehen. Wir könnten weitere Beweise dafür anführen, dass die globale Welt eine »Welt der Mauern« ist. Die Mauer ist Ausdruck der fehlenden Bereitschaft, einen Raum mit den anderen zu teilen, vor denen man sich fürchtet. Vor allem aber will man sich gegen das abschotten, was jenseits der Mauer ist: Menschen, Migranten, Bedrohungen, Instabilität …

Die Globalisierung wirft uns auch durch die Vielzahl an Informationen mitten hinein in eine große Geschichte: »Der geschichtliche Mensch«, sagt Mircea Eliade, »steht der Geschichte wehrlos gegenüber«. Und doch hatte er nie zuvor so viele Ressourcen, Freiheiten und Möglichkeiten. Fast scheint ihn die Freiheit zu verunsichern. Mit diesem Thema haben sich zwei Wissenschaftler befasst, die beide jüdische Wurzeln haben, aber recht unterschiedliche Wege gegangen sind: der 1995 verstorbene Philosoph Emmanuel Lévinas und der 1972 verstorbene Philosoph Abraham Heschel, dessen besondere Aufmerksamkeit dem Prophetentum, aber auch den Menschenrechten galt. Lévinas stellt fest, dass die Unsicherheit typisch für die Freiheit ist und dass sie vom Sklavendasein unterscheidet. Und Heschel zufolge ist »das eigentliche Wesen der Freiheit die Fähigkeit, über sich selbst hinauszugehen«.

Wahr ist, dass Mauern ersticken. Wie werden diejenigen europäischen Länder, die keine Migranten aufnehmen wollen, den Problemen begegnen, die das demografische Defizit mit sich bringt? Hinter den Mauern werden die Menschen älter und älter … Das ist nur ein Beispiel. Auch in kultureller und persönlicher Hinsicht ist der Mangel an Begegnung oder Dialog erstickend. Es fehlt der Drang, weiterzugehen und eine Vision zu suchen. Deshalb braucht es Kultur und Begegnung, um sich auf die Auseinandersetzung mit der globalen Welt vorzubereiten. Unsere europäischen Gesellschaften müssten in die Kultur investieren. In komplexen Zeiten wie diesen kann man nicht leben, ohne sich Fragen zu stellen, ohne zu diskutieren, ohne zu lesen. Vereinfachungen und Ängste schleichen sich in die Ignoranz ein.

Im Roman *Ein Winter in Hakkari* erzählt der Türke Ferit Edgü von einem jungen Lehrer, der zum Unterrichten in eine Region im Landesinneren geschickt wird, wo er sich nicht zuhause fühlt.[250] Der junge Mann trifft einen alten assyrisch-christlichen Buchhändler (den Überlebenden einer untergegangenen Welt), der ihm einige Bücher verkauft und sagt: »Ich habe Ihnen zehn Bücher gegeben wie zehn Freunde.« Durch ihre Lektüre gewinnt der Lehrer trotz seiner Isolation einen neuen Sinn für die Realität. Doch die Buchhandlung wird von islamistischen Fanatikern niedergebrannt und der Buchhändler verschwindet. Bücher als Freunde, Kultur und Freundschaft in der Begegnung.

Die kurdisch-iranische Mystikerin Malek, eine außergewöhnliche Frau, die 1993 verstorben ist, schreibt in einem Gedicht:

> Niemals allein, Freunde,
> bleibt niemals allein.
>
> Findet den Freund, den Seelenverwandten
> [...].
>
> Unmöglich ist es, ein Gewicht
> allein zu heben.
>
> Möglich dagegen,
> wenn Kräfte sich mehren.[251]

Der Aufbau von Visionen ist Kultur, Geschichtserinnerung, Begegnung, Freundschaft, Dialog: ein Horizont, in den sich die Nachrichten hineinstellen lassen und der uns eine Reihe von Kategorien bietet, in die wir versuchen können, die Botschaften der Medien und der sozialen Medien einzuordnen. Die Vision ist ein Ansporn zur Freiheit; ein erneuter Versuch, die Geschichte zu leben; ein Hinausgehen über die Mauern hinweg, dem Land des Unmöglichen ent-

---

250 F. Edgü, *Ein Winter in Hakkari*, Unionsverlag, Zürich 1987.

251 L. Anvar, *Malak Jan Nemati: »Das Leben ist nicht kurz, nur unsere Tage sind gezählt«*, Ibera-Verlag, Wien 2011, S. 80.

gegen. Doch um das zu leben, müssen wir wieder miteinander reden und einander begegnen, statt uns zu bekämpfen oder zu ignorieren. 2013 hat Umberto Eco in einem Vortrag bei den Vereinten Nationen gesagt: »In einer Welt, in der man versucht ist, allzu viel zu vergessen oder zu ignorieren, sollte die Wiederaneignung unserer gemeinsamen Vergangenheit eines der vorrangigen Projekte unserer Zukunft sein«.[252] Die Wiederaneignung der Vergangenheit und die Bejahung einer dialogischen Dimension des Lebens sind der Acker, auf dem die Zukunftsvisionen wachsen. Wer sich die Geschichte wiederaneignet, sieht die Gräuel der vergangenen Kriege und begreift den Wert des Friedens. Der wird in seinem Streben nach Frieden bestätigt, das zu einer Vision und Inspiration für unser persönliches Handeln, für die Politik und für die Zukunft werden kann.

---

252 U. Eco, *Contro la perdita della memoria*, Lectio magistralis, UNO, New York, 21. Oktober 2013.